27320

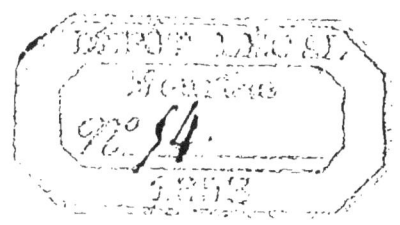

# ENCYCLOPÉDIE-RORET

# MÉTREUR
ET
# VÉRIFICATEUR
EN BATIMENS.

DEUXIÈME PARTIE.

## AVIS.

Le mérite des ouvrages de l'*Encyclopédie-Roret* leur a valu les honneurs de la traduction, de l'imitation et de la contrefaçon; pour distinguer ce volume, il portera, à l'avenir, la *véritable* signature de l'éditeur.

# MANUELS-RORET

## NOUVEAU MANUEL COMPLET
# DU MÉTREUR
### ET DU
## VÉRIFICATEUR EN BATIMENS,
ou

Traité de l'Art de métrer et de vérifier tous les Ouvrages de bâtimens,

MIS A LA PORTÉE DE TOUT LE MONDE;

OUVRAGE INDISPENSABLE AUX ARCHITECTES, INGÉNIEURS, EXPERTS, VÉRIFICATEURS, METREURS, PROPRIÉTAIRES, ETC.;

A l'usage de toutes les personnes qui s'occupent de la construction ou qui font bâtir;

### Par LEBOSSU,

ARCHITECTE-EXPERT PRÈS LES TRIBUNAUX CIVILS ET DE COMMERCE, ET DE LA JUSTICE DE PAIX DU 5ᵉ ARRONDISSEMENT, AUTEUR DE DIVERS OUVRAGES.

### DEUXIÈME PARTIE,

Comprenant le Bitume, le Carrelage, la Charpente, la Couverture, la Dorure, le Ferblanc, la Fumisterie et la Poêlerie, le Grillage, la Marbrerie, la Menuiserie, le Pavage, la Peinture, la Plomberie, la Serrurerie, la Tenture, le Treillage, la Vidange, la Vitrerie et le Zinc.

*Nouvelle édition, revue, corrigée et augmentée.*

### PARIS,
A LA LIBRAIRIE ENCYCLOPÉDIQUE DE RORET,
RUE HAUTEFEUILLE, N° 12.

1855.

# MÉTREUR
# VÉRIFICATEUR

## DEUXIÈME PARTIE.

## BITUME.

Tous les ouvrages qui se font en bitume ou en mastic bitumineux, tels que chaineaux, cuves, chapes de voûtes, bassins, citernes, terrasses, etc. ; ceux composés de bitume et d'autre matière, ceux en toiles bitumées, tous enfin se mètrent superficiellement et géométriquement, c'est-à-dire, sans usage ni approximation. Il faut désigner les diverses matières employées, en les séparant dans le détail qu'on en fait : ainsi soit une terrasse en mastic et en carreaux de Bourgogne, il faudra métrer séparément le mastic en en spécifiant l'épaisseur, du carreau qui sera demandé lui-même suivant sa nature.

Il peut se faire cependant que le bitume soit demandé au poids; alors il faut en reconnaître exactement la quantité employée, et demander en plus les journées mises à l'appliquer ou à l'étendre.

## BITUME.

Tous les bitumes et mastics se vendent au kilo., mais tous les ouvrages qui se font avec cette matière se comptent, comme nous l'avons dit plus haut, et suivant leur nature, soit au mètre superficiel, soit au mètre linéaire. Voyez le Mémoire ci-après.

## MEMOIRE.

Nota. Le protocole de tous les mémoires d'ouvrages en bâtiment étant le même, nous renvoyons le lecteur au modèle que nous avons donné à la suite de la menuiserie, et nous n'indiquons ici que le résumé d'un mémoire de Bitume.

### RÉSUMÉ. *Voyez Menuiserie.*

| | | | | |
|---|---|---|---|---|
| 20$^m$. | 00 | Superficiels de béton en bitume de 3 centimètres d'épaisseur, à . . | 3 f. | 50 c. |
| 00 | 00 | *Idem* de béton, chaux et sable de 10 centim. d'épaisseur, à. . . | 2 | 25 |
| 00 | 00 | *Idem* de chéneaux en tuiles de Bourgogne, à bain de mastic, compris la pose, à. . . . . | 10 | 00 |
| 00 | 00 | *Idem* mais en bitume nu, à . . | 7 | 75 |
| 00 | 00 | Superficiels de terrasses en bitume uni ou sablé à la surface, à 2 couches, de 7 mill. d'épaisseur, à . | 4 | 50 |
| 00 | 00 | *Idem* de terrasses et chapes en asphalte, à . . . . . . . | 7 | 00 |
| 00 | 00 | *Idem* de trottoirs ou dallages en asphalte, de 12 mill. d'épaisseur, à | 5 | 50 |
| | | Noir naval, pour enduit, non compris la main d'œuvre, le kilo . . . . . . . . | 0 | 50 |
| | | Goudron, pour *idem* . . . . . . | 0 | 20 |

# CARRELAGE.

Cette partie est une des plus simples à métrer dans les bâtiments, car on n'y connaît aucun usage ni aucune évaluation ; tout se mesure superficiellement et suivant les surfaces réelles ; il n'y a d'exception que pour les *carreaux en recherche* (on désigne ainsi les carreaux qui se posent isolément et en remplacement de ceux cassés) qui se comptent à la pièce, en observant toutefois que ces carreaux ne peuvent jamais se compter ainsi qu'autant qu'ils ne forment pas par leur réunion une surface de quarante-deux centimètres ou quatre pieds, car, dans ce cas, il faut métrer cette partie suivant la règle générale.

Dans chaque superficie trouvée, il faut déduire les vides mais non les jambages de cheminées, lorsque les âtres sont carrelés en carreaux semblables à ceux de la pièce. Si ces âtres sont carrelés différemment des pièces, on les mètre séparément en superficie, ou on les compte à la pièce, et alors le vide des cheminées se déduit; à la superficie trouvée il faut ajouter celle des ébrasements de portes et croisées, ou toutes autres parties non comprises dans les premières dimensions relevées.

Chaque espèce de carrelage doit être exactement désignée dans le mémoire comme au timbre. (On appelle *timbre* le petit titre indicatif de la nature d'ouvrage que l'on porte à droite dans les mémoires et qui porte aussi la quantité de cet ouvrage. (Voyez *Mémoire des ouvrages de Menuiserie*.) L'échantillon des *carreaux en recherche* doit être aussi indiqué ; il faut spécifier si c'est du plâtre ou du mortier qui a servi à sceller les carreaux.

Tous les carrelages comprennent la forme en poussière qui se fait dessous. Cependant si cette forme, qui se fait habituellement, comme nous le disons, avec des poussières ou des recoupes, excède 8 centimètres ou 3° d'épaisseur réduits, il faut demander une plus-value soit en journées, soit en métré pour la surcharge qui a lieu : on désigne la nature de cette forme si elle est étrangère. Nous ferons observer, au sujet des formes de carrelage, que la poussière de plâtre et les recoupes qui servent à les faire, sont ordinairement laissées par les maçons dans les bâtiments en construction, mais qu'il peut se faire qu'un carreleur soit appelé à carreler une ou plusieurs pièces dans un bâtiment en construction, et qu'alors il faut faire arriver du dehors ces mêmes poussières : dans ce cas le transport seulement en devra être payé à part et suivant le temps employé à ce travail.

Le carrelage en briques, qui se fait principalement dans les grandes cuisines, soit pour former le plancher ou seulement l'âtre, se compte aussi en superficie, tous vides déduits, et en désignant comment sont posées les briques, qui peuvent être de champ, ou de plat, en point de Hongrie ou d'une autre forme.

Les carreaux ou les briques qui sont frottés et passés au grès, se demandent en plus du carrelage et en superficie.

Le carrelage en carreaux de faïence suit la même règle que ci-dessus pour les grandes parties ; mais le dessus des fourneaux nécessitant des coupes faites à la sciote, les carreaux qui y sont employés se comptent à la pièce, et les moitiés de carreaux pour pièces entières.

## CARRELAGE.

Il faut, par mètre superficiel, y compris déchet :

| | | | |
|---|---|---|---|
| 63 carreaux | de | 14 c. ou 5° | |
| 80 | de | 13 | 4 1/2 |
| 86 | de | 12 | 4 1/4 |
| Il faut 43 carreaux à four ou à pans de | | 16 ou 6 | |
| 28 | de | 19 | 7 |
| 24 | de | 22 | 8 |
| Il faut 38 c. carrés à bandes de | | 16 ou 6 | |
| 36 | de | 14 | 6 1/4 |
| Il faut 26 carreaux d'âtre | de | 20 ou 7 1/4 | |
| 21 | de | 22 | 8 |
| Il faut 86 carr. en faïence | de | 11 ou 4 | |

On emploie, par mètre carré de carreaux, de 16 c. et à six pans, 10 mill. cubes de plâtre ou 3°, pour les sceller, et le double si c'est du mortier, mais comme ce dernier est toujours d'une qualité inférieure, le prix du carrelage reste le même.

Les vieux carrelages se comptent comme les carrelages neufs, et leur prix comprend la dépose, le décrottage et la repose des carreaux, suivant la désignation qui doit être faite de l'une et de l'autre de ces trois mains-d'œuvre.

La descente et l'enlèvement des gravois se paie à la journée, ou au tombereau, ou au cube.

Tous les carreaux se livrent au millier. Ils paient 5 fr. 50 c. d'entrée lorsqu'ils viennent du dehors. Ils pèsent : ceux de Paris 750 kilos par millier ; ceux de Bourgogne, 855 kilos.

## CARRELAGE.

*Mémoire des ouvrages de Carrelage...* (*Pour la suite de ce titre, voyez ce que nous avons dit page* 4.

RÉSUMÉ. Voyez *Menuiseries*.

| | | | |
|---|---|---:|---:|
| 00ᵐ. 00 | Superficiels de grands carreaux de Paris, à pans, de 16 c. (6°), scellés en plâtre ou en mortier, le mètre superficiel à | 2 f. | 40 c. |
| | C'est la toise | 9 | 00 |
| Les mêmes carreaux, mais de Bourgogne, | | 13 | 00 |
| C'est le mètre superficiel, | | 3 | 42 |
| Carr. carrés 19 c. (7°), aussi de Bourgogne, | | 12 | 00 |
| C'est le mètre superficiel, | | 3 | 15 |
| Carr. carrés de 16 c. (6°), | | 12 | 50 |
| C'est le mètre superficiel, | | 3 | 40 |
| Carr. d'âtre de 7° 1/4 (20 c.), | | 14 | 00 |
| C'est le mètre superficiel, | | 3 | 68 |
| Vieux carr. de 16 c. ou 6°, à pans, déposés, décrottés et reposés avec plâtre, | | 3 | 00 |
| C'est le mètre superficiel, | | | 79 |
| Carrelage à façon de 16 c. ou 6°, y compris fourniture de plâtre, | | 2 | 50 |
| C'est le mètre superficiel, | | | 65 |
| Dépose et décrottage des carreaux de 16 c. ou 6°, à pans, par toise, *idem*, | | | 40 |
| *Idem*, de 11 c. ou 4°, | | | 75 |
| Journée d'un compagnon et de son garçon, (elle est de 10 heures en été), | | 7 | 00 |

# CHARPENTE.

La Charpente se compte au stère (unité de mesure qui répond au mètre cube). C'est une des parties du bâtiment dans laquelle se sont perpétués, jusqu'à ce jour, des abus qu'il est temps de ne plus tolérer ; nous voulons parler du métré avec usage de cette partie, qui se faisait autrefois en ajoutant aux longueurs réelles des pièces de bois, une autre longueur fictive qui offrait un très grand avantage aux charpentiers*. Ce métré consistait à compter tout morceau de bois, quelque petit qu'il fût, pour 1 p. 6° de longueur ;

Celui jusqu'à 2 p., pour 2 p. de longueur;

Ensuite, depuis et compris 2 p. jusqu'à 3 p. 1°, pour 3 p. de longueur.

De 3 p. 2° jusqu'à 4 p. 8° 3/4, pour 4 p. 6°;
De 3 p. 9° jusqu'à 6 p. 2° 3/4, pour 6 p.;
De 6 p. 3° jusqu'à 7 p. 8° 3/4, pour 7 p. 6°;
De 7 p. 9° jusqu'à 9 p. 3° 3/4, pour 9 p.;

* En donnant ici le tableau des divisions adoptées par l'ancien mode de toiser la charpente, notre intention n'est pas de contribuer à en étendre ni même à en faciliter l'usage ; mais seulement de mettre sous les yeux de nos lecteurs la progression suivie par ce mode aussi vicieux que bizarre, afin d'en mieux faire reconnaître l'absurdité, comme pour éviter aussi qu'il n'y soit rien ajouté encore, en cas de contestation, ce qui n'est pas impossible, puisque ce mode est encore conservé dans beaucoup de départements.

M. Dubreuil, architecte, qui a aussi publié un ouvrage dans lequel il traite du métré de la charpente, estime à un dixième la différence du toisé avec usage d'avec celui sans usage. Ainsi le bois de charpente métré avec usage étant réglé à 10 francs, il faut payer celui sans usage 11 fr.

De   9 p. 4° jusqu'à 10 p. 8° 3/4, pour 10 p. 6°;
De  10 p. 9° jusqu'à 12 p. 4° 3/4, pour 12 p.;
De  12 p. 5° jusqu'à 13 p. 8° 3/4, pour 13 p. 6°;
De  13 p. 9° jusqu'à 15 p. 4° 3/4, pour 15 p.;
De  15 p. 5° jusqu'à 16 p. 8° 3/4, pour 16 p. 6°;
De  16 p. 9° jusqu'à 18 p. 4° 3/4, pour 18 p.;
De  18 p. 5° jusqu'à 19 p. 8° 3/4, pour 19 p. 6°;
De  19 p. 9° jusqu'à 21 p. 4° 3/4, pour 19 p.;
De  21 p. 5° jusqu'à 22 p. 8° 3/4, pour 22 p. 6°;
De  22 p. 9° jusqu'à 24 p. 6°,     pour 24.

Cette progression augmentait ensuite pour les gros bois, dits de qualité, de 3 p. en 3 p., c'est-à-dire qu'une pièce de ce bois qui avait depuis 24 p. 7° jusque et y compris 27 p. 6°, comptait toujours pour 27 p. de longueur; celle de 27 p. 7° jusqu'à 30 p. 6°, pour 30 p. de longueur et ainsi de suite.

Quelques métreurs adoptaient même cette progression de 3 p., à partir de 18 p. 5° de longueur, mais le temps a heureusement fait justice, dans la plupart des villes, de cet usage ridicule, créé par l'ignorance et la cupidité. Aujourd'hui subsiste encore une partie de cet abus; mais avant qu'il soit peu il sera entièrement détruit, car déjà à Paris et dans toutes les villes principales de la France, les architectes et toutes les administrations n'admettent d'autres mémoires de charpente que ceux faits au mètre et sans aucune espèce d'usage[*]. Ce n'est donc qu'à regret que nous indiquons ici cette manière de toiser contre laquelle nous-même nous protestons. Tous les bois de charpente se mètrent suivant leur longueur réelle, et en œuvre : cette longueur se prend en dedans des murs et des as-

---

[*] Ce métré est fort simple : il consiste à multiplier la grosseur par la hauteur, puis ce produit par la largeur. Voyez page 20.

semblages; si les abouts des pièces sont coupés en sifflets, ou biseau, comme chevrons, tournisses, coyaux, etc., la longueur se prend du milieu de ce biseau. Quant aux deux dimensions en grosseur (c'est-à-dire la largeur et la hauteur), on compte les fractions de pouce de cette manière* : quatre, cinq, six, sept ou huit lignes sont comptées pour six lignes; et neuf, dix, onze ou douze lignes, pour un pouce : on voit par là qu'il faut qu'il n'y ait pas moins de 4 lignes en plus des pouces de grosseur, pour en compter les fractions. La grosseur des bois doit encore se réduire au milieu de leur longueur, lorsque la largeur et l'épaisseur ne sont point égaux aux deux extrémités de ces bois.

A la longueur dans œuvre, il est ajouté, savoir :

Pour chaque tenon (partie allégée d'un morceau de bois qui entre dans une mortaise) de pièces principales, tels qu'arbalétriers, chevêtres, etc. . . . 11 c. ou 4°

Pour chaque tenon de remplissage, d'entre-toises ou autres pièces semblables . . . . . . . 08 ou 3°

Pour chaque partie ou scellement en

---

\* Ce dernier mode de mesurer la charpente n'est point encore celui qui est conforme à la vérité, car une évaluation arbitraire n'est jamais d'une exactitude mathématique, ce qui est basé sur les principes de la géométrie pouvant seul atteindre cette exactitude. Espérons donc que, lorsque pour les autres parties du bâtiment on a reconnu qu'il ne devait rien être compté au-delà des dimensions réelles de l'objet que l'on a à métrer, ce qui est tout à la fois conforme à la raison et aux règles de l'équité, on adoptera ce même principe pour la charpente, et qu'enfin un mode uniforme, par lequel on ne comptera que la matière mise en œuvre, sauf à avoir égard au déchet qu'elle éprouve étant façonnée, réglera pour toujours la manière de métrer toutes les parties du bâtiment.

Déjà à Paris on ne mètre plus qu'au mètre, seule mesure permise et qui est obligatoire pour toute la France.

mur des solives de remplissage et tous autres petits bois semblables . . 15 ou 6⁰

Pour les mêmes scellements en pan de bois. . . . . . . 08 ou 3⁰

Pour chaque scellement en mur des potures, poutrelles, solives d'enchevêtrure, chevêtres, sablières des pans de bois, poitraux, blochets, pannes, faitages, entraits, et autres pièces principales 25 ou 9⁰

Pour chaque embrèvement de marches dans les limons . . . . 05 ou 2⁰

Pour chaque scellement en mur . 11 ou 4⁰

Pour ceux en pans de bois . . 08 ou 3⁰

Il nous reste à faire observer qu'il est toujours à propos de s'assurer, au préalable, si les tenons et scellements dont il vient d'être parlé, ont les dimensions que nous avons indiquées ; dans le cas contraire, ils sont réduits à leur longueur réelle, mais alors il y a des vices de construction, car les dimensions ci-dessus sont les seules reconnues nécessaires.

A la longueur des plates-formes, poteaux corniers et autres pièces assemblées bout à bout, il faut ajouter les queues d'aronde ou autres assemblages, suivant ce qu'ils sont.

Les bois allégis se mesurent suivant leur cube primitif ; mais si dans ces bois il avait été fait des *levées* à la scie, comme sur des arbalétriers, semelles traînantes, limons d'escalier et autres pièces, et que la valeur de ces levées soit plus forte que celle du sciage qu'il a fallu faire, alors on déduirait le cube de ces levées et l'on classerait les bois restants dans ceux de sciage; mais si la levée n'excède pas la moitié de la valeur du bois supprimé, on ne déduit rien, et le cube de ces bois est classé suivant sa nature.

Les bois droits ou cintrés qui sont débillardés, comme limons, noyaux, volutes, sabots, patins, se comptent séparément, morceau par morceau, et suivant leurs dimensions en œuvre, en tendant un cordeau aux deux extrémités des parties circulaires, afin d'obtenir les grosseurs réelles de ces pièces.

Les bois cintrés naturellement se mesurent de même que ceux allégis ou débillardés.

M. Dubreuil, déjà cité, veut que l'on compte les bois cintrés naturellement pour ce qu'ils sont en œuvre, et en ajoutant à leur cube la moitié du produit de la différence qui existe entre ce cube et celui qui résulterait du compte fait, comme pour les pièces débillardées. Nous persistons à croire que notre manière de métrer est préférable à la sienne.

Si l'objet cintré que l'on mesure, a nécessité un travail extraordinaire par la multiplicité ou la complication des courbes, on l'explique et l'on forme un article à part de cet ouvrage, dont le prix est en raison de la main-d'œuvre.

Les marches droites d'une seule pièce sont mesurées au milieu de leur longueur dans œuvre ; celles dansantes, aux deux tiers du côté du scellement : s'il y a des écoinçons ou veaux rapportés sur le derrière des marches, ces écoinçons se métrent séparément des marches.

La hauteur des marches se prend toujours sur le devant ou collet, qu'elles soient chanlattées ou en biseau par-dessous ou non.

Les marches palières portant sabots sont mesurées comme les limons courbes, et classées parmi ces derniers. Les autres se confondent avec les marches ordinaires.

Les pilotis doivent se mesurer suivant leur nature et avant de les battre en terre.

Les bois ronds suivant la superficie de leur base réduite,

multipliée par la hauteur ou la longueur de la pièce : ils se tirent hors ligne, pour être payés à part.

Tous les bois employés dans la charpente n'étant pas travaillés ou façonnés également, ni de mêmes dimensions, il a fallu les classer de manière à ce que chaque nature de bois et d'ouvrage soit payée en raison de son plus ou moins d'importance. On divise tous les bois employés dans le bâtiment, en quatre classes : la première est appelée *bois ordinaire*, elle comprend toutes les pièces jusqu'à 32 c. ou 12° de grosseur et de toutes longueurs : cette première classe se subdivise, par rapport 1° aux sciages, c'est-à-dire qu'il faut expliquer si ce bois ordinaire est à un, deux ou trois sciages *; 2° aux assemblages, ce bois pouvant être assemblé ou non ; 3° en bois refait et refeuillé; 4° refait avec moulures; 5° refait pour escalier ; 6° tous bois refaits comprennent les sciages.

La seconde classe est appelée *bois de qualité*. On appelle ainsi tous les bois dressés à la bisaigue, au rabot ou à la varlope, portant feuillures ou ornés de moulures, et ayant de 33 à 50 c. (12 à 18°) de grosseur, tels que poteaux et chapeaux de lucarnes, devans de mangeoires et racineaux lisses de barrières, sablières d'égouts, huisseries, et encore tous les bois de cette grosseur employés comme il est dit dans la première classe : il est inutile de dire si ces bois sont ou non de sciage.

* M. Toussaint propose, dans son ouvrage intitulé : *Mémento des Architectes*, de compter les sciages séparément et en superficie. Dans ce cas, aux longueurs des sciages visibles il faut ajouter celle des tenons et portées. Les sciages circulaires comptent à fois un dixième. Chaque face de sciage ne vaut qu'un demi sciage, car on comprend que le trait d'une scie opère deux parements simultanés qui donnent deux surfaces : donc chacune d'elles doit être réduite à moitié de sa superficie réelle, sauf à ajouter un dixième en plus lorsque le sciage est courbe.

Dans la troisième classe sont les *bois de qualité supérieure* employés aux mêmes usages que les deux premières classes, mais ayant de 50 à 65 centimètres de grosseur ou d'équarrissage : on les timbre ainsi pour les distinguer des autres et vu leur rareté et leur cherté.

Le plus souvent on compte les escaliers à la marche, et l'on comprend dans le prix de chacune d'elles les limons, noyaux, volutes etc. Les marches dansantes ou triangulaires se mesurent aux 2/3 de la plus grande largeur. Les marches d'une seule pièce délardée sont réduites aux 2/3 de leur cube.

La quatrième classe comprend les *échafauds*, les *étais*, les *chevalements*, et les *cintres* : le métré s'en fait comme pour les autres bois. Sous le nom d'*étais* on range les étrésillons, couchis, contre-fiches et étaiements ; sous celui de *cintres* on comprend les cintres de voûte ou autres.

Dans les étaiements, on se sert aussi de *vérin*, machine servant à mettre des planchers de niveau, etc. Cet objet se compte suivant le nombre de journées qu'il est employé. Une paire de *vérin*, c'est ainsi qu'on le désigne, se règle par jour à 3 fr. 50 c., y compris double transport.

Les bois se distinguent encore en raison de leurs dimensions: ceux jusqu'à 12° (32 c) carrés et de toutes longueurs sont, ainsi que nous l'avons dit plus haut, appelés *bois ordinaires;* ou les désigne ainsi B. N. O. Ceux au-dessus de 32 c. carrés ou de 12° de largeur seulement, et jusqu'à 50 c. ou 18° sont timbrés *bois de qualité;* on les désigne ainsi B. N. Q. *Voyez* encore le mémoire page 38. Et enfin ceux de 51 à 65c. ( 18° à 2 p. ) et au-dessus, bois idem, 1$^{re}$ classe. *Voyez* le mémoire à la fin de ce traité.

Les bois employés pour poutres armées, avec crémaillères à l'intérieur, ou moisés avec entailles, fausses coupes et autre main-d'œuvre extraordinaire, font encore une classe à part qui est payée en raison du travail. Il en est de même au sujet des poteaux d'écurie qui sont tournés au tour avec une pomme au bout.

On ne doit jamais compter aucune cale ni morceau de bois jusqu'à 4° ( ou $0^m 005$ ), lorsqu'ils sont placés sous les parties de solives d'enchevêtrures, poitraux, pannes, etc. Il en est de même à l'égard des tasseaux, échantignoles, chevilles et tous autres petits morceaux de bois nécessaires pour la pose des ouvrages : ces portions de bois faisant toujours partie du déchet accordé dans les détails de prix.

Les trous de boulons, de chevillettes, les tenons et mortaises, feuillures, hachements, coupements, joints de marches, entailles et paumes, faits dans les bois neufs, au chantier ou sur le tas, ne doivent jamais être comptés; mais ces mêmes ouvrages, faits dans du vieux bois seulement façonné, se comptent au mètre courant pour les feuillures, et à la pièce pour les autres.

Toutes moulures poussées sur les vieux bois se comptent à part. Les bûchements s'évaluent au mètre courant, ainsi que les délardements et refeuillements.

Les bois neufs non fournis par l'entrepreneur, ainsi que les vieux bois à façon seulement, se comptent de la même manière que ci-dessus, sans exception.

Les vieux bois démolis ou déposés sont aussi mesurés comme les bois neufs fournis par l'entrepreneur; on peut seulement désigner comme *bois de démolition*, celui qui ne doit pas être remployé, et comme *bois pour dépose,* celui qui est déposé avec soin pour être reposé.

Le prix des bois de charpente fournis comprend toujours la valeur du bois, la façon, le transport, le montage et la pose : il faut donc expliquer si le bois est façonné seulement, et dans ce cas le transport se paie à part, s'il a eu lieu.

Les bois repris en compte se mesurent sans comprendre les tenons et en ayant égard au nombre de mortaises ou entailles, qui souvent provoquent des déchets, dont il est juste de tenir compte à l'entrepreneur.

Lorsqu'on ne peut pas vérifier les grosseurs ni les longueurs des bois de charpente, ce qui arrive lorsque le maçon a couvert ces bois, on peut estimer que chaque mètre superficiel comporte 7 c. cubes par plancher ordinaire, et 8 c. cubes par mètre de plancher plus fort ; c'est par toise superficielle de plancher ordinaire 2 pièces et demie cubes de bois (257 mill.), ou 3 pièces (309 mill.) si les bois employés sont très forts ; chaque toise superficielle de pan de bois de 4° (11 c.) d'épaisseur, non ravalé, 2 pièces cubes (206 mill.), c'est par mètre carré 5 c. cubes ou 1 p. 6°; si le pan de bois a 19 c. non ravalé, il entre 6 c. cubes de bois par mètre superficiel, ou par toise 23 cent. cubes (8°); et chaque garniture de linteau, de porte ou croisée ordinaire, 1 pièce cube (103 mill.) : ces évaluations ne sont du reste qu'approximatives et ne doivent être mises en pratique qu'en cas absolu.

M. Dubreuil compte ainsi le cube de bois qu'il suppose être entré dans divers objets : par exemple, soit un comble triangulaire, il estime qu'il faut à peu près autant de bois pour faire ce comble que pour le plancher de dessous; pour un comble de forme circulaire un tiers de plus.

Voici maintenant la manière de réduire les bois de charpente en pièces ou solives, demi-pièces, pieds, pouces et lignes cubes, ou en stères (mètres cubes), décistères, centistères et millistères cubes.

## CHARPENTE.

*Manière de métrer avec usages.*

Soit une poutre de 17 p. de longueur et de 11° de grosseur sur 12° de hauteur (ces deux dernières dimensions s'expriment ainsi dans la pratique du toisé 11 — 12), ou bien une tournisse de pan de bois de 5 p. 6° sur 4 — 4 1/4 (cette dernière grosseur sera portée au mémoire pour 4 1/2 suivant ce que nous avons dit page 11.), il faut multiplier la grosseur par la hauteur, convertir le produit en pièces ou en pieds, pouces et lignes, puis le multiplier par la longueur exprimée et réduite aussi, lorsqu'il y a lieu, en pièces, pieds, etc.; le produit donne des pièces ou seulement des parties de pièces cubes de bois. Il faut 12 lignes pour faire un pouce, 12 pouces pour faire un pied, et 6 pieds pour faire une pièce : la pièce répond encore à 3 pieds cubes ou à 5184 pouces cubes, ou encore à 103 millimètres cubes.

### 1$^{er}$. EXEMPLE.

Une poutre a 17 p. sur 11 — 12.

Je multiplie 11° qui sont la grosseur de la poutre par 12 qui en sont la hauteur;

---

j'ai pour produit 132°, qui, réduits en pieds, donnent 11 p. ou encore 1 pièce 5 p. qui, multipliés par 17 p. que je réduis en deux pièces 5 p. j'ai donc 1 p. 5 p. 0° à multiplier par 2 4 0°

|   |   |   |
|---|---|---|
| 3 | 4 | 0 |
| 0 | 5 | 6 |
| 0 | 3 | 8 |

Produit . . 5   1   2° ou 5 pièces 1 pied 2 pouces cubes de bois.

## CHARPENTE.

### II.e EXEMPLE.

Une tournisse a 5 p. 6 de longueur sur 4—4 1/2.

je multiplie 4°

par 4 1/2

j'ai pour produit 18° ou 1 pied 6°, que je multiplie par 5 p. 6° de cette manière : n'ayant pas de pièces, mais seulement des pieds et des pouces, je pose ma multiplication ainsi qu'on le voit ci-dessous, et je dis : ayant un pied au multiplicateur, et ce pied étant le 1/6 de la pièce, je prends donc 1/6 du multiplicande qui me donne 11° que je place sous les unités de même espèce ; ayant encore 6° au multiplicateur, lesquels sont ou le 1/12 d'une pièce ou la moitié d'un pied, je prends la moitié de 11° qui sont le produit d'un pied, et j'ai 5° 6 lignes ; j'additionne, et j'ai pour produit 0 pièce 1 p. 4° 6 lignes cubes.

### OPÉRATION.

| | | | |
|---|---|---|---|
| 0 p. | 5 p. | 6° | |
| 0 | 1 | 6 | |
| 0 | 0 | 11 | 0$^l$ |
| 0 | 0 | 5 | 6 |
| 0 | 1 | 4 | 6 |

On peut se servir de la règle suivante pour obtenir le cube des bois de charpente : multipliez les côtés l'un par l'autre, puis par la longueur de la pièce exprimée en pouces, et divisez par 5184, le quotient donnera le nombre de pièces ou de parties de pièces contenues dans le morceau de bois que l'on toise. Dans le premier exemple cité ci-dessus, j'ai 132° à multiplier par 204° (17 p. de longueur), ce qui me donne 27,928 pouces, lesquels, divisés par 5184, donnent 5 pièces et 1,008/5184, de parties de pièces qui répondent à 1 p. 2°. On a donc, comme ci-dessus, 5 p. 1 p. 2° cubes de bois : cette dernière règle est fort peu en usage.

## CHARPENTE.

*Manière de métrer sans usages et le seul permis depuis 1840.*

Elle consiste à se servir des mesures décimales, à l'aide desquelles on simplifie singulièrement le travail que comporte le toisé de la charpente. Suivant le nouveau système, on est convenu de prendre le stère ou mètre cube pour l'unité de mesure comparative. Le stère est un cube d'un mètre de côté, il répond à 9 solives ou pièces anciennes et 725 millièmes de pièce, ou 4 p. 6° cubes ; il se subdivise, comme nous l'avons déjà dit, en décistères, centistères et millistères cubes.

Le décistère est aujourd'hui la nouvelle pièce ou solive, elle est composé de 100 millistères, et équivaut à peu près à l'ancienne mesure.

Toutes les dimensions des bois peuvent être prises en décimètres et centimètres, même pour déterminer le nombre de millistères contenus dans un cube quelconque de charpente. Soit une pièce de bois de $4^m 50$ de longueur sur $0,32$ de hauteur et $0,20$ de largeur, on aura la cubature de cette pièce en faisant l'opération suivante. *

OPÉRATION.

$$0^m \; 32 \; c$$
$$0 \quad 20$$

Premier produit.   650
                   450

                   32000
                   256000

Cube.   288000

* Les dimensions ne sont jamais prises que jusqu'aux centimètres seulement, mais à partir de cinq millimètres on compte un centimètre de plus : soit 0 mètre 255, cette dimension se comptera comme 0,25.

Le produit est de 288000, sur lequel j'ai à retrancher, conformément aux règles arithmétiques, six chiffres ou décimales, et comme la cubature des bois n'est pas poussée plus loin que les millistères, j'exprime le cube trouvé en disant, 0 stère 288 millistères ou mieux encore, 0 stère 2 décistères 8 centistères 8 millistères, qu'enfin je porte au timbre du mémoire, de cette manière, 0,288, voyez page 30.

## TABLEAU

*De conversion des pièces et parties de pièces anciennes en stères\* décistères, etc.*

| Pièces. | Stères | Décistèr. | Millistèr. |
|---|---|---|---|
| 1 | 0 | 1 | 03 |
| 2 | 0 | 2 | 06 |
| 3 | 0 | 3 | 09 |
| 4 | 0 | 4 | 11 |
| 5 | 0 | 5 | 14 |
| 6 | 0 | 6 | 17 |
| 7 | 0 | 7 | 20 |
| 8 | 0 | 8 | 23 |
| 9 | 0 | 9 | 25 |
| 10 | 1 | 0 | 28 |
| Pieds. | | | |
| 1 | 0 | 0 | 17 |
| 2 | 0 | 0 | 34 |
| 3 | 0 | 0 | 51 |
| 4 | 0 | 0 | 69 |
| 5 | 0 | 0 | 86 |
| Pouces. | | | |
| 1 | 0 | 0 | 02 |
| 2 | 0 | 0 | 03 |
| 3 | 0 | 0 | 04 |
| 4 | 0 | 0 | 06 |
| 5 | 0 | 0 | 07 |
| 6 | 0 | 0 | 09 |
| 7 | 0 | 0 | 10 |
| 8 | 0 | 0 | 11 |
| 9 | 0 | 0 | 13 |
| 10 | 0 | 0 | 14 dix-millist. |
| 11 | 0 | 0 | 16 |
| Lignes. | | | |
| 6 | 0 | 0 | 01 |
| 11 | 0 | 0 | 013 |

### OBSERVATION.

On peut énoncer les décistères avec les millistères; ainsi au lieu de dire que cinq pièces répondent à 5 décistères 14 millistères, dites seulement à 514 millistères.

\* Nous rappelons ici que le stère répond à 1 mètre cube.

## TABLEAU

*De conversion des stères, décistères, etc., en pièces anciennes, pieds, pouces et lignes cubes.*

| Stères. | Pièces. | pieds | po. | lign. | Décister. | Pièces. | pieds. | po. | lign. |
|---|---|---|---|---|---|---|---|---|---|
| 1 | 9 | 4 | 6 | 0 | 1 | 0 | 5 | 9 | 11 |
| 2 | 19 | 3 | 0 | 0 | 2 | 1 | 5 | 8 | 0 |
| 3 | 29 | 1 | 6 | 0 | 3 | 2 | 5 | 6 | 0 |
| 4 | 39 | 0 | 0 | 0 | 4 | 3 | 5 | 4 | 0 |
| 5 | 48 | 4 | 6 | 0 | 5 | 4 | 5 | 2 | 0 |
| 6 | 58 | 3 | 0 | 0 | 6 | 5 | 5 | 0 | 0 |
| 7 | 68 | 1 | 6 | 0 | 7 | 6 | 4 | 10 | 1 |
| 8 | 78 | 0 | 0 | 0 | 8 | 7 | 4 | 8 | 2 |
| 9 | 87 | 4 | 6 | 0 | 9 | 8 | 4 | 6 | 1 |
| 10 | 97 | 3 | 0 | 0 | 10 | 9 | 4 | 6 | 0 |
| Millist. | | | | | Millist. | | | | |
| 05 | 0 | 0 | 3 | 5 | 60 | 0 | 3 | 5 | 8 |
| 10 | 0 | 0 | 6 | 11 | 70 | 0 | 4 | 0 | 7 |
| 20 | 0 | 1 | 5 | 11 | 80 | 0 | 4 | 7 | 7 |
| 30 | 0 | 1 | 8 | 9 | 90 | 0 | 5 | 2 | 10 |
| 40 | 0 | 2 | 3 | 8 | 100 | 0 | 5 | 9 | 11 |
| 50 | 0 | 2 | 10 | 11 | | | | | |

Nous ne poussons pas plus loin ces tables de conversion, car elles sont suffisantes pour convertir quelque nombre que ce soit de pièces ou de stères, ainsi que toutes leurs subdivisions.

## DU MÉTRÉ DES BOIS EN GRUME.

On prend la circonférence de l'arbre à l'aide d'un cordeau, en observant de toujours réduire cette circonférence au chiffre qui renferme exactement un nombre de fois trois, ainsi une circonférence donnant 1,38, ne sera comptée que pour 1,33, et sur cette circonférence déjà ainsi réduite, il faut encore déduire 29 mill. pour les arbres jusqu'à 37 c. de diamètre, et 05 c. pour ceux au-dessus. Ensuite on prend, 1° pour les équarrissages ordinaires, le 1/4 de la circonférence réduite comme il est indiqué ci-dessus; 2° pour les équarrissages à vives arêtes, les 23/100; 3° pour les arbres écorchés seulement, les 28/100 : telle est la manière de déterminer les équarrissages des bois en grume dans les forêts des environs de Paris et dans la Picardie.

En Champagne on déduit d'abord le 1/6 de la circonférence, puis on prend le 1/4 du reste, ce qui correspond aux 21/100 ; exemple : soit un arbre ayant 1$^m$32 de circonférence, je réduis d'abord sur ce nombre 05 c. pour l'écorce, attendu que le diamètre excède 37 c., il me reste 1,27 qui, d'après le principe qui vient d'être posé, doivent être réduits à 1, 22; de ces 1,22 je déduis le 1/6, il me reste 100 dont le 1/4 est de 25, qui ne comptent que pour 25 sur 27, parce qu'on abandonne les fractions d'un côté pour les reporter sur l'autre; mais dans ce cas il faut qu'il y ait au moins 12 mill., car si le 1/4 n'avait donné que 24 sur 007 mill., l'équarrissage serait de 24 c. sur 24 ou 24 c. carrés.

Pour avoir le cube des bois en grume, il suffit de multiplier la superficie que produit l'équarrissage, par la longueur de la pièce.

Les bois de charpente sont de deux espèces : en chêne et en sapin ; ils se vendent suivant l'ancien usage au cent de pièces, et le toisé s'en fait encore aujourd'hui et nonobstant la loi de juillet 1839, *pied avant, pied arrière*, c'est-à-dire que l'on ne compte la longueur des pièces de bois, que comme n'ayant en réalité que celle progressive de trois en trois pieds : ainsi une pièce de 14 p. compte pour 15 p., et celle de 13 p. pour 12 p. Les grosseurs se comptent aussi *pouce plein* ; soit un morceau de 7° 6 lig., sur 9° 9 lig., il comptera comme ayant 7° sur 10°. Les marchands accordent en plus aux entrepreneurs 4 pièces par cent.

A Paris et dans les grandes villes, les entrepreneurs achètent le bois aux marchands comme ils le comptent mis en œuvre, c'est-à-dire, conformément à ce que nous avons indiqué à la page 19.

Les plats-bords se vendent à la paire. Le transport des bois dans Paris, coûte par cent pièces. . . . 30 f. 00 c.

Celui du chantier au bâtiment 3 fr. Du bois neuf pris au lieu de l'acquisition ou chantier de l'entrepreneur, à Paris 3 fr. 60 c.; celui du vieux bois ne coûte que 1 fr. 50 c.

La journée d'un compagnon, elle est de 10 heures, se paie, non compris bénéfice . . . 3 50
Celle d'un fer de scie . . . . . . . 7 50

*Déchet.* On compte par cent pièces de bois ordinaire un vingtième de déchet.

Par *idem* de bois neuf refait sur deux faces, un dix-huitième.

Par *idem* sur quatre faces, un douzième.

Par *idem* de bois d'escalier, un dix-huitième réduit.

*Façon.* Il faut par cent pièces de bois ordinaire en chêne, avec et sans assemblage, 30 journées pour façon, 4 journées pour levage à 10 mètres réduits, et 7 journées pour la pose : en tout 41 journées.

Ou par stère, non compris déchet, pour bois ordinaire assemblé, monté, posé, 5 journées 2/10 ; pour bois non assemblé 3 journées.

Dans ces deux exemples la façon se divise ainsi :

Chêne assemblé, taillé, 4 jours, pose 8/10, levage à 10 mètres 4/10.

Chêne non assemblé, 2 jours, pose, 6/10, levage, 4/10.
Le pied cube de chêne pèse environ 40 kil. c'est le mèt. 1160 k.

|     | de sapin   | —   | 19 | 551 |
|-----|------------|-----|----|-----|
| —   | de hêtre   | —   | 32 | 928 |
| —   | de peuplier| —   | 13 | 377 |
| —   | de noyer   | —   | 23 | 667 |

## MÉMOIRE.

*Pour le titre de ce mémoire, voyez* MENUISERIE.

*Observations.* Avant de commencer à détailler les divers articles que comportent un mémoire de charpente, nous devons prévenir nos lecteurs que tous les articles qui se suivent dans un mémoire et qui sont de même nature, ne nécessitent qu'un seul timbre, comme on le voit à ceux indiqués ci-après par les initiales B. N. O. qui signifient bois neuf ordinaire, B. N. Q. ou bois neuf de qualité. Voyez encore le résumé page 38.

Dans le métré de la charpente on commence à désigner les cintres et les étais s'il y en a eu d'employés, puis on continue par les planchers et pans de bois de chaque étage : si ces planchers sont composés de plusieurs travées, on sépare chacune d'elles, ensuite on finit par le comble.

Les mémoires de charpente s'établissent à l'aide des attachements[*] que l'on relève successivement et à mesure que les bois fournis pour le bâtiment sont en place et susceptibles d'être couverts ou cachés par les ouvrages de maçonnerie.

---

[*] On distingue deux espèces d'attachements : ceux écrits et ceux figurés. Un attachement écrit est la désignation exacte de la nature et des dimensions de l'objet métré ; un attachement figuré est le même que le précédent, mais de plus avec la représentation, à l'aide du dessin, de ce même objet.

## COMBLE.

Ledit composé de trois fermes.

### DÉTAIL D'UNE :

1 entrait en deux morceaux :
| | | |
|---|---|---|
| 1 de 6 m. 00 sur 10—15.. B. N. O. | 0 | 072 |
| 1 de 4 m. 00 sur 10—20.. | 0 | 080 |
| 2 arbalétriers de chaque 4 m. 00 sur 10—15 . . . | 0 | 120 |
| 1 poinçon de 2 m. 00 sur 10—12 . . . . . | 0 | 024 |
| 1 entrait retroussé de 5 m. 00 sur 10—10 . . . | 0 | 050 |
| 2 jambettes de chaque 3 m. 00 sur 10—10 . . . | 0 | 060 |
| Le tout produit. | 0 | 306 |
| Les deux autres fermes produisent . . . . . | 0 | 612 B. N. O. |
| Total. | 0 | 918    0 918 |

| | | | |
|---|---|---|---|
| Le faîtage en deux morceaux de 8 m. 00 chaque sur 10—10 . . . . | 0 160 | | |
| 8 pannes, dont 4 de chaque 4 m. 00 sur 10—12. . . | 0 192 | } | 1 128 |
| 4 autres de 4 m. 50 sur 10—12 | 0 216 | | |
| 4 liens de 2 m. 00 sur 7—10 | 0 560 | / | B. N. S. |
| 1 plate-forme de 10 m. 00 sur 10—30 . . . . . B. N. S. | | | 0 300 |
| 54 chevrons de 4 m. 00 sur 10—10 . . . . . | | | 2 260 |

## LUCARNE.

| | | |
|---|---|---|
| 2 poteaux de o sur o—o B. N. refait . | o ooo | B. N. refait pour lucarne. |
| 2 appuis de o° sur o—o . . . . . | | |
| 1 chapeau de o sur o—o. . . . . | o ooo | o ooo |
| 1 linteau de o° sur o—o. . . . | | |
| 1 poteau de o sur o—o . . . . . | o ooo | |

*Plancher haut de l'étage sous le comble.*

3 enchevêtrures de chaque o de long, compris scellements.

| | | |
|---|---|---|
| 1 de o — o B. N. O. . . . . . | o ooo | |
| 2 de o — o . . . . . . . . | o ooo | B. N. O. o ooo |

9 chevêtres et faux-chevêtres 3 de chaque o.

| | | |
|---|---|---|
| 1 de o — o . . . . . . . | o ooo | B. N. S. |
| 1 de o — o B. N. S. . . . . . | | o ooo |
| 1 de o — o B. N. O. . . . . . | o ooo | B. N. O. |

3 de chaque o.

| | | |
|---|---|---|
| | | o ooo |
| 1 de o — o . . . . . . . . | o ooo | B. N. S. |
| 1 de o — o B. N. S. . . . . . | | o ooo |
| 1 de o — o B. N. O. . . . . . | o ooo | B. N. O. |
| 1 autre de o et o — o . . . . | o ooo | o ooo |
| 2 de chaque o de long et de o — o . . | | o ooo |

14 remplissages, côté de la cour, de chaque o.

# CHARPENTE.

2 de o — o . . . . . . . . . 0 000  
1 de o — o . . . . . . . . . 0 000  
1 de o — o . . . . . . . . . 0 000  
2 de o — o . . . . . . . . . 0 000  
2 de o — o . . . . . . . . . 0 000  
1 de o — o . . . . . . . . . 0 000  
2 de o — o . . . . . . . . . 0 000  
2 de o — o . . . . . . . . . 0 000  
1 de o — o . . . . . . . . . 0 000  B. N. S.  
2 de o — o . . . . . . . . . 0 000   0 000  
    8 autres de chaque o.  
4 de o — o . . . . . . . . . 0 000  
1 de o — o . . . . . . . . . 0 000  
2 de o — o . . . . . . . . . 0 000  
1 de o — o . . . . . . . . . 0 000  
    3 autres de chaque o.  
2 de o — o . . . . . . . . . 0 000  
1 de o — o . . . . . . . . . 0 000  

*Pan de bois sur la cour.*

    1 sablière haute en 3 morceaux.  
1 de o et o — o B. N. S. . . . . . 0 000  
                                    B. V. S.  
1 de o et o — o B. V. S. . . . . . 0 000  
1 de o et o — o . . . . . . . . 0 000  
    La sablière basse en 2 morceaux.  
1 de o et o — o V. B. S. . . . . 0 000  
1 de o et o — o . . . . . . . 0 000  
    2 décharges de chaque o.   0 000  
Et o — o . . . . . . . . . . 0 000  
    4 tournisses de o ;  
Et o — o . . . . . . . . . . 0 000

CHARPENTE.

4 autres de chaque 0. B. N. S.
Et 0 — 0. . . . . . . . . . 0 000

## PREMIER ÉTAGE.

## PLANCHER.

solive d'enchevêtrure de 4 m. 50 : B. N. O.
sur 20 — 32 B. N. O . . . . . . . . . 0 288
6 solives de remplissage de chaque 3 m. 00 sur
8 — 10 réduit. . . . . . . . . 0 144
5 autres de 4 m. 00 V. B. S. chaque, V. B. S.
Et 8 — 15 V. B. S. . . . . . . . . 0 248
            B. N. S.
1 autre de 0 et 0 — 0 B. N. S. . . . . . 0 000
6 autres de 0 de long chaque ;
Et 0 — 0 . . . . . . . . . . 0 000
2 autres *idem* de 0 et 0 — 0 . . . . . 0 000
8 chevêtres.
1 de 0 et 0 — 0 B. N. O . . . . . 0 000
1 de 0 et 0 — 0. . . . . . . 0 000
1 de 0 et 0 — 0. . . . . . . 0 000
1 de 0 et 0 — 0. . . . . . . 0 000   B. N. O.
1 de 0 et 0 — 0. . . . . . . 0 000
                                                          0 000
1 de 0 et 0 — 0. . . . . . . 0 000
1 de 0 et 0 — 0. . . . . . . 0 000
1 de 0 et 0 — 0. . . . . . . 0 000
3 faux-chevêtres. V. B. S.
2 de 0 et 0 — 0. V. B. S. . . . . . . . 0 000
            B. N. S.
1 de 0 et 0 — 0. B. N. S. . . . . . . 0 000

CHARPENTE.

*Pan de bois séparant la boutique de l'allée.*

La sablière haute en 2 morceaux.
| | | |
|---|---|---|
| 1 de o et o — o. B. N. S.. . . . . | o ooo | o ooo |
| 2 de o et o — o. . . . . . . | o ooo | |

Celle basse en deux morceaux.
| | | |
|---|---|---|
| 1 de o et o — o. B. N. S. . . . . | o ooo | B. N. S. |
| 1 de o et o — o. . . . . . . | o ooo | o ooo |

4 décharges de o.
| | | |
|---|---|---|
| 1 de o — o. V. B. S. . . . . . | o ooo | |
| 1 de o — o . . . . . . . . | o ooo | |
| 1 de o — o . . . . . . . . | o ooo | |

4 poteaux de o chaque.
| | | |
|---|---|---|
| 1 de o — o. . . . . . . . | o ooo | V. B. S. |
| 1 de o — o. . . . . . . . | o ooo | o ooo |
| 1 de o — o. . . . . . . . | o ooo | |
| 1 de o — o. . . . . . . . | o ooo | |
| 1 autre de o et o — o. . . . . . | o ooo | |

13 tournisses de o.

Et de o — o. . . . . . . . . . . o ooo

1 poteau de o.      B. N. S.

Et de o — o B. N. S. . . . . . . . . o ooo

1 autre de o.

| | | |
|---|---|---|
| Et de o — o. B. N. refait et raboté. . | o ooo | B. N. ref., raboté. |
| 1 linteau de o et o — o . . . . . | o ooo | o ooo |

*Pan de bois séparant la cour de la cage d'escalier.*

Composé de 7 sablières de chaque o de longueur.

| | | |
|---|---|---|
| Et de o — o. V. B. S. . . . . . | o ooo | V. B. S. |
| Pour les 6 poteaux du rez-de-chaussée de o chaque et de o — o. . . . . . | o ooo | o ooo |

## CHARPENTE.

Pour le reste du pan de bois, 18 poteaux de chaque o de long et o — o. V. B. S.. . . . . . . . . . . 0 000 } V. B. S.
5 linteaux de o et o — o. . . . . } 0 000
10 potelets de o et o — o. . . . . 0 000

4 solives d'enchevêtrure o de long et o — o. B. N. Q.. . . . . . . 0 000
16 chevêtres.
4 de o et o — o . . . . . . . 0 000 } B. N. Q.
2 de o et o — o . . . . . . . 0 000 } 0 000
2 de o et o — o . . . . . . . 0 000
4 de o et o — o . . . . . . . 0 000
2 de o et o — o. . . . . . . 0 000 / V. B.

1 de o et o — o. . . . . . . . . 0 000
B. N. O.
1 de o et o — o. B. N. O. . . . . . . 0 000

14 solives de chaque o de long et de o — o. V. B. S.. . . . . . 0 000 } V. B. S.
10 de o et o — o. . . . . . . 0 000 } 0 000

9 solives de o de long et de o — o. . 0 000
3 solives façon chaque o et o — o . . 0 000
4 solives chaque o et o — o . . . 0 000 } B. N. O.
4 autres de chaque o.. . . . . . } 0 000
Et o — o. . . . . . . . 0 000

# ESCALIER.

Ainsi que nous l'avons dit page 15, les escaliers peuvent, au lieu d'être métrés comme il est indiqué à cette même page, être comptés à la marche : dans ce cas, les marches pallières comptent pour deux marches ordinaires.

L'échiffre composé d'un bout de limon par le haut, de 0 et 0 — 0. . . . . . . 0 000
   1 autre ensuite de 0 de long et de 0 — 0 . . . . . . . . . . 0 000
Une courbe de 0 et 0 — 0 . . . . 0 000
1 bout de limon de 0 et 0 — 0 . . . 0 000
1 courbe de 0 et 0 — 0 . . . . . 0 000
1 bout de limon de 0 et 0 — 0 . . . 0 000
1 courbe de 0 et 0 — 0 . . . . . 0 000
1 bout de limon de 0 et 0 — 0 . . . 0 000
1 courbe de 0 et 0 — 0 . . . . . 0 000     0 000
1 bout de limon de 0 et 0 — 0 . . . 0 000
1 courbe de 0 et 0 — 0 . . . . . 0 000
1 bout de limon de 0 et 0 — 0 . . . 0 000
1 courbe de 0 et 0 — 0 . . . . . 0 000
1 bout de limon de 0 et 0 — 0 . . . 0 000
1 courbe de 0 et 0 — 0 . . . . . 0 000
1 bout de limon de 0 et 0 — 0 . . . 0 000
1 courbe 0 et 0 — 0. . . . . . 0 000
1 bout de limon de 0 et 0 — 0 . . . 0 000
                 *A reporter*. . . 0 000

## CHARPENTE.

|  |  |  |
|---|---|---|
| *Report.* | 0 000 | |
| 1 courbe o et o — o | 0 000 | B. N. refait pour escalier. |
| 1 bout de limon o et o — o | 0 000 | |
| La volute o et o — o | 0 000 | 0 000 |

*La révolution du rez-de-chaussée au premier étage, composée de 17 marches.*

|  |  |  |
|---|---|---|
| La 1$^{re}$ par le bas de o et o — o | 0 000 | |
| La 2$^e$ de o et o — o | 0 000 | |
| 3$^e$ de o et o — o | 0 000 | 0 000 |
| 1 de o et o — o | 0 000 | |
| 1 de o et o — o | 0 000 | |
| 2 de o et o — o | 0 000 | |
| 1 de o et o — o | 0 000 | |
| 1 de o et o — o | 0 000 | |
| 1 de o et o — o | 0 000 | |
| 1 de o et o — o | 0 000 | B. N. escalier. |
| 1 de o et o — o | 0 000 | 0 000 |
| 1 de o et o — o | 0 000 | |
| 1 de o et o — o | 0 000 | |
| 1 de o et o — o | 0 000 | |
| 1 de o et o — o | 0 000 | |
| 1 de o et o — o | 0 000 | |

*Du premier au deuxième, 18 marches.*

|  |  |
|---|---|
| 1 de o et o — o | 0 000 |
| 1 de o et o — o | 0000 |
| *A reporter.* | 0 000 |

## CHARPENTE.                                                  35

                    *Report*.  .  .  0 000
2 de 0 et 0 — 0 .  .  .  .  .  .  .  0 000
1 de 0 et 0 — 0 .  .  .  .  .  .  .  0 000
1 de 0 et 0 — 0 .  .  .  .  .  .  .  0 000
1 de 0 et 0 — 0 .  .  .  .  .  .  .  0 000
1 de 0 et 0 — 0 .  .  .  .  .  .  .  0 000
1 de 0 et 0 — 0 .  .  .  .  .  .  .  0 000
1 de 0 et 0 — 0 .  .  .  .  .  .  .  0 000   } 0 000
1 de 0 et 0 — 0 .  .  .  .  .  .  .  0 000
1 de 0 et 0 — 0 .  .  .  .  .  .  .  0 000
1 de 0 et 0 — 0 .  .  .  .  .  .  .  0 000
1 de 0 et 0 — 0 .  .  .  .  .  .  .  0 000
1 de 0 et 0 — 0 .  .  .  .  .  .  .  0 000
2 de 0 et 0 — 0 .  .  .  .  .  .  .  0 000
1 et de 0 et 0 — 0  .  .  .  .  .  .  0 000

           *Du deuxième au troisième, 18 marches.*

1 de 0 et 0 — 0 .  .  .  .  .  .  .  0 000
1 de 0 et 0 — 0 .  .  .  .  .  .  .  0 000
1 de 0 et 0 — 0 .  .  .  .  .  .  .  0 000
1 de 0 et 0 — 0 .  .  .  .  .  .  .  0 000
1 de 0 et 0 — 0 .  .  .  .  .  .  .  0 000
1 de 0 et 0 — 0 .  .  .  .  .  .  .  0 000
1 de 0 et 0 — 0 .  .  .  .  .  .  .  0 000
1 de 0 et 0 — 0 .  .  .  .  .  .  .  0 000   } 0 000
1 de 0 et 0 — 0 .  .  .  .  .  .  .  0 000
1 de 0 et 0 — 0 .  .  .  .  .  .  .  0 000
1 de 0 et 0 — 0 .  .  .  .  .  .  .  0 000
1 de   et 0 — 0 .  .  .  .  .  .  .  0 000
1 de 0 et 0 — 0 .  .  .  .  .  .  .  0 000
1 de 0 et 0 — 0 .  .  .  .  .  .  .  0 000

                    *A reporter*.  .  .  0 000

CHARPENTE.

|  |  |  |
|---|---|---|
| Report. | 0 000 | |
| 1 de o et o — o. | 0 000 | |
| 2 de o et o — o. | 0 000 | B. N escalier. |
| 1 de o et o — o. | 0 000 | 0 000 |
| 1 de o et o — o. | 0 000 | |

| | Argent. | |
|---|---|---|
| Dans un des pans de bois ci-dessus, fait : | | |
| 3 mortaises sur le tas . . . . . . . . | 2 | 50 |
| 2 coupements à la scie démontée, à 40 c. . . | » | 80 |
| 1 bûchement de 3 m. 25 c. à 60 fr. le mètre . | 1 | 95 |

## ATTACHEMENT DE JOURNÉES*.

| | | |
|---|---|---|
| Du 24 août 1852, 3/10 de jour à 2 hommes, pour baisser une sablière du 5e étage . . . | 0 | 67/10 |
| Du 25 août, 3/10 de jour à 2 hommes pour descendre 2 poutres. . . . . . . . . | 0 | 67/10 |
| Du 20 août, 1/2 journée à 4 hommes pour démolir et descendre les poutres. . . . . | 2 | 0 |
| Du 1er septembre, 1/2 journée à 4 hommes, pour démolir et descendre une poutre . . . | 2 | 0 |
| Du 2 septembre, pour avoir démoli et descendu une poutre. . . . . . . . . . | 0 | 37/10 |
| Du 5 septembre, 1/2 journée à 5 hommes, pour prêter la main à démolir. . . . . . | 2 | 57/10 |

* Voyez dans notre première partie ce que nous avons dit au sujet des journées.

## CHARPENTE.

| | | | |
|---|---|---|---|
| Pour avoir fait 9 entailles, 2 jours à un homme. . . . . . . . . . . . | | 2 | 0/10 |
| Du 4 au 7 septembre, 3 journées pour avoir prêté la main à descendre et à démolir. . . | | 3 | 0 |
| Du 10 septembre, 1 journée de charpentier. | | 1 | 0 |
| Du 14 — | 6/10 de jour. . . . | 0 | 6/10 |
| Du 15 — | 3 journées . . . . | 3 | 0 |
| Du 16 — | 1 — . . . . | 1 | 0 |
| Du 17 — | 1 — . . . . | 1 | 0 |
| Du 18 — | 1 — . . . . | 1 | 0 |
| Du 24 octobre | 1 — . . . . | 1 | 0 |
| Du 9 — | 6 —3/10. . . . | 6 | 3/10 |
| Du 22 — | 2 — . . . . | 2 | 0 |
| Du 24 — | 1 — . . . . | 1 | 0 |

## RÉSUMÉ.

| | | | f. | c |
|---|---|---|---|---|
| 0 st. | 000 | Cubes de vieux bois fournis et employés pour planchers et pans de bois, à 65 francs le stère. Prod. | 0 | 00 |
| 0 | 000 | Cubes de bois *id.*, mais de sciage, à 70 francs. Prod. . . . . . . . . . . . | 0 | 00 |
| 0 | 000 | Cubes de bois neuf ordinaire employés pour plancher, pans de bois et comble en surélévation, à 35 francs le stère, eu égard à la main-d'œuvre et en raison de la grande hauteur. Prod. . . | 0 | 00 |
| 0 | 000 | *Idem*, mais de sciage a 105 fr., le stère. Prod. . . . . . . . . . . . . | 0 | 00 |
| | | | 0 | 00 |

## CHARPENTE.

| | | | | |
|---|---|---|---|---|
| o | ooo | Cubes de bois neuf qualité, refait sur plusieurs faces, raboté et refeuillé, à 112 francs le stère. Prod.................. | o | oo |
| o | ooo | Cubes de bois pour marches et limons d'escalier, à 125 francs 50 c. le stère. Prod........ | o | oo |
| | | 31 jours 1/6 de compagnons charpentiers, à 4 fr. 50 l'un. Prod.................. | o | oo |
| | | Les articles estimés en argent dans le cours du présent mémoire s'élèvent à la somme de.. | o | oo |
| | | Total............. | o | oo |

# COUVERTURE.

La couverture est une des parties du bâtiment dans le toisé de laquelle se rencontrait autrefois le plus d'abus, et, par malheur, quelques-uns se sont perpétués jusqu'à nous, témoin le toisé avec usage dont on se sert encore dans presque toutes les provinces. Le temps et la raison détruiront sans doute partout ce qui nous reste des anciens modes de métrer les bâtiments, lesquels modes auront été et seront toujours aussi ridicules que vicieux. Néanmoins, et malgré le vif désir que nous aurions de contribuer à détruire tout ce qui ne se rapporte pas aux règles mathématiques, les seules immuables en fait de métré, nous devons, non pour consacrer l'absurdité des *usages*, mais au contraire pour en restreindre et limiter l'application, enseigner malgré nous ce qui constitue ceux encore tolérés, et en engageant toutefois nos confrères et toutes les personnes qui s'occupent de la bâtisse, à n'accepter ce mode de métrer, qu'autant qu'une circonstance impérieuse les y forcerait.

## DU MÉTRÉ AVEC USAGES.

Ces usages, en couverture, ne consistent plus aujourd'hui 1° qu'à compter tous les plâtres qui se font sur les combles, tels que solins, filets, ruellées, arêtiers, etc., pour un pied (32 c.) de couverture, lorsque cette dernière est neuve ; 2° pour six pouces (16 c.) de largeur chaque tranchis de noue, lorsque ces tranchis sont séparés, et pour un pied (32 c.) chaque tranchis de noue en liaison l'un sur l'autre, ce qui a lieu lorsqu'on n'emploie pas de plomb. Chaque dévirure d'ardoise non recouverte en plâtre, et chaque côté d'arêtier en ardoise ou tuile compte aussi pour six pouces (16 c.) de largeur; 3° les vues de faîtières, pour six pieds (63 c.) superficiels de couverture neuve ou remaniée; 4° à prendre la hauteur des combles à deux égoûts depuis le bord d'un de ces égoûts jusqu'au bord de l'autre, en ajoutant à ce développement un pied (32 c.) de longueur pour plus-value du faîtage, et six pouces (16 c.) pour chaque doublis placé sous la première tuile qui forme égoût ou batellement de chaque côté du comble.

Le métré avec usage se fait au mètre superficiel, tous vides déduits, à l'exception des vues de faîtière. Les vides de châssis à tabatière ou autres s'obtiennent suivant leur superficie prise d'abord en dehors des dormans, puis réduite d'un pied (32 c.) sur chaque côté bordé de plâtre : soit par exemple un châssis à tabatière de quatre pieds (1<sup>m</sup> 30 c.) de hauteur, sur trois pieds (97 c.) de largeur, il ne faudra le calculer que comme s'il n'avait que trois pieds (97 c.) sur un pied (32 c.) de largeur, vu les deux solins de côté et le filet au-devant; le derrière de ces châssis étant ordinairement garni d'une gouttière en plomb.

La longueur des pans de comble au bas desquels il y a un égoût ou un batellement, et qui sont terminés d'un bout ou des deux par un arêtier ou un tranchis, comme les combles avec croupes, les pavillons avec arêtiers, la longueur, disons-nous, ne se prend pas au milieu de la hauteur développée y compris les doublis, mais au milieu de celle que donne la distance qu'il y a entre le dessus du faîtage, jusqu'à la ligne extérieure du pureau qui forme égout et batellement : c'est ce qui s'appelle *toisé clair* ou sans usage.

Dans le métré avec usages, les plâtres ne se comptent plus avec les couvertures lorsque ces dernières ne sont que remaniées. Ils se toisent suivant leur longueur multipliée par un pied (32 c.) de largeur (terme invariable pour tous les plâtres mesurés avec usage), et se réduisent en mètres-superficiels.

Jamais ce qui est couvert en tuiles ne doit être mêlé avec ce qui est couvert en ardoises ; ainsi lorsqu'une lucarne est couverte en ardoises et que l'égout tout au pourtour est en tuiles, chaque nature d'ouvrage doit former un article séparé.

Les pavillons carrés à un ou plusieurs épis se mesurent suivant leur pourtour, auquel on ajoute quatre pieds (1m 30 c.) pour les quatre arêtiers, et lequel pourtour se réduit au milieu de la hauteur déterminée comme il a été indiqué trois paragraphes plus haut, et se multiplie par la hauteur développée, c'est-à-dire y compris le faîtage, l'égout et le batellement.

Les dômes carrés élevés sur plein cintre, et les dômes faits sur un carré long, se mètrent de cette manière : Prenez les 7/11 de la longueur d'un égout et ajoutez un pied (32 c.) à cette longueur, pour un arêtier, puis multipliez cette longueur par quatre, le nombre qui résultera de cette opération devra encore être multiplié par la moitié du pourtour pris d'un égout à l'autre, en passant par dessus le faîtage, et à laquelle sont ajoutés les doubles d'égouts ou autres, ainsi qu'il a été déjà dit.

Les colombiers ou les tours couvertes en cônes se mesurent d'après le pourtour extérieur de l'égout multiplié par la moitié de la hauteur prise suivant son inclinaison.

Les cônes ou colombiers tronqués par le haut se mesurent

de même que ci-dessus, mais en déduisant la superficie de la partie qui manque, laquelle s'obtient aussi comme ci-dessus, puisque cette même partie forme toujours un cône elle-même.

Les lucarnes doivent être mesurées d'après les principes qui viennent d'être enseignés, et non pas évaluées comme autrefois.

Les mansardes suivent aussi les mêmes principes : à la hauteur, il faut toujours ajouter et le filet et l'égout.

Le *remanier* en tuiles ou en ardoises se mètre comme la couverture neuve, à l'exception des plâtres, ainsi qu'il a été dit plus haut. Ce remanier comprend toujours la dépose et la repose des matériaux.

La *recherche* se mètre aussi de même que la couverture. Quelques métreurs comprennent dans la superficie des combles les plâtres qu'ils ajoutent, suivant le métré avec usages. Pour que cette recherche puisse se compter en superficie, il faut qu'il y ait neuf ardoises ou huit tuiles neuves fournies par toise superficielle, ou deux ardoises ou deux tuiles par mètre superficiel de couverture ; et que cette superficie soit toisée *clair*. La recherche se compte le plus souvent à la pièce, et les plâtres séparément.

Les couvertures à claire-voie suivent, en tout, les règles du métré des couvertures neuves ou remaniées.

De quelque nature que soit la couverture, et quel que soit aussi le mode de mesurer, il faut toujours indiquer si les tuiles ou ardoises sont fournies ou à façon ; si elle est pleine ou à claire-voie, (cette dernière désignation est la seule nécessaire, parce qu'à son défaut la première est la seule possible ) ; l'espèce de lattis employé, s'il est neuf, vieux, à façon ou rattaché ; déterminer l'épaisseur des aires, pentes et glacis en plâtre ; dire s'ils sont cintrés ou non par dessous, jointifs ou espacés; s'il y a des cueillies pour fixer des pentes ou des niveaux; si enfin ces enduits sont plats ou en gorge, etc. Les enduits pour aires ou pentes doivent avoir un pouce (027 mill.) d'épaisseur.

Les *plombs* se réduisent au mètre superficiel, quelle que soit leur épaisseur; seulement on distingue les grandes parties telles que noues, faîtages, membrons, chaineaux, gouttières, poinçons, arêtiers, etc., des petites parties qui sont clouées ou non, tels que noquets, bavettes, piédroits, embases, engravures, etc.

Les bourrelets de plomb refaits se comptent au mètre linéaire.

La soudure se paie en raison du poids. Voyez, pour tout ce qui est relatif à la plomberie, au traité de cette partie, dans ce même ouvrage.

Quelques métreurs réduisent tous les plombs employés sur les combles au kilogramme, en désignant l'épaisseur. Nous donnons, dans le métré de la plomberie, une table qui indique le poids d'un mètre superficiel de plomb, suivant les diverses épaisseurs que l'on lui donne dans le commerce. Voyez cette Table.

Il en est de même pour le vieux plomb déposé, battu, redressé et reposé.

Les gravois s'enlèvent et se comptent à la voie, pour laquelle il doit toujours être délivré un bon, soit par le propriétaire ou l'architecte, ou enfin par le portier ou tel préposé que ce soit. Ces bons doivent toujours, en matière de règlement, être exigés par les architectes ou vérificateurs.

## DU MÉTRÉ SANS USAGES.

Ce métré, qui devrait être le seul applicable dans le bâtiment, consiste, dans la couverture, à ne mesurer que chaque objet suivant sa figure réelle, et conformément aux règles géométriques. Les objets qui se comptent en superficie sont toutes les parties de comble qui offrent une surface d'au moins 8 ou 11 centimètres (trois ou quatre pouces) de largeur, suivant le pureau de l'ardoise ou de la tuile. Le métré s'en fait sans rien ajouter ni pour les plâtres et parements, ni pour les faitages, égouts, batellements, dévirures, tranchis, doublis, arêtiers, solins, et en déduisant tous vides quelconques, hors ceux des vues de faîtières. La hauteur des combles à deux égouts se prend depuis le bord extérieur de l'égout jusqu'au milieu du faitage ; celle des appentis, depuis le même bord de l'égout jusqu'au mur ou pan de bois sur lequel sont adossés ces appentis. La longueur en général se prend à l'extérieur des ruellées, tranchis, dévirures, etc., à cause de la tuile ou de l'ardoise qui se trouve dessous ces parties, et en observant de prendre cette longueur au milieu de la hauteur du comble, s'il y a des arêtiers ou des noues.

Tous les égouts et batellements sont mesurés au mètre linéaire, en indiquant s'ils sont en tuile ou en ardoise, le nombre de pièces dont ils sont composés, sans jamais y comprendre la première pièce de dessus qui fait partie de la superficie du comble ; à ces égouts et batellements, il n'est rien ajouté pour le plâtre servant à sceller les pièces et à les tenir en bascule.

Les ouvrages qui se comptent aussi en linéaire sont : 1° les faitages ; ils comprennent les faîtières, crêtes, embarrures et scellement des pièces ;

2° Les arétiers, en séparant ceux en ardoise de ceux en tuile, et en désignant s'il y a un parement en plâtre dessous et un filet dessus. Le prix comprend l'un et l'autre;

3° Les noues, en désignant la largeur qui se prend entre les deux tranchis; le prix de ces ouvrages ne comprend pas les tranchis des rives, mais bien la valeur du lattis et du glacis en pente faits dessous;

4° Les solins, qui ne comprennent pas les plâtres du dessous en parement qui se fait en dessous pour donner le dévers.

Le *remanier* suit en tout les règles ci-dessus; il comprend toujours la dépose des matériaux employés.

La *recherche*, lorsqu'elle ne se compte pas à la pièce, se toise comme le remanier. Elle comprend les clous nécessaires à l'ardoise.

On mètre encore de même les couvertures à claire-voie.

Tous les plâtres apparents s'évaluent au mètre linéaire, sans égard à la largeur, et se confondent sous le timbre générique *plâtres*.

Les enduits, pentes et glacis destinés à recevoir du plomb, sont comptés en superficie et selon les règles de la couverture; ils sont confondus sous le nom de *pentes*.

Les pentes faites avec des cueillies pour l'écoulement des eaux se distinguent de celles ordinaires.

Les vues de faitières, neuves ou remaniées, se comptent à la pièce, y compris le plâtre pour le filet et les crossettes.

Les ouvrages en plomb se comptent comme il est indiqué à la page 43.

La *découverture* seule se mesure comme la couverture.

Avant de terminer le chapitre de la couverture, nous dirons que lorsqu'il y a impossibilité de monter sur un toit quelconque, il faut, pour le mesurer ou en vérifier le métré, compter le nombre de *pureaux* ( c'est la partie de hauteur qui reste visible de chaque ardoise ou de chaque tuile étant posée), il est toujours de 8 ou 11 centimètres ( 3 ou 4 pouces), puis aussi le nombre de tuiles ou d'ardoises réunies sur la longueur du comble; par ce moyen et sachant que le pureau doit être de trois ou quatre pouces (8 ou 11 c.), ce que vous vérifierez toujours facilement, et que la longueur d'une tuile est pour le grand moule de huit pouces et demi ( 23 c. ) ce qui donne 9° ( 24 c. ), avec les intervalles qui existent entre les tuiles; pour le petit moule, de six pouces et demi (17 c.); pour l'ardoise grande carrée de sept pouces neuf lignes ( 21 c.), et pour la cartelette de six pouces de large, ( 16 c.) il est aisé d'obtenir la superficie d'un comble sur lequel on ne peut aller en relever les mesures. Exemple : Soit un comble ayant 28 pureaux de 11 centimètres (4°), j'aurai 9 pieds 4 pouces de hauteur ( $1^m 06$ ), et 16 tuiles grand moule sur la longueur, ou 11 p. 4° ( $1^m 27$ ), si je multiplie ces deux nombres complexes, le produit sera de 105 p. 9° ( $11^m 16$ ), superficiels.

Pour couvrir une toise superficielle en tuiles grand moule, pureau de 11 c., il faut 150 tuiles y compris déchet, 27 lattes, 250 grammes de clous et 3 heures de façon.

Pour un mètre superficiel il faut 40 tuiles, 7 lattes, 43 minutes de façon, 50 grammes de clous.

Pour une toise *idem*, tuiles petit moule, il faut 250 tuiles, 36 lattes, 305 grammes de clous, et 3 heures et demie de façon.

C'est par mètre, 66 tuiles, un hectogramme de clous, 19 lattes et 1 heure de façon.

Pour une toise *idem* grand moule à claire-voie, espacées de 2°, 9 lignes (ou 67 mill.) il faut 110 tuiles, 27 lattes, 250 grammes de clous, 2 heures 20 minutes de façon. Et pour 1 mètre, 30 tuiles, 7 lattes, 47 grammes de clous, 36 minutes de façon.

Pour une toise *idem* d'ardoise grande carrée, pureau de 11 c. il faut 162 ardoises, 10 voliges, 500 gram. de clous à ardoises et 500 gram. clous à volige, et de façon 4 heures 1/2.

Pour un mètre *idem*, pureau de 11 c. il faut 44 ardoises, 2 voliges 2/3, 280 grammes de clous à ardoise, 1 hecto. 20 grammes de clous à volige, 72 minutes de façon.

La tuile grand moule pèse le 0/0 196 kilo.

Le petit moule 132 kil. Elle paye à Paris, 9 fr. 90 ou 5 fr. 50 d'octroi par millier, suivant son moule.

L'ardoise grand moule pèse le 0/0 de 49 à 59 kilo.

Le petit moule 29 à 39 kilo.

Elle paye 6 fr. d'octroi, pour toutes dimensions.

La latte paye 12 fr. par cent bottes, et la volige 1,90 par 200$^m$ linéaires.

Les ouvrages accessoires à la couverture, comme la pose de chevrons partiels, de coyaux, de crochets sur ardoises, le scellement de tuiles ou d'ardoises isolées, la pose des châssis à tabatière, s'estiment en raison de ces objets; les toits émoussés se comptent en superficie. Les balais ne sont jamais dûs qu'en cas de mémoire en dépense, c'est-à-dire que la tuile ou l'ardoise, le clou, la latte ou volige, sont comptés séparément et non plus suivant le métré.

Les couvertures faites à l'échelle ou à la corde nouée se séparent de celles ordinaires.

Lors des rétablissements de souches de cheminées, on est dans l'usage, si l'on n'a point vu faire les travaux, d'accorder 1 mètre de largeur de tuiles remaniées, et 1 mètre de largeur d'ardoises neuves, sur la longueur de la partie rétablie par le maçon ou autre.

La fourniture et pose, ou pose seulement des *gouttières* en bois, se paie au mètre linéaire. Celle de la peinture d'égout se paie au kilo.

Il se fait aussi des couvertures en bitume, en zinc, en cuivre, en paille ou roseau; elle se mesurent toutes comme celles en tuiles ou en ardoises; seulement à celles en bitume on détermine l'épaisseur du bitume; voyez ce mot. A celles en zinc, on désigne le numéro ou épaisseur du zinc qui est employé : on distingue 13 numéros de zinc à partir de celui 10 jusqu'à celui de 24. Les numéros 13 et 14, qui sont ceux employés le plus souvent en couverture, portent 8 et 9 dix millimètres ou 4 points 1/2 et 5 points d'épaisseur (il y a 12 points dans une ligne); cette couverture comprend les soudures nécessaires. A celles en paille ou en roseau, il faut désigner si c'est l'un ou l'autre de ces deux objets qui est employé. Les rondins en bois blanc, les perches ou ployans, les harts en osier ou les branches de peuplier, la paille ou le roseau, peuvent être fournis ou non par le couvreur, il y a donc urgence à déterminer en quoi consiste la fourniture des matériaux.

## MÉMOIRE

(*Voyez ce qui est dit page 4.*)

*Observation*. — Lorsque les parties métrées offrent peu de superficie ou peu de valeur, l'usage est d'estimer ces parties à prix d'argent, comme on le verra dans le mémoire ci-après : et nous rappellerons ici que les évaluations en argent sont toujours élevées d'un cinquième ou d'un sixième, lorsque le mémoire est en *demande*, c'est-à-dire pour être réglé.

## COUVERTURE.

SAVOIR :

Sur le comble du bâtiment du fond et attenant au mur mitoyen, une partie de tuile remaniée sur lattis neuf, de — sur —. . . . . 0 00

Au droit de la lucarne,
— sur — de tuiles, *idem* . . 0 00
Plus — sur —. . . . 0 00

    Total. . 0 00

A déduire la lucarne de
— sur —. . . . . 0    Tuil. rem. lat. n.

    Reste. . 0 00    00   00

Sur le bâtiment en retour une partie   T. rem. vieux lat.
en remanié sur vieux lattis de —
sur — . . . . . . .      00   00

Dans cette partie, fourni 5 tuiles    Argent.
neuves à 0 fr. 15 c. chacune. . .    0   75

         Plâtres neufs.
Les plâtres neufs ensemble — . .   00   00

Le recouvrement du socle au-dessus   Ard. neuves scell.
du chaîneau, en ardoises neuves, scellées de — sur — courant . . .   00   00

         Pente en pl. pour.
La pente en plâtre sous le chaîneau   chaîn. sur latt. n.
de — sur — courant. . . . .    00   00

La démolition de l'ancien chaîneau, même surface, vaut compris la   Argent.
dépose du vieux plomb . . . .    1   50

La pose dudit plomb de — sur —   Pose du plomb.
et de 21 mill. produit . . . .    85 k 50

| | |
|---|---|
| La pente sur la lucarne en plâtre pur de — carrés produit. . . . | Pente en plâtre. 00   00 |
| La pose du plomb de — sur — et de — d'épaisseur produit . . . | Pose du plomb. 52 k 00 |
| La pente sous la bavette au-devant de la lucarne de — sur — produit . | Pente en plâtre. 00   00 |
| La pose du plomb même surface produit . . . . . . . . | Pose du plomb. 7 k 00 |
| Au droit de la lucarne la découverture en tuiles comme la déduction de ladite produit 00 m. 00 et vaut. . | Argent. 0   60 |
| Le chaîneau entre lucarne et celui ensuite faits à neuf sur lattis jointif avec forte charge de 22 c. en plâtras et plâtre, d'ensemble — sur — produit . | Pente sous chaîn. lattis jointif avec forte charge plâtr. et plâtre. 00   00 |
| 1 partie de découverture en vieilles tuiles de — sur — vaut . . . . | Argent. 0   50 |
| 1 m. d'égout en vieilles tuiles remaniées sur — vaut . . . . . | 1   25 |
| La dépose des anciens chaîneaux d'ensemble — sur — produit — sur — d'épaisseur, produit . . . . | Dépose du plomb. 45   40 |
| La repose desdits produit . . . | Pose desdits. 45   40 |
| 1 partie de couverture en tuiles remaniées sur lattis neuf de — sur — produit . . . . . . . | Tuiles remaniées lattis neuf. 00   00 |
| 1 m. de pente en plâtre sur — . | Pente en plâtre. 00   00 |
| La pose du plomb même surface produit — sur — d'épaisseur. . . | Pose du plomb. 7 k 00 |

## COUVERTURE.

Au droit de cette pente, en raccor- | T. rem. vieux lattis.
dant 2 m. 50 c. superficiels de remanié
vieux lattis . . . . . . . . | 2 50

Argent.

La façon et pose de 8 coyaux vaut. | 1 60

Plâtre neuf.

10 m. 50 de plâtras neufs produit. | 10 50

### COTÉ DE LA RUE.

La démolition de l'ancien chaineau | Argent.
de — sur — vaut . . . . . | 1 00
La dépose du plomb même surface | Dépose du plomb.
et de — d'épaisseur . . . . . | 52 00
Le remanié lattis neuf de — sur —
produit . . . . . 65 20
A déduire au droit des
lucarnes — sur ensemble — 3 80

Reste . . 61 40

Dont en neuf 2 parties
sur la face des lucarnes de
chaque — compris solin sur
— jusqu'à l'égout. 0 00
Les parties au
long des jouées de
chaque — sur en- } 00 00
semble — . . 00 00 | Tuile rem. lattis
 | neuf.

Reste. . 00 00

En tuiles neuves lattis | T. n. lattis neuf.
neuf sur la face des lucar-
nes 2 parties de — sur —
jusqu'à l'égout . . . 0 00 | 00 00

| | | | | |
|---|---|---|---|---|
| *Report*. . . | 00 | 00 | | |
| Au long des jouées — de hauteur sur ensemble — | 00 | 00 | | |
| L'égout en tuiles *idem* de 4 tuiles de — sur — produit . . . . . | 00 | 00 | Tuile *idem*. | |
| Total. . | 00 | 00 | 00 | 00 |
| Sur un ancien comble, la démolition de l'égout vaut. . . . . . | | | Argent. 0 | 50 |
| La refection de cet égout de 4 tuiles neuves *idem* de — sur — . . . . | 00 | 00 | Tuile neuve lattis neuf. | |
| 1 autre partie de — sur — | 00 | 00 | 00 | 00 |
| | 00 | 00 | | |
| Le mur armé d'ardoises neuves de — sur — produit. . . . . . | | | Ardoise neuve scellée sur plâtre. 00 | 00 |
| A la recherche faite sur ces combles en différents endroits, à poser un morceau de plomb sur la face de la rue, employé une journée de compagnon et aide . . . . . . . . | | | Argent. 9 | 00 |
| Fourni 19 tuiles neuves à 15 c. . | | | 2 | 85 |
| 2 sacs de plâtre à 50 c. . . . | | | 1 | 00 |

## RÉSUMÉ.

Nota. Les prix ci-dessous sont ceux accordés à Paris en 1852.

| | | | | |
|---|---|---|---|---|
| 00$^m$. | 00 | superficiels d'ardoises neuves scellées sur plâtre à 4 fr. le mètre eu égard aux petites parties (ce prix est celui du réglement) . . | 00 f. | 00 c. |
| 00 | 00 | *idem*, mais en grandes parties à 3 fr. 70 c.. . . . . . . . | 00 | 00 |
| 00 | 00 | *idem*, de tuiles remaniées sur vieux lattis à 0 fr. 65 c. le mètre, réglé* . . . . . . . | 00 | 00 |
| 00 | 00 | *idem*, de tuiles remaniées lattis neuf à 1 fr. 10 c. le mètre, *idem*. | 00 | 00 |
| 00 | 00 | *idem*, de tuiles neuves lattis neuf à 4 fr. 45 c. le mètre produit . | 00 | 00 |
| 00 | 00 | linéaires de plâtre, pour filets, solins, ruellées, à 0 fr. 55 c. le mètre courant . . . . . | 00 | 00 |
| 00 | 00 | *idem*, de pente en plâtre sur volige neuve cintrée, à 2 fr. le mètre superficiel . . . . . | 00 | 00 |
| | | *Report*. . . | 00 | 00 |

* Ce prix et ceux qui le suivent s'augmentent d'un cinquième ou d'un sixième lorsque le mémoire est fait en *demande*. Voyez la note qui précède ce mémoire.

## COUVERTURE.

|  |  |  | |
|---|---|---|---|
|  |  | *Report*. . . | 00 f. 00 c. |
| 00 | 00 | *idem*, de pente en plâtre pour chaîneau avec forte charge de plâtre et plâtras sur lattis neuf jointif à 2 fr. 00 c. le mètre. . . . | 00 00 |
| 97 k 50 | | De dépose de plomb de chaîneau et autres à 02 c. le kilo . . . | 00 00 |
| 196 k 50 | | *idem*, de dépose et repose de plomb battu pour chaîneau, bavette, pente, etc., à 04 c. le kilo. | 00 00 |

Les articles en argent portés dans le cours du présent mémoire s'élèvent à la somme de . . 00   00

                                  Total. . . 000 f. 00 c.

# DORURE.

—

Nous ne nous étendrons pas sur le mode de métrage de la dorure ; nous dirons seulement que l'or, étant une matière précieuse, doit être mesuré avec la plus scrupuleuse exactitude, notamment sur les parties sculptées, qui présentent souvent des difficultés pour obtenir une évaluation précise, soit par l'irrégularité de la forme des ornements, soit par la perte d'or plus ou moins grande que nécessitent leurs refouillements, pour lesquels on emploie souvent jusqu'à trois et quatre fois autant d'or que la surface réelle n'en présente. Ces difficultés peuvent cependant se neutraliser par l'habitude que donne un œil exercé aux évaluations des ornements d'après la quantité d'or qui entre dans leurs divers refouillements.

Toutes les parties unies n'excédant pas 10 millimètres de largeur ou développement seront métrées en linéaire et aux prix indiqués page suivante.

Toutes les parties n'excédant pas 5 centimètres carrés (ou 10 centimètres à l'équerre) seront comptées à la pièce aux prix indiqués page suivante.

Le grattage à bois cru sur sculpture et le réparage sur apprêt de détrempe ne peuvent se faire qu'en journées d'attachement. Ces travaux, très longs et très minutieux, varient trop dans l'emploi du temps qu'ils exigent pour pouvoir fixer convenablement le prix du mètre.

Pour la dorure faite à l'extérieur, il sera accordé, selon la difficulté de l'emplacement ou de la saison, une plus-value du vingtième au dixième des prix.

Les grecques, les côtes de cannelures ou canaux, les filets à plat ou en relief, formant compartiments, et autres parties unies analogues, seront toujours considérés comme des parties unies ; mais lorsque les fonds sur lesquels ils se trouveront seront dorés, ils seront considérés comme ornements dorés en plein, mesurés et comptés de même.

Lorsque des parties, tels que moulures, filets et autres analogues, seront adhérentes à des moulures sculptées ou à des ornements dorés en plein, sans être détachées, elles ne seront considérées comme des parties unies qu'autant qu'elles auront plus de 0 mètre 01 centimètre de largeur ou de profil, et plus de 0 m. 50 centimètres de longueur sans être interrompues par des ornements : dans ce cas, elles seront comptées avec les parties unies, suivant leur surface réelle, et hors le cas contraire, elles seront mesurées et comptées avec les moulures sculptées ou avec les ornements dorés en plein auxquels elles seraient adhérentes.

Prix des parties isolées de 5 centimètres carrés et au-dessous ou de 10 centimètres à l'équerre. Dans une équerre de 2 c. et sur ornements en dorure à l'huile 4 centimes, sur détrempe 5 cent.; dorure à l'eau 7 cent. ; dorure brunie 8 c.; Dans une équerre de 3 c., soit 8, 10, 14 et 16 centimes. Dans une équerre de 4 c. soit 12, 15, 21 et 24

|  |       | de 5  | 16, 20, 28 | 32 |
|--|-------|-------|------------|----|
|  | —     | de 6  | 20, 25, 35 | 40 |
|  | —     | de 7  | 24, 30, 42 | 48 |
|  | —     | de 8  | 28, 35, 49 | 56 |
|  | —     | de 9  | 32, 40, 55 | 64 |
|  | —     | de 10 | 35, 45, 60 | 70 |

| | | | | |
|---|---|---|---|---|
| Les filets dorés de | 8 mill. le mètre | | 0 | 35 c. |
| — | de 8 à 12 | — | 0 | 45 |
| — | de 12   16 | — | 0 | 60 |
| — | de 16   20 | — | 0 | 70 |

La dorure sera mesurée seulement pour ce qu'il y aura d'or en œuvre ; il ne sera rien ajouté dans les surfaces pour déchets quelconques.

Toutes les parties seront, pour les cadres et moulures, mesurées, quant aux longueurs, hors œuvre des montants et dans œuvre des traverses ; quant aux largeurs, elles seront développées avec une bande de parchemin, selon les contours, refouillements et épaisseurs de la moulure.

Lorsque dans ces cadres il se trouvera un ou plusieurs membres de moulure sculptée, on mesurera d'abord les listels, épaisseurs et toute autre partie lisse, de la manière indiquée en l'article précédent, que l'on superficiera séparément ; ensuite on pourtournera les parties sculptées, en ajoutant à cette longueur le développement que donnera le refouillement. Pour le connaître, on prendra une longueur du cadre mesuré droit sans développement ; si on suppose une longueur de 32 centimètres ou 12 pouces, on fera, dans cette même longueur, courir une bande de parchemin à laquelle on fera prendre toutes les sinuosités de la sculpture. La différence que l'on reconnaîtra entre les 32 centimètres ou 12 pouces parcourus et la longueur de la susdite bande, sera l'excédant qu'il conviendra d'ajouter à la première longueur déterminée : par ce moyen on aura la quantité d'or consommée sur la longueur de la partie sculptée. Pour en connaître la superficie, on prendra la largeur dans la forme primitive des membres de moulure, c'est-à-dire, sur le contour que présentait chacune des moulures avant d'être sculptée, au lieu de prendre encore cette largeur avec la bande de parchemin en la faisant entrer dans toutes les cavités, comme il arrive à certaines personnes qui, à ce compte, trouvent une bien plus grande quantité d'or qu'il n'en existe. En effet, elles donnent à la moulure plus d'étendue en résultat qu'elle n'en a réellement.

Ce mode de mesurage pourra s'appliquer à toute espèce de dorure.

Toutes les surfaces seront réduites en mètres carrés et seront classées de la manière suivante ;

La dorure sur apprêt sera divisée en trois sections, comme en trois prix différents :

1° L'or à l'huile, appelé or mat sur partie unie, comprenant trois couches de colle, une couche de vernis, une couche de mixtion. On dira si cet or est employé en parties ordinaires, ou en petites parties ou pour entretien.

2° L'or bruni sur partie unie ;

3° L'or mat et bruni en partie ou en totalité sur boiserie sculptée.

Le réparage, lorsqu'il aura lieu sur parties sculptées, formera une quatrième classe.

La dorure à l'huile sera divisée en deux sections :

1° L'or sur partie unie ;

2° L'or sur une partie sculptée et dorée en plein ou à jour.

Le surplus de la boiserie sur laquelle ces dorures auront lieu, et qui sera imprimé soit en détrempe, soit à l'huile, sera mesuré de la même manière que toute autre peinture; il sera séparément classé, afin que le travail du rechampissage des deux couches de teinte, entre les parties dorées, soit payé en raison des difficultés qu'on aura éprouvées, pour, sur les fonds, couper l'or pour ces teintes.

Il faut faire connaître le nombre de couches de blanc, de

jaune et d'assiette pour la dorure à la colle, et pour celle à l'huile le nombre de couches de teintes dures, de vernis gomme-laque et de mixtion.

On devra toujours distinguer les parties en or mat de celles en or bruni.

Le dégraissage sur d'anciennes parties se compte superficiellement.

L'or se vend au livret composé de vingt-cinq feuilles, portant neuf centimètres carrés. Il se divise en or jaune, or vert, or blanc et or d'Allemagne.

Quarante de ces cahiers ou livrets forment un quarteron d'or ; dans le commerce, on le désigne sous le nom de *millier d'or.*

Il faut seize feuillets d'or pour couvrir un pied (32 c.) superficiels.

On emploie pour la dorure, du blanc de Meudon, du blanc de céruse en pierre, de l'huile de lin, de l'essence, de la colle ordinaire, de la colle de lapin, de la mixtion, de l'huile grasse, du vernis gomme-laque, de l'assiette, du vermillon et de l'or.

*Prix principaux de la dorure.*

| | | |
|---|---:|---:|
| Filet sec doré en détrempe, de 4 mill., le mètre linéaire . . . . . . . . . . . . . | 0 f. | 45 |
| Or sur apprêt, en détrempe, uni et mat, le pied superficiel . . . . . . . . . . | 5 | 00 |
| Le mètre . . . . . . . . | 46 | 00 |
| Or sur apprêt, en détrempe et sur sculpture, le pied superficiel . . . . . . . . . . | 7 | 50 |
| Le mètre . . . . . . . . | 68 | 08 |
| Or à l'huile sur partie unie, le pied superficiel. | 3 | 50 |

## DORURE.

| | | |
|---|---:|---:|
| Le mètre, idem . . . . . . . | 32 | 00 |
| Or idem, mais sur sculpture, le pied superficiel | 5 | 00 |
| Le mètre, idem . . . . . . . | 46 | 00 |
| Bordure de 3º (08 c.) développés, avec pâtes mates, sans parties unies, le mètre linéaire . . | 6 | 45 |
| *Idem* mate et brunie, avec pâtes mates . . | 6 | 15 |

# FER-BLANC.

Le fer-blanc se divise en deux espèces, le simple-croix (celui qui est mince), il porte 0,0005 dix millimètres ou un quart de ligne environ d'épaisseur, et le double-croix (celui qui est épais), il porte 0,0013 dix mill. ou une demi-ligne environ et pèse 370 grammes ou douze onces : la feuille porte 32 c. ou 1 p. sur 9° de large (32 c. sur 24 c.).

Les gouttières et tuyaux se mesurent linéairement.

Chaque coude compte pour 6° (16 c.) de longueur.

Chaque talon pour 5° (14 c.).

Chaque dauphin pour 1 p. (32 c.).

Les cuvettes et les vasistas se comptent à la pièce, en indiquant les dimensions, le nombre de charnières et la qualité du fer-blanc.

Les crapaudines, les crochets et les brides s'estiment à la pièce : cependant la plupart des ferblantiers comprennent ces objets dans la fourniture des cuvettes, tuyaux et gouttières.

*Prix divers en ferblanterie.*

Gouttières en fer-blanc mince, de 9° (24 c.), développées, peintes à l'huile, 2 couches, avec fourniture de crochets espacés de 2 p. (65 c.) le mètre courant . . . 2 f. 40

Les mêmes en fer-blanc, double-croix, y compris idem. . . . . . . . . . 3   20

Tuyau de 2° (05 c.) de diamètre, double-croix, y compris idem . . . . . . . . 2   40

— de 3° (08 c.). . . . . . . . 3 f. 20

## FERBLANTERIE.

| | | |
|---|---|---|
| Cuvette carrée de 15° (40 c.) de diamètre, avec crapaudine. . . . . . . . . . | 6 | 50 |
| Vasistas à charnières et loquet de 15 à 18e (40 à 50 c.). . . . . . . . . . . | 4 | 00 |
| Le même à soufflet, avec jouées . . . . | 5 | 00 |

# FUMISTERIE ET POÊLERIE.

Ces deux parties étant faites par les poêliers, nous les avons réunies. Les détails dans lesquels nous sommes entrés au sujet de ces deux branches du bâtiment permettront de toujours pouvoir distinguer la valeur des objets réunis ou pris séparément, comme dans les poêles neufs ou dans les vieux poêles rétablis.

La toise ni le mètre ne peuvent s'appliquer aux ouvrages de poêlerie[*] en ce que les objets qui se font dans cette partie sont et doivent toujours être estimés à prix d'argent; mais cependant il faut désigner exactement la grandeur des poêles, dire s'il y a un four, si les carreaux sont en terre cuite émaillée, en faïence, à mosaïque, ou enfin en biscuit; si le poêle est carré ou rond, en un mot en désigner la nature et la composition. Pour ceux portatifs il suffit d'indiquer l'espèce de carreaux, la grandeur et la forme, et s'il y a ou non un four.

Les *armatures* en fonte sont de plusieurs espèces : il y en a de 3, de 5, de 7 et de 9 tuyaux pour les poêles de construction; au-delà, elles ne s'emploient que dans les grands monuments publics.

Le *badigeonnage*, qui se fait à la corde nouée, est métré superficiellement et payé en raison de sa nature. Quel qu'il

---

[*] Sauf plusieurs parties que nous indiquons plus loin comme se comptant en superficie ou en linéaire, et qui appartiennent à la fumisterie.

soit du reste, il faut désigner le nombre de couches, et ne déduire que les baies de portes cochères ou autres semblables, en ajoutant alors les tableaux de ces baies; ceux des baies ordinaires de portes et croisées sont abandonnés pour les vides de ces baies que l'on ne déduit pas. Le badigeonnage doit comprendre le grattage des plâtres.

Les *barreaux* mobiles en fonte pour foyers, se comptent à la pièce.

Les *bouchons* de bouches de chaleur en cuivre s'estiment à la pièce, en raison de leur forme et de leur travail. Les bouchons en tôle avec poignée, pour fourneaux, se comptent à la pièce.

La *brique* * de Sarcelles se compte au cent. Celle de Bourgogne et celle carrée *idem*.

Les *carreaux* en faïence de 11 c. ou 4° carrés s'estiment à la pièce; les moitiés de carreaux comptent pour carreaux entiers.

Les carreaux qui portent socle de 16 à 19 c. ou de 6 à 7° de hauteur et ceux portant corniche profilée et ornée de 14 à 16 c. ou de 5° à 6° de hauteur, se paient 1/3 de plus que ceux ordinaires. (Voyez poêles de construction, page 69.)

Ceux d'encoignure comptent 1/4 en sus.

Ceux d'angles de 32 c. sur 22 c. ou 12° sur 8° de largeur, moitié en sus.

Ceux *idem* de 22 c. sur 11 c. ou 8° sur 4° se comptent comme carreau ordinaire.

Les carreaux cintrés en place se comptent 1/10 en sus des mêmes carreaux sur plan droit.

Les *cendriers* se paient toujours à part. On les distingue

---

* Tous les ouvrages qui se font en briques par les fumistes, doivent être métrés suivant leur nature, et portés de suite en argent.

ainsi : il y en a de 7° sur 10° (19 c. sur 27 c.), de 8° sur 11° (22 c. sur 30 c.), de 9° sur 12° (24 c. sur 32.), de 10° sur 14° (27 c. sur 37 c.), de 11° sur 16° (30 c. sur 43 c.), de 12° sur 18° (32 c. sur 50 c). S'ils ne sont pas tout en tôle, il faut expliquer leur forme et leur nature.

Les *cercles* sont en tôle ou en cuivre. Il faut en désigner la largeur et les compter en linéaire. Les *vis* à écrous qui servent à serrer les cercles se comptent à la pièce.

Les *châssis à coulisses* qui se placent au-devant des fourneaux s'estiment à la pièce, et y compris portes et pose.

Les *colonnes* sont en terre cuite, en biscuit ou en faïence, d'une seule pièce ou de plusieurs. Celles en terre cuite valent 1/4 de moins que celles en faïence. Les unes et les autres ont de 8° à 9° (22 c. à 24 c.) de diamètre sur 4 p. (1ᵐ 30 c.) de hauteur, y compris chapiteau et base. Il y en a aussi de 5 p. (1ᵐ 62 c.), de 6 p. (1ᵐ 95 c.) et de 7 p. (2ᵐ 27 c.) de hauteur sur le même diamètre.

Les colonnes de plusieurs pièces sont composées de fût, chapiteau et socle en faïence ou en terre cuite en forme de tambour, lesquels sont superposés les uns sur les autres. Ils sont ou unis ou portant bandeaux, ou cannelés avec bandeaux. On en faisait autrefois de 5, 6, 7 et 8° (14, 16, 19 et 22 c.) de diamètre sur 16° (43 c.) de hauteur ; d'autres avaient 5, 6, 7, 8, 9, 10, 11 et 12° (14, 16, 19, 22, 24, 27, 30 et 32 c.) de diamètre sur 12° (32 c.) de hauteur, et enfin il y en avait de 6, 7, 8, 9, 10, 11 et 12° (16, 19, 22, 24, 27, 30 et 32 c.) de diamètre sur la même hauteur.

Les chapiteaux et les bases séparés comptent pour un tambour, et si ces objets portent une portion de tambours, ils comptent pour deux tambours.

Le prix des tambours en biscuits est d'un quart en moins que celui des tambours en faïence.

Les *coulisses* en fonte pour fourneaux sont de plusieurs dimensions. Celles le plus en usage sont les n°$^s$ 2, qui portent 7° sur 3° 1/2 (19 c. sur 9 c.) de hauteur; n°$^s$ 4, qui ont 8° sur 4°, (22 c. sur 11 c.); et n°$^s$ 5, qui ont 9 sur 5 (24 c. sur 14 c.)

Les *courants d'air* se mètrent en linéaire, en désignant le travail qui a été fait.

Les *crevasses*, en linéaire, en distinguant celles qui se font sur les ravalements d'avec celles qui se font à l'intérieur des cheminées.

Les *descentes* en fonte se comptent au poids, et leur pose se mètre en linéaire, les scellements de colliers à part.

Les *fils de fer* se comptent au kilo; il y en a de deux espèces, le fil ordinaire et le fil très fin.

Les *fils de laiton* (cuivre) se comptent aussi au kilo.

Les *flammes* sont avec ou sans socles. Les *corbeilles* ou *têtes* idem. Ces mêmes objets en terre cuite se paient un tiers de moins que les premiers, et tous se comptent à la pièce, ainsi que les statues qui remplacent les colonnes.

Les *fourneaux* potagers et ceux de laboratoire * ainsi que les hottes, sont les seuls objets qui doivent se métrer en cube, en séparant les parties de briques d'avec celles en moellon ou en plâtras. Les jointements, parements circulaires, scellements divers, fournitures de réchauds, bassines, plaques de fonte, carreaux de faïence, coulisses, portes, fours, tam-

* Pour les fourneaux d'usines, de chapeliers, etc., voyez notre première partie qui traite de la maçonnerie, page 121.

pons, etc., doivent être tirés hors ligne, chaque objet à part et évalué de suite en argent. *

Les *fours* en tôle s'estiment au poids ou d'après leurs dimensions et la nature de la tôle ou autre : ils comprennent les portes avec leurs pentures et fermetures.

Les *languettes* intérieures qui se font dans les tuyaux en plâtre se mètrent en linéaire.

*Légers ouvrages.* Quelques fumistes confondent sous ce titre tous les ouvrages en plâtre qui se font dans les cheminées, tels que languettes qu'ils comptent sur 1 p. (32 c.) de largeur, soubassements sur 1 p. (32 c.) *idem*, etc.; ils réduisent le tout en toise ou mètre superficiel. Le prix en est fixé comme dans la maçonnerie. Voyez ce prix, page 71.

Les cheminées passées à la mine de plomb s'estiment à la pièce.

Les *mitres* se comptent à la pièce, en spécifiant leur forme. Elles peuvent être en plâtre ou en terre cuite ordinaire, et de 1$^{re}$, 2$^e$, 3$^e$ et 4$^e$ dimension, rondes, ovales, à deux tuyaux, à barbacanes dites *croisées*, *idem* dites *persiennes*. Le prix de chacune doit comprendre la pose, les solins et le scellement. Il se fait aussi des doubles mitres composées de deux tuiles.

Le *nettoyage* d'un poêle se compte *idem*, en désignant si ce poêle a été déposé et reposé avec ses tuyaux ou sa colonne.

Les *plaques* de fonte se paient en raison du poids; il faut expliquer si les plaques sont unies comme pour dans l'intérieur des poêles, si elles sont percées de trous, et enfin si c'est de la fonte légère de Normandie.

* Dans les mémoires de fumisterie ou de poêlerie, on n'emploie pas de timbres, voyez page 5, comme dans la plupart des autres mémoires, chaque article est estimé en argent.

Le *plâtre* se compte au sac.

Les *poêles* de construction ( ce sont ceux montés sur place ) s'estiment à la pièce en raison de la grandeur et de la nature des carreaux en biscuit ou en faïence, ainsi que de leur échantillon qui peut être plus ou moins riche. Dans le prix de tous les poêles se distinguent les briques et tuiles, les fours, les châssis en fer formant carcasses, le foyer, les cercles en fer ou en cuivre, bouches de chaleur, plaques de fonte, armatures et garnitures de tuyaux en fonte, portes en fer ou en cuivre et leurs châssis avec peintures, loquet et coulisses, agrafes en fil de fer, tablettes de marbre, tuyaux et soupapes, colonne avec couronnement. Les fers et les fontes doivent être pesés avant d'être employés.

Les poêles carrés et portatifs se mesurent au nu de l'extérieur et au-dessous de la corniche.

On appelle poêle n° 1 celui qui a 13° sur 16° et 18° de hauteur ou 35 c. sur 43 c. et 48 c.

N°s 2    14° sur 18° et 19°
ou 37 c. sur 48 c. et 50 c.

3    16° sur 20 et 21
ou 43 c. sur 54 c. et 56 c.

4    17° sur 21 et 22
ou 46 c. sur 56 c. et 59 c.

5    19° sur 24 et 25
ou 48 c. sur 65 c. et 67 c.

6    20° sur 25 et 26
ou 54 c. sur 67 c. et 70 c.

Il y en a encore de 24° sur 30 et 27
ou 65 c. sur 81 c. et 73 c.

26° sur 36 et 30
ou 70 c. sur 97 c. et 81 c.

Les poêles ronds sont en biscuit ou en faïence, ils ont 13° de diam. sur 20 de h.

| | |
|---|---|
| ou 33 c. | sur 54 c. |
| 16 | sur 22 |
| ou 43 c. | sur 59 c. |
| 19 | sur 24 |
| ou 48 c. | sur 65 c. |
| 22 | sur 26 |
| ou 59 c. | sur 70 c. |
| 25 | sur 28 |
| ou 67 c. | sur 76 c. |

Les poêles de construction se font de toutes sortes de dimensions et de formes. Les carreaux que l'on emploie pour ces poêles sont en terre cuite ou biscuit, unis ou ornés, ou en faïence. Tous ces carreaux ont ordinairement 8° carrés (22 c.); il s'en fait aussi de 8° sur 12° (22 c. sur 32 c.) et de 9° (24) carrés et autres dimensions, mais toujours ils se réduisent aux premiers, c'est-à-dire à 64° (0484 c.) carrés qui sont la superficie qui sert d'unité pour fixer le prix des carreaux au-dessus de 8° (22 c.). Pour bien établir la valeur d'un poêle en construction, il suffit de bien détailler les divers objets mentionnés dans la page 63 et 68.

Les *portes* sont en tôle ou en cuivre; ces dernières se doublent en tôle. Les portes ordinaires ont un châssis simple garni de ses pentures et loquet; celles au-dessus ont un double châssis en fer coulé avec entretoises, pentures, gonds, loquets et petite porte à coulisse. Elles se paient à la pièce quand elles ne font pas partie de l'objet principal, comme dans les poêles.

Les *poteries* s'estiment à la pièce, toutes posées et en raison du diamètre et de la hauteur des pots.

Le *ramonage* des cheminées se compte à la pièce. Il faut expliquer s'il est ordinaire ou fait à la corde, comme pour les tuyaux ronds.

*Ravalements* en plâtre. Quelquefois il arrive que de certaines parties de vieux plâtres sont à refaire à l'extérieur des bâtiments, et qu'elles ne peuvent être faites qu'à la corde nouée; alors dans ce cas, ce sont les fumistes qu'on emploie pour faire ce travail. Ils le comptent en superficie, et le font payer à part. Voyez le prix à la page 72.

Les *réchauds* se comptent à la pièce avec leurs grilles, suivant leurs dimensions; ils sont tous carrés ou circulaires, et se mesurent dans l'œuvre. Les couvercles de ces réchauds se comptent en plus lorsqu'il y en a.

Le *rétrécissement à la Rumfort* d'une cheminée se paie à la pièce. Le prix comprend les briques posées de champ et passées au grès, le jointement, le petit mur derrière la plaque de fonte, le scellement des croissans et la planche de ventouse appelée *soubassement*.

Les *rosettes* ou grilles à jour que l'on place à l'extérieur des conduits d'air froid, et qui portent de 3 à 6° (08 c. à 16 c.) de diamètre, se comptent à la pièce, y compris pose et scellement.

Les *soubassements* comptent à la pièce, suivant le nombre de planches en plâtre qui y sont employées et dont une est appelée *jeu d'orgue* parce qu'elle est percée de trous:

Il y en a 1° d'une seule planche; 2° de deux planches; 3° de trois planches.

Les *soupapes*, lorsqu'elles ne font pas partie du tuyau ou colonne, s'estiment suivant leur diamètre et leur bouton ou poignée.

FUMISTERIE. 71

Les *tampons* en tôle de 6° (16 c.) de diamètre, avec plaque en fonte à scellement et poignée, s'estiment à la pièce.

La *terre* qui s'emploie dans la poêlerie et la fumisterie se compte au sac : il contient 8<sup>c</sup> (0,23 c.) cubes.

La *tôle* employée en bandes se compte en linéaire, et c'est la largeur des bandes qui sert à en fixer le prix. Lorsque la tôle couvre de grandes surfaces, elle se compte alors en superficie ou au kilo. Dans les deux cas ci-dessus, il faut avoir le soin d'expliquer la nature de la tôle, qui se distingue 1° en tôle mince et laminée de 1/4 à 1/3 de ligne ou 0,0006 dix millimètres environ d'épaisseur, et qui pèse une livre environ (ou 500 grammes) le pied carré, ou 11 centimètres carrés; 2° en tôle ordinaire de 1/2 ligne d'épaisseur, pesant 2 liv. 2 onces (1 kil. 60 gram.) les 11 cent. carrés ou le pied carré; 3° en forte tôle dite *à porte cochère*, de 2 à 3 lig. d'épaisseur, et pesant 8 liv. (4 kil.) le pied carré.

Les *trappes* de cheminées en tôle portent ordinairement 12° de longueur sur 18° (32 c. sur 48 c.) de hauteur; elles s'évaluent à la pièce. Celles qui se placent à l'intérieur des cheminées portant tringles à crémaillère doivent être estimées en raison de la grandeur de la trappe et de la force et longueur de la crémaillère.

Les *tuyaux* en tôle se comptent au bout qui porte 12° (32 c.) de longueur sur 2° 1/2 (067 mill.) de diamètre et au-dessus. Ceux en tôle de Suède de 4° (11 c.) de diamètre, pèsent environ une liv. 1/4 (625 gram.) chaque, et en forte tôle de Bourgogne ou de Champagne, 1 l. 3/4 (environ 875 grammes). La pose de ces tuyaux ne se paie à part que lorsqu'elle a lieu sur des souches de cheminées à l'extérieur des combles.

Le bout portant chapeau de cardinal compte pour 1 bout 1/2.

Le champignon simple avec le bout sur lequel il est adapté, pour 2 bouts.

Le champignon à la noix, jusqu'à 6° (16 c.) de diamètre, composé de 3 pièces, pour 2 bouts.

Celui au-dessus de 6° (16 c.), pour 3 bouts.

Le T ordinaire, pour 2 bouts.

Le T à abat-vent ou à débouchure jusqu'à 6° (16 c.) de diamètre, pour 2 bouts 1/2 ; au-dessus de 6° (16 c.), pour 3 bouts.

La mitre en tôle, pour deux bouts. Si la soupape a un bouton en fer poli ou en cuivre, pour 2 bouts 1/2.

Le bout à rondelle, pour 2 bouts.

Le coude jusqu'à 5° ou 6° (14 à 16 c.) de diamètre, pour 1 bout, et au-dessus de 6° (16 c.), pour 1 bout 1/2.

La *visite* des cheminées se compte à la pièce. Il faut expliquer si elle est ordinaire ou faite à la corde.

*Tableau de prix divers en fumisterie.* *

| | | |
|---|---:|---:|
| Armature ou garniture de poêle en fonte, le cent de kil. | 32 fr. | 00 c. |
| Badigeon à la chaux, 2 couches, le mètre superficiel | 0 | 12 |
| Bouchon de bouche de chaleur, à charnière et en cuivre, de 3 (08 c.) de diamètre la pièce | 3 | 00 |
| Idem à étoile tournante, avec poignée en T et cercle d'encadrement de 3° idem, | 4 | 00 |
| Bouchon de fourneau garni de son cercle et de sa poignée, | 6 | 50 |
| Briques de Sarcelles, le cent petit moule, | 5 | 25 |

* Ces prix sont ceux de règlement en 1852.

## FUMISTERIE.

| | | |
|---|---:|---:|
| *Idem* carrées, | 6 | 30 |
| *Idem* de Bourgogne, | 9 | 00 |
| Cercle de poêle en tôle, de 12 à 13 lignes (027 à 029 mill.) de largeur, le mètre courant, | 0 | 24 |
| *Idem* en cuivre, | 0 | 75 |
| Coulisse n° 4, | 5 | 00 |
| Crevasses sur ravalements, le mètre courant, | 0 | 38 |
| *Idem* à l'intérieur des cheminées, | 0 | 45 |
| Descente en fonte pour pose seulement, le mètre | 0 | 75 |
| Journée de compagnon, | 4 | 50 |
| *Idem* de garçon, | 2 | 50 |
| Languette à l'intérieur d'un tuyau, le m. courant | 1 | 25 |
| Légers ouvrages, *voyez* p. 60, le mètre, | 3 | 00 |
| Nettoyage d'un poêle, sa dépose et repose, avec tuyaux | 1 | 75 |
| *Idem* d'un poêle de construction, | 3 | 40 |
| Ramonage d'une cheminée, | 0 | 80 |
| *Idem* à la corde, | 0 | 00 |
| Rétrécissement d'une cheminée à la Rumfort, | 9 | 00 |
| Soubassement composé de 3 planches, | 5 | 00 |
| Terre, le sac, | 0 | 20 |
| Trappe en tôle avec ses pattes de 11° sur 18° (30 c. sur 48 c.), y compris scellement, | 5 | 00 |
| Vis à écrou pour les cercles de poêles en fer, | 0 | 30 |
| *Idem* polie, | 0 | 50 |

# GRILLAGE.

Tous les ouvrages en grillage se mètrent en superficie. On ne déduit les vides qu'au-dessus d'un pied carré (32 c.), afin de compenser les attaches que nécessitent ces petites ouvertures. On indique la grandeur de la maille et l'espèce de fil employé.

Les ouvrages circulaires sont comptés et réduits aux cinq sixièmes du carré de leur diamètre, lorsqu'ils dépassent 18° (48 c.), et au-dessous de ce diamètre, chaque partie ronde est comptée comme si elle était carrée.

Les parties ovales se mesurent en ajoutant les deux axes dont on prend la moitié du total, qui alors se considère comme le diamètre d'un cercle à métrer. Soit un ovale de 8 p. (2 m. 60 c.), sur 4 pieds (1 m. 30 c.), j'aurai pour moitié de ces deux nombres, 6 p. (1 m. 95 c.) : en suivant le principe énoncé ci-dessus, le carré de 6 p. (1 m. 95 c.) me donnera 36 pieds (3 m. 80 c.) dont les 5/6 seront de 30 p. (3 m. 17 c.) pour la superficie cherchée.

On emploie, pour le grillage, du fil de fer de Limoges, ou du fil de laiton. Le fil de fer est de plusieurs grosseurs qui se reconnaissent à l'aide de numéros. Il y a six espèces de mailles, savoir : de 6, 9, 12, 15, 18 et 24 lignes (ou de 13 mill. à 54 mill.). Pour cette dernière, on se sert du numéro 10, dont la livre porte 130 p. (42 m. 23 c.) de longueur de fil de fer, c'est pour le kilo 85 m. ou 261 pieds ; pour celle de

6 lignes, le n° 5, dont la livre porte 290 p. (94 m. 21 c.); et pour celle de 12 lignes, le n° 7, dont la livre porte 220 p. (71 m. 47 c.).

Les mailles en fil de laiton se font depuis 3 lignes jusqu'à 9 lignes (007 mill. à 022 mill.); pour celles de 3 lignes on emploie le n° 4, dont la livre porte 1142 p. (370 m. 31 c.) de longueur. Le n° 7 qui sert pour la maille de 6 lignes, porte 720 p. (223 m. 89 c.); et le n° 8, qui sert pour la maille de 9 lignes, contient 640 p. (207 m. 89 c.).

Les n$^{os}$ 4, 5, 6 et 7 du fil de fer recuit se vendent 2 fr. le kilo.

Ceux au-dessus jusqu'au n° 10, 1 fr. 80 centimes.

Ceux en fil de laiton se vendent indistinctement 6 fr.

La journée d'un grillageur est de 3 fr. 50 c., non compris le bénéfice dû à l'entrepreneur.

Il faut, par pied carré de grillage en mailles de 6 lignes (ou 14 mill.), 3 onc. de fil de fer n° 5, et 1 heure 40 min. de façon.

C'est par mètre 1 liv. 12 onces 4 gros ou 9 hectogr., et 15 heures 50 minutes de façon.

Par maille de 12 lignes (27 mill.), 2 onces 3 gros du n° 7, et 1 heure de façon.

C'est par mètre 7 hectog., et 9 heures 30 minutes.

Par maille de 18 lignes (40 mill.) 2 onces du n° 9, et 40 minutes de façon.

C'est par mètre 593 gram. et 6 heures 20 minut. de façon.

*Prix divers de grillage.*

Grillage en fil de fer, maille de 6 lignes (14 mill.), n° 4, le pied superficiel, 0 f. 44 c.

C'est le mètre, 4 12

| | | |
|---|---|---|
| Maille de 12 lignes (27 mill.), n° 7, | 0 | 32 |
| C'est le mètre, | 2 | 92 |
| Maille de 15 lignes (33 mill.), n° 8, | 0 | 31 |
| C'est le mètre, | 2 | 86 |
| Maille de 2° (55 mill.), n° 10, | 0 | 24 |
| C'est le mètre, | 2 | 20 |
| Grillage en fil de laiton, maille de 4 lig. (9 mill.), | 0 | 95 |
| C'est le mètre, | 9 | 00 |
| Maille de 6 lignes (14 mill.), | 0 | 60 |
| C'est le mètre, | 5 | 50 |

# MARBRERIE.

—

La marbrerie se mètre en superficie lorsque les objets à compter sont des revêtements, tablettes, foyers, carreaux et autres ouvrages semblables pour lesquels on emploie le marbre débité en tranches de 9 à 10 lignes d'épaisseur (20 mil. à 23 mill.).

De 12 lignes *idem* (27 mill.);
De 15 lignes *idem* (33 mill.);
Et de 18 lignes *idem* (04 c.).

Le prix de tous les ouvrages ci-dessus comprend la matière en œuvre et son déchet, qui ne consiste, dans l'espèce, que dans l'équarrissage qui est aussi compris ainsi que le polissage du parement et des épaisseurs.

Les moulures se comptent à part, voyez page 84.

Tous les ouvrages en marbre autres que ceux faits avec des marbres débités en tranches, soit pour des objets comme ceux indiqués ci-dessus, soit pour des chambranles ordinaires, dont la valeur est toujours fixée à prix d'argent, soit encore pour les marbres de Flandre et autres désignés sous les noms de Cerfontaine, Sainte-Anne, Belgique, Franchimont, granit, Senzielle, etc., lesquels sont livrés au commerce en tranches jusqu'à 18 lignes (40 mill.) d'épaisseur, se comptent au cube. Pour la nomenclature de ces derniers marbres, *voyez* p. 87.

Pour tout ouvrage en marbre dont les morceaux ne sont pas rectangulaires (carrés longs), il faut suivre le métré géométrique, c'est-à-dire de mesurer chaque morceau que pour ce qu'il contient en œuvre.

Les noyaux qui s'enlèvent à la sciote, comme pour former des parties cintrées ou autres se déduisent pour les 2/3 du cube qu'ils représentent.

Chaque espèce de marbre doit être exactement désignée, soit que l'objet demandé se compte en superficie, ou à la pièce, ou au cube.

Les carrelages ordinaires en carreaux de liais carrés ou octogones et les remplissages en carreaux noirs carrés de marbre de Dinan, ou autres, sont toujours confondus ; on désigne seulement la forme du carreau et sa grandeur. Les demi-carreaux sont comptés aux 2/3 du prix des carreaux entiers, et les 1/4 de carreaux à moitié de ce prix. Les bandes qui se posent au pourtour du carrelage sont comprises dans sa superficie, de laquelle tous les vides se déduisent. Le prix comprend aussi la pierre, le marbre, le plâtre, le sciage des quarts et des moitiés de carreaux, la pose, le ragrément et polissage au grès après la pose, le nivellement de la forme.

Si le carrelage est tout en marbre, il est aussi métré en superficie.

Lorsque le carrelage est d'un modèle autre qu'ordinaire, il faut indiquer les diverses matières employées, son épaisseur, sa forme et ses dimensions. Dans ce cas, les bandes d'encadrement et les étoiles ou autres du milieu se tirent hors ligne, et sont estimées séparément. Le surplus du carrelage renferme les ouvrages accessoires désignés ci-dessus.

Le carreau carré couvre la même superficie que le carreau octogone avec son remplissage (carreau noir de Dinan).

Il en faut par toise superficielle
en carreaux carrés de $12^\circ$ (32 c.),    36.

MARBRERIE.

De 11° (30 c.), 43.
De 10° (27 c.), 52.
De 9° (24 c.), 64.
De 8° (22 c.), 81.
De 7° (19 c.), 106.
De 6° (16 c.), 144.

C'est par mètre, de 32 c. carrés 9
De 30 — 11
De 27 — 13
De 24 — 16
De 22 — 20
De 19 — 27
De 16 — 36

La quantité est doublée pour les carreaux octogones, c'est-à-dire qu'il en faut autant de remplissages que d'octogones. On compte 1/30 de déchet pour chaque nature de carreau carré ou octogone.

Tous les chambranles se comptent à la pièce, à l'exception cependant de ceux exécutés sur les plans d'un architecte et d'une forme particulière. Ceux estimés à la pièce comprennent marbre ou pierre, taille, polissage, doublure ou dalle de pierre, agrafes, plâtre nécessaire, et pose en place.

Si l'un ou plusieurs de ces objets manquent, il faut alors en faire la défalcation du prix principal suivant la valeur qui doit y être affectée.

Hors des objets qui viennent d'être mentionnés, tout ce qui se fait ou s'emploie en marbre dans le bâtiment se mètre, ainsi que nous l'avons dit plus haut, au cube, en ajoutant 3 lignes (7 mill.) sur les épaisseurs : ainsi, un foyer, une tablette, etc., ayant 18 lignes (04 c.) d'épaisseur sera comptée pour 21 lignes ou 47 millimètres.

Le travail dans la marbrerie consiste 1° en sciage, pour débiter les morceaux dont on a besoin ; 2° en taille, pour donner les formes ; 3° en poli, pour faire ressortir les beautés du marbre *.

Tous les marbres se débitent à la scie sans dents, mais tous ne nécessitent pas les trois natures de travail que nous venons de spécifier, tels sont ceux qui ne sont que sciés et polis.

A tous les ouvrages qui se mètrent au cube, on ajoute 3 lig. (007 mill.) à chaque épaisseur et par parement visible, pour le trait de scie. Les longueur et largeur sont comptées pour ce qu'elles sont, sans y rien ajouter.

Tout morceau de marbre se mesure géométriquement ; soit une console galbée, son épaisseur doit se prendre dans le milieu de la hauteur de cette console. Ainsi, en la supposant de 2 p. (65 c.) de hauteur sur 4° (11 c.) de largeur, 6° (16 c.) d'épaisseur à la tête, et 2° (054 mill.) seulement au pied, l'épaisseur réduite sera de 4° (11 c.), auxquels il faut ajouter 3 lignes (007 mill.) par parement vu.

Après avoir obtenu le cube de la matière, il faut 1° métrer en superficie les sciages suivant aussi leurs dimensions réelles et pour autant de surfaces de tranches qu'il y en a; qu'elles soient visibles ou non.

Quelques vérificateurs réduisent ces surfaces à moitié comme dans la pierre, mais c'est à tort, car rarement on se sert du

---

\* Le polissage peut se réduire ainsi : il se compte à l'entier, c'est-à-dire toise pour toise, mètre pour mètre, s'il comprend les divers élémens qui le composent et qui sont l'égrisage, le rabat, l'adouci, le piquage et le lustrage ou poli.

Il se compte et se réduit à moitié lorsqu'il ne comprend que l'égrisage, le rabat et l'adouci, et chacune de ces parties s'évalue à 1/6 de superficie réelle comptée alors comme polissage.

Le piquage ou piqué vaut 1/3, et le lustré ou poli, 1/6.

second parement, attendu que les marbres ne s'emploient qu'en tranches minces, ce qui provoque la perte de ce second parement.

Les sciages sur les épaisseurs ne sont comptés que sur les morceaux de 3 pouces (08 c.) et au-dessus ; au-dessous de cette épaisseur, la taille qui a lieu est comprise dans l'équarrissage. On distingue les sciages en autant d'espèces qu'il y a de natures de marbres ;

2° Déterminer l'espèce de taille qui a eu lieu ; il y en a de quatre sortes : l'*équarrissage*, l'*ébauche*, la *taille brute* et la *taille apparente*. La première consiste en coupes faites à la sciotte sur l'épaisseur des tranches ; elle compte pour les tranches de 12 à 18 lignes (027 mill. à 04 c.) d'épaisseur pour 3° (08 c.) courants de taille par chaque pied (32 c.) linéaire, ou 3° (026 mill.) superficiels de l'unité de taille qui varie de prix comme les sciages, c'est-à-dire suivant chaque espèce de marbre. Il faut encore ajouter à la longueur de ces équarrissages 3° (08 c.) linéaires par chaque angle saillant ou rentrant, et 6° (16 c.) *idem*, s'il y a eu ébauche.

Les équarrissages pleins qui se font sur des épaisseurs extérieures tels qu'à des pilastres de cheminées qui ont des revêtements, ou toutes épaisseurs de revêtements portant arête d'angle et épaisseurs sur les retours, lesquels se joignent à d'autres parties de marbre, comptent pour les deux parties 6° (16 c.) courants de taille.

Les équarrissages pour joints visibles tels que ceux du haut et du bas des pilastres, le joint vertical du revêtement qui s'ajuste au pilastre, les joints des bandes de retour aux piédestaux, etc., lesquels équarrissages sont dressés et moulinés, comptent pour les deux 6° (16 c.) courants de taille, s'ils sont démaigris sur l'arête intérieure, et pour 9° (24 c.) courants s'ils ne sont pas démaigris.

Ceux qui sont faits pour se réunir bout à bout, comme pour des socles, des plinthes, etc., et qui sont pleins, c'est-à-dire non démaigris derrière, comptent aussi sur 9° (24 c.) courants.

Les mêmes, mais démaigris sur une des arêtes, pour 6° (16 c.) courants.

Toutes les évaluations ci-dessus augmentent ou diminuent ainsi : pour les tranches de marbre de 8 à 9 lignes (016 à 018 mill.), diminuez 1/3 ;

Pour celles de 14 à 30 lignes (031 mill. à 067 mill.), ajoutez moitié. Soit une tranche de 24 lignes (54 mill.) l'équarrissage comptera selon sa longueur sur 4° 1/2 (12 c.) courants, et chaque angle saillant ou rentrant pour 4° 1/2 (12 c.) *idem.*

Les équarrissages des tranches de 3 pouces (08 c.) et au-dessus sont toisés suivant leur surface comptée comme parement brut (cette taille est ainsi appelée parce qu'elle se fait après un sciage pour dégauchir la surface du parement), et l'on ajoute 3° (08 c.) pour chaque arête visible, soit horizontale, soit verticale.

Les équarrissages ou joints de 3 à 4 pouces (08 à 11 c.) d'épaisseur, comme ceux des pilastres carrés, se comptent par chaque joint seul sur 1 p. (32 c.) courant de taille, les deux ensemble sur 18 pouces (48 c.) courants par pied (32 c.) linéaire, et le sciage au droit de ces parties est encore compté en plus.

La seconde classe de taille de marbre se nomme *ébauche* : c'est la taille préparatoire qui sert à dégrossir les parements, à faire des allégissements et des épannelages.

La troisième s'appelle *taille brute*; elle se fait ainsi que nous l'avons déjà dit, après un sciage, pour dégarnir un parement. Elle sert aussi de base et d'unité comparative aux deux précédentes classes.

Enfin la quatrième, appelée *taille apparente*, est celle par laquelle on donne la forme et les contours aux moulures.

Nous allons transcrire ici les détails que l'on trouve, sur les tailles de marbre, dans l'excellent ouvrage de M. Toussaint, intitulé *Memento des Architectes*, 6 vol. in 8° et un de planches, prix 60 fr. ; ces détails étant conformes à ceux de Morisot, et de plus nous ayant paru fort judicieusement écrits.

« Les fortes tailles des parements circulaires avec ébauche, telles que celles des consoles galbées, pour lesquelles il faut enlever une certaine épaisseur de marbre, se comptent comme *taille double*; pour les colonnes, on pourtourne la circonférence sur leur hauteur, et l'on pose quatre fois le produit ; ce résultat comprend tous les épannelages qui sont quelquefois assez multipliés, et l'ébauche avant la taille. Les tailles circulaires des moulures, des bases et des chapiteaux sont comptées aussi le quadruple d'une taille ordinaire.

» Toutes tailles refaites sur des parements de sciage pour les redresser, sont comptées comme demi-taille. On ajoute sur le développement des surfaces visibles, 3° (08 c.) par chaque arête.

» Les tailles sur parements, pour dégager des moulures, pour former des bandeaux, arrière-corps, tables saillantes et renforcées, etc., se mesurent en superficie par leur longueur et leur largeur réelles, en ajoutant, sur la longueur seulement, 3° (08 c.) pour chaque angle rentrant ou saillant ; lorsque ces tailles ont 3 à 4 lignes (6 à 008 mill.) de profondeur, elles comptent pour taille ordinaire ; à 6 lignes (0 13 mill.), pour taille et demie ; de 10 à 12 lignes (022 à 027 mill.), pour double taille ; si elles sont plus profondes, on les évalue en raison de ces premières. Ces évaluations comprennent toujours l'ébauche et la taille faites après ces refouillements ; enfin, si ces dégagements ont plus de 2° (054 mill.), on les compte en *cube refouillement*.

» Les tailles de moulures se comptent ainsi : chaque membre de moulures, comme talon, doucine, quart de rond, cavet ou autres, seul et de 6 à 15 lignes (013 à 033 mill.) de développement, compte pour 6 pouces (16 c.) linéaires de taille ; celles de 2 pouces (054 mill.) pour 9° (24 c.) ; celles de 3 pouces (08 c.), pour 1 pied (32 c.) ; celles de 4 pouces (11 c.), pour 18° (48 c.); celles de 6 pouces (16 c.), pour 2 pieds (65 c.); celles intermédiaires, en raison de ces premières, et leurs filets en proportion du développement qu'ils présentent. Ces évaluations comprennent toujours les différentes épaisseurs et toutes les tailles préparatoires que l'on aura été obligé de faire pour former les contours de la moulure. Ce n'est que pour les recreusements de baignoires, mortiers, cuvettes et autres de grandes dimensions, ou de plus de 2° (054 mill.) de profondeur, que les évidements sont comptés en cube ; seulement, si les moulures sont grandes, on compte les sciages biais qui auront été faits pour le débit.

» Toutes les moulures ou parements circulaires se comptent en sus des parties droites.

» Les feuillures de 4 à 12 lignes (009 à 027 mill.) faites dans les pilastres d'une cheminée pour recevoir les revêtements et autres semblables, se comptent pour 6° superficiels (053 mill. *idem*) de taille ; les feuillures plus larges, profondes et visibles, dont les deux arêtes sont vives, se comptent pour 1 pied (11 c. *idem.*)

» Les évidements circulaires pour former un segment de cercle, comme pour une traverse d'arrière-corps de chambranle, se comptent pour 18° (48 c.), courants de taille par pied (32 c.) linéaire, y compris le sciage circulaire à la sciotte; le parement est compté sans déduction du cintre enlevé; mais le polissage ne se compte que pour ce qui reste en œuvre. Quant à la matière, il est déduit les 2/3 de ce noyau.

» Les entailles ou tailles ébauchées faites dans du marbre de 10 à 15 lignes (022 à 033 mill.) d'épaisseur, sont comptées pour 3° (08 c.) courants; celles faites dans des morceaux de plus fortes épaisseurs pour 6° (16 c.).

» Les entailles faites pour encastrer l'épaisseur des agrafes sont mesurées sur leur longueur et comptées pour 1 pied linéaire (32 c. *idem*) de taille, en y comprenant les trous des crampons à talons. Chaque incrustement fait dans des traverses ou pilastres de chambranles, pour y ajouter des bronzes, est compté pour 6° superficiels (053 mill.) de taille.

» Tous les polissages de parements sont mesurés et réduits en superficie selon leur surface réelle, en y comprenant les épaisseurs lorsqu'elles seront polies, sans rien ajouter au développement que ces surfaces ont en effet, ni pour les arêtes. Néanmoins, lorsque des pilastres ou bandes isolées en marbre ont moins de 3 pouces (08 c.) de largeur, leur polissage est compté pour 3° (08 c.( courants; et lorsque ces bandes ou corps carrés isolés ont deux arêtes polies, il faut les compter pour 6° superficiels (053 mill.), de polissage par pied (32 c.) linéaire.

» Les membres de moulures et les *angles rentrants et saillants* sont comptés pour la même valeur linéaire qu'à la taille.

« Le polissage des fûts de colonnes et autres corps circulaires est compté, ainsi que leurs moulures, le double des parements droits, les moulures circulaires pour taille et demie.

» Les polissages des grandes parties sur lesquelles on marche, comme foyers de cheminée et autres semblables, lorsqu'ils ne sont pas lustrés, sont réduits aux 2/3 de leur superficie réelle, ou, ce qui est la même chose, pour les 2/3 du prix du polissage terminé.

» Le polissage des anciens chambranles est estimé à la pièce, en raison de la forme et de la multiplicité des moulures qu'il a fallu atteindre; on explique s'ils sont nettoyés seulement, ou s'ils sont polis, à quel degré ce polissage a été fait *. Quant aux piédestaux, pilastres, tambours de grandes colonnes, marches, soubassements, et autres parties en grande surface, ils sont comptés en superficie. »

Avant de terminer le chapitre de la marbrerie, nous ferons observer à nos lecteurs que la dépose et repose du vieux carreau se tire hors ligne, en spécifiant si les joints ont été rafraîchis, ou si tous les carreaux sont retaillés et équarris pour les remettre d'un autre échantillon.

De même tous les crampons, agrafes ou goujons en fer ou en bronze se paient à part lorsque les marbres ne sont point fournis par l'entrepreneur ; mais la pose de ces objets fait toujours partie des trous et entailles pour les recevoir.

Enfin le frottage au grès ; le ragrément des carrelages de pierre ou de marbre ; le rabattage seulement ou le polissage entier des carreaux de marbre ; le charbon et le mastic nécessaires pour sceller les grandes agrafes ; les lettres gravées sur la pierre ou sur le marbre, les filets gravés *idem* ; tous ces objets se comptent les trois premiers en superficie, les deux

---

* Voyez ce qu'il est dit dans la note de la page 80.

ensuite à prix d'argent, et les lettres et filets à la pièce, suivant leur grandeur qui se mesure au pouce ou au mètre, et en distinguant les lettres sur pierre et teintes de résine vernie noire, de celles remplies de mastic ou gravées sur marbre et teintes aussi, ou enfin dorées; les filets suivent la même règle.

Il ne nous reste plus qu'à donner la nomenclature des marbres le plus en usage en France. On les divise ordinairement en dix-huit classes, la première comprend le feuil, dit petit granit; la deuxième classe, le glageon; ensuite les marbres dits *de Flandre*, tels que Ste Anne, franchimont, cerfontaine, malplaquet, henriette, rance, griotte de Flandre, petit antique, roquebrune, bourbon, stinkal, etc.; puis le languedoc incarnat, le blanc veiné, le bleu turquin, le rouge français, le dauphin et sérancolin, le blanc statuaire, le campan rouge ou vert, la brèche violette, la griotte dite d'Italie, le portor, le vert de mer, le jaune de Sienne, la brocatelle d'Espagne, le jaune antique, et enfin le noir de Dinan que nous avons placé le dernier, parce qu'il ne nous vient de l'étranger que débité en tranches, et que les autres marbres qui se vendent au pied ou au mètre cube sont classés suivant l'ordre de leur prix, qui va toujours en augmentant. Le premier appelé feuil, coûte à Paris, le pied cube brut, 15 francs; le sainte-Anne, le rance, le cerfontaine, le petit antique, 20 fr.; le bleu turquin, 30 fr.; et l'avant dernier, appelé jaune antique, 130 fr. C'est le mètre cube 438 fr. 584, 876, et 3796 francs.

Le pied cube des marbres les plus communément employés à Paris, pèse de 93 à 94 kil.: c'est le mètre cube 2700 kil. environ.

Le mètre cube de marbre voituré par terre,
prix d'entrée, 17 f. 60 c.
— par eau, — 29  70

Les sciages ni les polissages ne suivent l'ordre établi ci-dessus quant à leurs prix. Il existe, au contraire, une variante très marquée entre la proportion du prix des marbres et celle de celui des sciages et polissages; et cet objet étant en dehors de notre traité, nous renvoyons aux auteurs qui ont donné des détails de prix, comme Toussaint, Morizot, Rondelet, etc.; pour connaître le prix de ces détails.

*Prix divers en marbrerie.*

Carrelage en carreaux de liais seuls et carrés passés au grès après la pose, de 10, 11 et 12° (27, 30, 32 c.) la toise superficielle. 28 fr. 60 c.
C'est le mètre. . . . . . . . .  7  20
Le même carrelage avec des remplissages en marbre de Dinan. . . . . . . 34 fr. 00 c.
C'est le mètre, prix réduit. . . . . 9  75
Marbres en tranches, polis, de 12 lig. (27 mill.) d'épaisseur, le pied superficiel. *
    Sainte-Anne. . . . . . . 3  70
    Cerfontaine. . . . . . . 3  75
    Noir de Dinan. . . . . . 4  20
    Sérancolin. . . . . . . . 5  00
    Blanc. . . . . . . . . 4  00
    Polissage de marbre ordinaire. . 1  00

* Pour avoir le prix du mètre superficiel, multipliez celui du pied par 9 1/2, terme invariable.

# MENUISERIE.

Le métré de la menuiserie, sans être plus difficile que celui des autres parties du bâtiment, présente cependant plus d'obstacle dans l'application des règles géométriques à ce travail, vu la diversité et les détails immenses que comportent les ouvrages de menuiserie. Nous allons tâcher d'en simplifier les principes, afin d'éviter les contestations qui s'élèvent chaque jour sur les assimilations et évaluations arbitraires que chaque métreur ou entrepreneur imagine suivant ses intérêts ou son instruction.

D'abord nous traiterons des ouvrages qui se mesurent en superficie et toujours suivant les règles géométriques, en adoptant l'ordre alphabétique qui nous paraît devoir être d'une facilité telle, que l'élève comme le lecteur trouveront à l'instant même les renseignements concernant les objets qui pourraient les embarrasser dans leur métré; notre intention étant encore de comprendre dans cette nomenclature le plus grand nombre d'ouvrages de menuiserie, afin aussi de pouvoir, en cas que l'objet cherché ne soit pas désigné dans cette nomenclature, établir une similitude exacte qui aide à fixer ou le mode de mesurer ou le prix de cet objet.

### RÈGLES GÉNÉRALES.

Tout ouvrage de menuiserie doit être ainsi expliqué : dénommer l'objet, dire la nature du bois et son épaisseur; ensuite 1° s'il est blanchi à un, deux, trois ou quatre parements, (voyez bois unis); ou seulement brut ou dressé sur les rives; 2° s'il est assemblé, et quelle espèce d'assemblage; 3° collé ou non; 4° s'il y a des clés dans les joints; 5° si l'on a poussé des moulures sur les rives, ou rapporté des rainures, ou refendu les planches, ou ajouté des barres à queue, ou encore si l'on a fait des arrondissements d'angles, ou des chantournements, ou des entailles, ou des contre-profils, ou des rainures à bois de bout, ou des coupements à la scie à main, ou des mortaises ne faisant pas partie des assemblages de l'objet principal, comme dans les cloisons à barreaux, ou un polissage à la cire ou à l'encaustique, etc.

Tout ce que renferment les quatre premiers n$^{os}$ ci-dessus, étant accessoires et inhérents aux travaux de menuiserie, fait toujours partie du prix de l'objet demandé; mais ce qui est compris sous le n° 5 n'étant qu'accidentel, il faut en demander la main-d'œuvre en sus.

Tous vides se déduisent; ceux qui se rencontrent dans les planchers et parquets doivent comprendre les frises d'encadrement, vu que ces dernières se mesurent à part et en linéaire. (*Voyez* page 102.)

Les lambourdes ne doivent jamais faire partie des planchers ni des parquets.

Les feuillures, congés ou quarts de rond au pourtour des portes à placard et autres ouvrages assimilés aux lambris, ainsi que les rainures et languettes d'embrèvement sur la rive des champs des lambris, ne se comptent pas séparément, attendu qu'ils font partie de la main-d'œuvre de tous ces ouvrages. (*Voyez* encore la première note au bas de la page 93). Hors des cas ci-dessus, ces divers accessoires sont tirés hors marge et comptés en linéaire.

Aux lambris et aux portes d'assemblage flotté, c'est-à-dire ayant des panneaux diversement composés et divisés aux deux parements, il doit être ajouté à la superficie réelle 1/8 par chaque traverse flottée, 1/3 pour deux battants, et moitié pour deux battants et deux traverses : ces augmentations ont lieu en raison des allégissements et des assemblages qui se font dans ces objets, ainsi que pour l'excédant de largeur de traverse et de battant.

Aux ouvrages qui se mètrent en linéaire, il n'est rien ajouté pour les coupes d'onglets, mais la longueur des bois se prend en dehors des onglets.

La longueur des ouvrages assemblés à tenons et mortaises se prend en dehors des tenons.

Jamais les clous, pates ou autres objets de serrurerie ne font partie du prix de la menuiserie, ils doivent donc se tirer hors ligne et être demandés suivant leur nature, leur quantité et leur valeur.

Nous réunirons le plus qu'il nous sera possible d'ouvrages de même nature sous une seule dénomination, afin de ne pas trop multiplier les timbres de mémoires, qui dans la menuiserie sont forcément plus considérables que dans toutes les autres parties du bâtiment, attendu l'immense variété des ouvrages de menuiserie.

*Bois employés le plus communément dans les ouvrages de menuiserie, leur mode de livraison et le prix d'entrée qu'ils paient.*

On distingue le chêne sous les titres de Bourbonnais (Allier) de Champagne (Marne, Aube, Ardennes, Haute-Marne); de Fontainebleau, des Vosges, de Hollande et de bateau.

Le sapin, sous ceux de Lorraine (Meurthe, Meuse, Moselle, Vosges), d'Auvergne (Cantal, Puy-de-Dôme), de Bourbonnais, rouge dit de Hollande quoique tiré de la Norwège, et enfin du Nord et de bateau. (Ce dernier provient du déchirage des bateaux marnois.)

Le bois blanc, sous ceux de peuplier, grisard et maronnier.

Enfin le hêtre, le noyer et l'acajou.

Le chêne et le sapin se vendent au mètre superficiel.*

Le bois blanc, au cent de planches réduites à 6 p. ($1^m 95^c$).

Le hêtre, au morceau suivant ses dimensions.

Les madriers, comme le chêne; les membrures au cent de mètres linéaires; les chevrons, *idem* et suivant leur épaisseur.

Le merain (de 19 c. ou 7° sur 37 c. ou 14°) au cent de coursons : on appelle ainsi le morceau qui porte les dimensions ci-dessus.

Les sapins, hêtre et bois blancs en planches, paient par mètre courant 11 c. d'entrée.

Les chênes 13 c. *idem*.

*Ouvrages qui se mesurent en superficie.*

Les ouvrages qui suivent sont tous exécutés sur un plan droit; ceux sur plan circulaire formeront un article à part. Ceux composés de parties droites et de parties circulaires seront mesurés en deux fois, et chaque partie suivant les principes indiqués dans notre ouvage. (*Voyez Devanture* de boutique.)

Lorsque parmi les objets que nous désignons dans ce traité, il s'en trouvera qui ne seront faits qu'en très petites parties, il faudra les estimer de suite en argent, en ayant égard à la

---

* Les entrepreneurs les achètent au cent de planches suivant leurs longueur et largeur réduites, et convertissent ensuite chaque cent en superficie.

plus-value de la façon et de la pose que nécessitent les petites parties.

### OBSERVATION.

Nous rappellerons à nos lecteurs, une fois pour toutes, que la nomenclature sous laquelle nous désignons tous les ouvrages de menuiserie mentionnés dans ce traité, ne sera complète et régulière qu'au ant qu'il y sera ajouté partie ou totalité, suivant le cas, des détails mentionnés en nos règles générales. (*Voyez* page 89).

ABATTANT. Se toise et se timbre comme une *Porte pleine* (*Voyez* ce mot). *

ALCOVE. Si une façade d'alcove n'est composée que de bâtis et de traverses unies, et jusqu'à 16 centimètres (six pouces) de largeur, elle sera métrée en linéaire et timbrée, voyez timbre page 5, comme *bâtis*; au-delà de cette largeur elle le sera en superficie et timbrée comme *cloison*; si elle est assemblée à glaces, à petits ou à grands cadres, elle sera confondue avec les lambris de même nature.

ARMOIRE. Les bâtis se mesurent à part et les portes se confondent avec les *lambris* ou les portes pleines, suivant ce qu'elles sont. **

---

* Lorsque nous désignons un ou plusieurs objets auxquels nous assimilons celui qu'il s'agit de métrer, il faut se reporter à ces objets et appliquer au premier le mode de toiser ces derniers. Ainsi, pour mesurer un abattant, il faut donc chercher l'article *porte pleine*, où l'on trouve la manière de mesurer l'un et l'autre de ces ouvrages, attendu qu'elle est la même, puisque nous confondons tous les ouvrages de même espèce dans une seule dénomination, et que par le moyen que nous employons nous évitons des redites plus inutiles que profitables à nos lecteurs.

** Les feuillures poussées sur les bâtis, huisserie, font partie de la main-d'œuvre accordée dans ces ouvrages, ainsi que dans tous ceux qui sont rainés, attendu que ces feuillures qui se poussent alors sur les rives rem-

Auvent. Comme *cloison*. S'il y a des couvre-joints par-dessus, ils se comptent séparément.

Bac ou grand baquet carré de brasseur suivant ses dimensions réelles, en commençant par le fond à la superficie duquel on ajoute celle que donne le rebord du pourtour du bac. Chaque partie est assimilée aux ouvrages de même nature, soit en superficie, soit en linéaire.

Bache ou caisse de jardinier. Cette caisse se faisant sans fond, on toise le pourtour seulement, que l'on timbre comme *cloison assemblée à queue d'aronde*

Bois unis. Se mesurent et se timbrent comme *cloison* \* *sapin ou chêne*, en désignant, ainsi que nous l'avons dit, l'épaisseur du bois, son espèce d'assemblage et le nombre de ses parements (on appelle ainsi les faces du bois qui sont blanchies au rabot ou à la varlope). Voyez le mémoire à la suite de ce traité.

Bois emboîtés. Comme *porte pleine*, et se timbrent *sapin ou chêne emboîté*.

Bois a tenons ou à queue d'aronde. Comme *cloison*, et se timbrent comme *sapin* ou *chêne assemblé à tenons et mortaises ou à queue*.

Buffet d'assemblage ou à cadres. Comme *lambris*, et les tablettes, montans, tasseaux; etc., pour ce qu'ils sont.

Cerce. Se compte à fois et demie, les moulures à part.

Chassis vitré. Expliquer s'il est avec dormant ou sans

placent les rainures qui y auraient été faites. Toutes feuillures poussées sur les portes, à l'exception de celles poussées sur les portes d'armoires, se comptent à part.

\* Ceux jusqu'à six pouces (16 c.) de largeur se comptent en linéaire. L'on comprend sous le nom de bois unis ou cloisons tous les ouvrages qui se font avec du bois seulement dressé ou rainé, blanchi à un ou à deux parements, collés ou non collés.

dormant ; si les petits bois sont divisés à la grecque ou à compartiments ; cintré ou non par le haut. Dans ce dernier cas, mesurer séparément la partie circulaire suivant les principes indiqués page 107.

Lorsqu'un châssis vitré ouvre dans un petit bois, il faut ajouter 8 centimètres (3°) à la hauteur réelle de ce châssis, afin de compenser les coupes et assemblages que ce travail nécessite. Si ce châssis est entouré de parties pleines, ces dernières sont toisées suivant leur nature. Les dormants de ces châssis seront développés et comptés au mètre linéaire comme bâtis à quatre parements ( les assemblages en plus de un par mètre seront comptés séparément), ou s'ils sont comptés en superficie, les prix seront augmentés d'un dixième.

Les châssis sans petit bois et ceux ne portant pas de moulures seront réduits d'un dixième sur leur superficie réelle, ou sur le prix alloué, soit aux châssis vitrés sans dormants, soit aux châssis vitrés avec dormants.

CHASSIS DE COMBLE. Comme châssis vitré.

CHASSIS D'IMPOSTE. Comme châssis vitré. (*Voyez* aussi page 99 le mot *imposte*. )

CLOISON A CLAIRE-VOIE EN BOIS DE BATEAU REFENDU POUR REMPLISSAGE. Sans égard aux vides qui existent entre les planches, mais en déduisant les baies y compris les huisseries. Ces dernières, les poteaux de remplissage, coulisses et entretoises, sont mesurés à part. ( *Voyez* ces mots. )

CLOISON DE CAVE. Se tire hors de ligne : dire si elle est à claire-voie ou posée jointive ( rives dressées ); toutes traverses ou autres objets à part.

CLOISON PLEINE. Se mètre en superficie, mais tous vides de bois déduits y compris huisseries ; au surplus comme cloison a claire-voie. Si des parties de cloison sont assemblées à tenons et mortaises, tandis que le surplus est râiné seulement, il faut extraire ces parties de la superficie trouvée et en faire un article séparé : elle se timbre au mémoire comme *Bois unis*, voyez ce dernier mot, ou sous son propre nom, cloison, en observant nos règles générales, voyez page 89.

Cloison vitrée. Se sépare des précédentes, et il faut expliquer l'épaisseur des bâtis et celle des panneaux, dire la nature du bois des uns et des autres, les bâtis pouvant être en chêne, les panneaux en sapin et les petits bois en chêne, ou bien les bâtis et panneaux en sapin et les petits bois en chêne, ou enfin le tout en bois de chêne; ajouter si elle est seulement blanchie au double parement ou si elle est à deux parements.* Cette cloison peut aussi se mesurer, et c'est même l'usage le plus souvent suivi par les métreurs, en séparant la partie haute vitrée de celle pleine et basse. Dans ce cas chacune de ces deux parties est assimilée aux châssis vitrés ou aux lambris ou cloisons, et la hauteur de chacune d'elles se prend du milieu de la traverse d'appui.

Cloison grillée, ou à barreaux par le haut et à panneau par le bas. Ces deux espèces de cloison se confondent avec les lambris de même nature, en déduisant sur la surface totale les trois quarts de celle des panneaux qui sont grillagés ou à barreaux. Si le vide de ces panneaux ne contient pas plus de ($5^m 70$ c.) ou une toise et demie superficielle, le quart restant sert à compenser la plus-value de la façon des bâtis; si les panneaux grillagés ou à barreaux sont plus grands que ceux ci-dessus, il faut alors déduire les 4/5 de leur surface, et même les 5/6 s'ils sont très grands, en raison des vides qui existent.

* On entend par blanchi au double parement le panneau blanchi sur la double face ; et par deux parements ce même panneau blanchi et de plus orné de moulures sur les deux faces.

Les grillages qui sont en fil de laiton ou en fil de fer ne regardent pas le menuisier; mais les barreaux en bois sont comptés comme bâtis, y compris les mortaises faites dans les deux traverses, en observant ce que nous indiquons à l'article *assemblage*, page 107.

COMPTOIR D'ASSEMBLAGE ou à cadre. Comme *lambris*. Cependant la plupart des comptoirs qui se font aujourd'hui ne peuvent être assimilés qu'en partie aux lambris, vu que l'on emploie des poteaux dans les angles, des consoles sur le devant, etc., etc. Il vaut donc mieux métrer chacune des parties des comptoirs pour ce qu'elle est, ou bien en faire un détail exact et mettre un seul prix au tout. Voyez dans le mémoire à la suite de ce traité, les détails de deux comptoirs différents pages 122 et 131.

CONTRE-MARCHE. Comme *marche*.

CONTRE-VENT. Voyez *volet*.

CROISÉE. Elle forme un article à part et doit se métrer en superficie et non au mètre linéaire de hauteur. Indiquer l'épaisseur du dormant et celle des châssis : dire si elle est à glace (c'est lorsqu'il n'y a pas de petits bois verticaux entre les battants) ou à petits carreaux, à un ou deux ventaux ; si elle est à gueule de loup, à feuillure ou à coulisse dite guillotine, et dans ce dernier cas, si elle est composée de deux ou de quatre châssis : lorsqu'elle n'a que deux châssis, elle est considérée comme à un ventail, et si elle a quatre châssis, comme étant à deux ventaux.

Quelques métreurs demandent à part les rainures des dormants des châssis à coulisses, ainsi qu'une plus-value pour la pièce à queue qui sert à démonter ces châssis, mais c'est un abus qui doit être supprimé.

A toutes les croisées, lorsqu'il y a des *impostes*, ou comprend dans la hauteur des croisées celle des impostes, et on ajoute à cette mesure 20 c. ou 7° 1/2 pour compenser les doubles jets d'eau des châssis ouvrant au-dessus.

Il y a quelquefois des faux-battants, des panneaux ou des petits bois rapportés sur les croisées qui sont placés au-devant des planchers d'entresol ; pour payer cet excès de main-d'œuvre et de fourniture, il faut ajouter à la hauteur réelle les 2/3 de la hauteur de ces parties d'entresol, mesurées du dessus et du dessous des deux traverses.

Les croisées ou châssis qui ont des moulures sur les deux faces, se timbrent comme étant à *double parement*, et se tirent hors ligne.

DERRIÈRE D'ARMOIRE D'ASSEMBLAGE ET DE BIBLIOTHÈQUE. Comme parquet de glace. S'il y a des moulures poussées sur l'arête des battants et des traverses, il faut les tirer hors ligne.

DESSUS DE TABLE. Comme volet.

DEVANTURE DE BOUTIQUE. Elle doit être détaillée partie par partie, car il peut y avoir des poteaux, avec ou sans goujons, (ces derniers peuvent être rapportés), des rainures simples ou doubles qui reçoivent les châssis, des évidements pour former des listels, d'autres pour former ébrasements à l'intérieur ; des traits de Jupiter ; des châssis à compter en superficie, dont partie circulaire * et partie droite ; d'autres à métrer seulement en linéaire, c'est lorsqu'il n'y a que des montants et traverses sans petits bois (ces derniers peuvent être aussi allégis de baguettes, moulures, etc.) ; un soubassement à compter comme bois unis ou bois emboîtés, ou lambris ; une porte d'une forme particulière ; une cimaise, une plinthe et une corniche ; des parcloses sur les poteaux

---

* Pour métrer les parties circulaires, voyez page 105.

formant pilastres; des chapiteaux, astragales et socles : des petits bois en cuivre ou en fer à moulures, ou en bois avec revêtement en cuivre, etc., etc. C'est pourquoi une devanture de boutique, pour être bien métrée, doit former autant d'articles qu'il y a de nature d'ouvrages. (*Voyez le Mémoire*, pages 128 et suivantes.)

Embrasure ou ébrasement. Ne se compte en superficie qu'autant qu'il est d'assemblage ou à cadre; différemment, il est métré en linéaire et timbré comme plinthe.

Escalier. Il faut distinguer les limons droits, qui sont toisés pour ce qu'ils sont en œuvre, des limons courbes, dont il faut chercher le prisme primitif, ainsi qu'il est indiqué dans le Traité de Charpente, page 10; puis les marches des contremarches, le tout réduit en superficie et divisé en autant de timbres qu'il y a de natures d'ouvrages.\* Ces timbres indiquent aussi l'épaisseur des bois, la forme, le travail et la longueur de l'emmarchement.

L'on peut encore ne faire qu'un seul article d'un escalier, mais il faut alors déterminer le nombre de marches et fixer le prix de chacune d'elles, y compris les limons. Dans ce dernier cas, il faut encore désigner exactement comment se compose l'escalier. On distingue ordinairement trois sortes d'escalier : l'une dite échelle de meunier, l'autre, escalier à deux limons avec quartiers tournans, et la troisième sorte, escalier à deux limons cintrés en plan et en courbe elliptique et parallèle.

Imposte. *Voyez page* 95.

Lambris. Sous ce nom l'on comprend tous les ouvrages en

---

\* Il faut encore avoir soin de distinguer les limons qui se font avec du bois ordinaire de charpente, de ceux faits avec des battants de porte cochère, le prix étant bien différent.

menuiserie qui sont composés de bâtis et de panneaux avec ou sans moulures. Il y a deux espèces de lambris : ceux de *hauteur*, qui recouvrent toute la superficie du mur sur lequel ils sont appliqués, et ceux *d'appui*, qui n'ont que de un à quatre mètres de hauteur. Ces deux espèces de lambris sont encore ainsi dénommés, par rapport à leurs assemblages, savoir : lambris d'assemblage, celui dont les battants et les traverses sont sans moulures; lambris à table saillante, celui dont le panneau est en saillie; lambris à bouvement simple, celui dont les bâtis portent une seule moulure; lambris à petit cadre ou à cadre allégi, celui dont les bâtis portent plusieurs moulures; à grand cadre ou à cadre embrévé, celui dont le cadre fait saillie sur les bâtis avec lesquels il est embrevé, et encore, à un parement, blanchi au double parement, arasé au double parement ou enfin à double parement. *

Dans le timbre de chaque lambris désigné ci-dessus, il faut faire connaître l'espèce de bois des bâtis et des panneaux et l'épaisseur des uns et des autres, l'espèce d'assemblage et enfin la nature des deux parements. On ne doit jamais rien compter au-delà de la superficie réelle pour le double parement, le travail que ce dernier nécessite faisant partie du prix accordé suivant la nature du lambris. Il n'est rien ajouté non plus pour les languettes d'embrèvement, pour les rainures de lambris et autres ouvrages qui y sont assimilés. (*Voy. page* 90.)

Aux lambris à deux panneaux, et avec frises en plus, il faut ajouter 50 centimes par mètre carré pour le sapin, et 65 centimes pour le chêne.

A ceux de 2 à 3 panneaux d'assemblage 50 centimes, de 3 à 4 panneaux 75 centimes; et de 4 panneaux et au-dessus, par mètre carré 1 franc.

* Voyez encore toutes ces dénominations dans un Vocabulaire des termes du bâtiment.

A ceux à petits cadres de 3 à 4 panneaux, 90 centimes; de 4 panneaux 1 fr. 20.

A ceux à grands cadres de 3 à 4 panneaux, 2 fr., 25 cent.; de 4 panneaux et au-dessus, 3 francs.

Aux lambris à 2 panneaux et ayant une frise au milieu, il faut ajouter 60 centimes par mètre carré.

Pour les plates-bandes unies à 1 parement 25 centimes, et 50 cent. pour les deux parements de lambris ou de portes.

Pour les plates-bandes à moulures sur 1 parement 45 cent. et sur 2 parements 90 centimes.

PANNEAU. Lorsqu'il ne fait pas partie d'un autre objet, tel que porte, cloison, avec lequel il est confondu, alors il se toise comme *cloison*. S'il y a des baguettes posées dessus, ces dernières se comptent séparément pour ce qu'elles sont.

PARQUET DE GLACE. Désigner les bâtis et panneaux. Les moulures d'encadrement, frises, corniches, etc., qui sont rapportées sur les parquets de glace, se comptent à part en linéaire.

PARQUET EN FEUILLE. Désigner aussi les bâtis et panneaux, et dire s'il y a des frises d'encadrement. Les lambourdes de dessous les parquets et planchers doivent être comptées séparément. Tous vides se déduisent.

PARQUET SANS FIN. Comme le précédent, et de plus désigner la forme des pièces qui le composent et la grandeur des feuilles, qui se font le plus souvent de 22° (57 c.) ou de 18° (48 c.) ou enfin de 6° (16 c.) carrés.

PARQUET EN MARQUETERIE. Cette espèce de parquet ne se posant que sur un premier plancher en chêne, bien fait et bien dressé, il faut d'abord métrer ce plancher pour ce qu'il est; puis celui en marqueterie est estimé en argent suivant sa superficie, et en désignant le nombre des pièces, les diverses espèces de bois employés, la difficulté et la perfection du travail. Les parquets en marqueterie étant fort chers, il convient toujours d'en débattre et fixer le prix à l'avance.

Tous les parquets après être posés doivent être affleurés sur place, c'est ce que les ouvriers appellent *replanir* ; mais ce travail fait partie du prix des parquets neufs. Il se compte à part et en superficie lorsqu'il est fait sur de vieux parquets.

Le replanissage au rabot à deux fers se compte donc aussi superficiellement : il se paye 1 fr.05 c. le mètre, ou 4 francs la toise.

Persienne. En superficie, en expliquant s'il y a ou non un dormant dont l'épaisseur et la largeur doivent être désignées au timbre. Quoique beaucoup de personnes comptent encore les persiennes au mètre linéaire, en déterminant leur largeur sans dormant, nous engageons nos lecteurs à n'admettre que le mode de métrer que nous employons ci-dessus ; que les lames soient mouvantes ou non, et qu'il y ait ou qu'il n'y ait pas de moulures poussées sur les rives, le prix reste le même.

Plancher en planches entières et de toute largeur. Comme *cloison*.

Plancher en planches refendues en frise. En superficie, toujours tous vides déduits. Dire la largeur et l'épaisseur des frises, et si ces dernières sont chevauchées à l'anglaise. Les frises d'encadrement à part et en linéaire.

Plancher à point de Hongrie. Comme *plancher de frises*, et de plus expliquer la longueur des frises, la nature du bois et dire si les joints sont ordinaires ou contrariés comme lorsqu'on veut former des losanges, attendu qu'alors on emploie du bois de 2 mètres 27 c. ou de 7 pieds au lieu de 6 pieds ($1^m95$), et que le déchet et la façon augmentent en raison du travail.

Porte pleine. En superficie, en désignant l'épaisseur du bois et sa nature, celle des emboîtures, le nombre de clés s'il y en a. Les moulures rapportées pour former cadres, les barres à queue, les feuillures (voy. ce mot) et les moulures poussées sur les rives se comptent à part. Les portes à placards, d'assemblage, cadres et toutes autres à deux et trois panneaux sur la hauteur sont comptés comme *lambris*. (Voyez les diverses espèces de lambris.) Les portes à quatre ou cinq panneaux doivent former un article séparé.\*

Porte croisée. Comme *croisée*, et en ajoutant à la hauteur réelle un tiers de la hauteur du panneau d'appui, mesure prise du dessus de la traverse du panneau.

Si au-dessus d'une porte croisée il y a une *imposte*, elle se mesure comme il est indiqué à ce dernier mot, page 97.

Porte vitrée. Comme *cloison vitrée*. Les feuillures comptées à part.

Porte charretière. Fait un article à part. Détailler les pièces qui la composent, la largeur et l'épaisseur des bâtis, l'épaisseur des panneaux. Dire s'il y a ou non des baguettes poussées sur chaque planche. Les écharpes et croix de Saint-André se mesurent séparément et comme bâtis.

Porte cochère. Se timbre séparément. Indiquer la largeur et l'épaisseur des premiers et seconds bâtis, l'épaisseur des panneaux, le profil des cadres, enfin la forme. Tout ce qui est rapporté sans être assemblé avec la porte, comme pilastre formant battement, double cadre, clous ou patères, se compte en plus et à la pièce ou en linéaire.

Porte d'allée ou bâtarde. Se mètre à part. Dire si elle est pleine ou à claire-voie, la grandeur du vide, l'épaisseur et

---

\* Voyez ce qu'il est dit au sujet des lambris et des portes d'assemblages dans nos règles générales, page 4 et 100. Quelques métreurs séparent ces portes des lambris.

la largeur des bâtis, l'épaisseur du panneau d'appui et sa forme.

Remplissage. Voyez *cloison à claire-voie*.

Revêtement. Comme *cloison pleine*.

Réservoir. Comme *cloison pleine à queue d'aronde*.

Soubassement. Comme *cloison* ou *lambris*, suivant sa nature.

Tablette. Comme *cloison pleine*.

Trappe. Le châssis comme *bâtis* et la trappe comme *porte pleine emboîtée*, ou comme *cloison* si elle ne l'est pas.

Trumeau. Comme *parquet de glace*, *lambris* ou *cloison*, suivant ce qu'il est.

Volet. Ordinairement on assimile les volets ou aux portes pleines emboîtées, ou aux lambris, mais nous croyons devoir engager nos lecteurs à en faire un article à part, attendu qu'aujourd'hui les volets se font de plus de manières qu'autrefois, et qu'en conséquence on doit en estimer justement la valeur. Ainsi l'on distinguera les volets emboîtés et non brisés de ceux brisés en feuilles, en désignant le nombre de feuilles ; ceux encadrés et divisés sur la hauteur par des bâtis, soit que les panneaux soient en sapin et les bâtis en chêne, ou que le tout soit en chêne ; ceux à cadres, en spécifiant tout ou partie de ce qui est observé aux lambris.

Quelle que soit, du reste, l'espèce de volet que l'on ait à mesurer, si l'on veut suivre l'ancien mode, qui consiste à assimiler les volets à d'autres ouvrages semblables, il faut toujours, lorsque ces objets sont brisés en plusieurs feuilles, compter en plus les feuillures et quarts de rond poussés sur les rives. Dans le cas contraire, qui est celui que nous proposons, ces feuillures et quarts de rond font partie du prix accordé.

### Ouvrages circulaires qui se mesurent en superficie.

Tous les ouvrages faits sur un plan circulaire nécessitent un déchet, une main-d'œuvre et un choix de bois tout autres que les ouvrages sur plan droit. En conséquence, ils sont métrés suivant leur surface réelle d'abord, puis on ajoute une plus-value suivant les principes ci-après :

Pour les ouvrages unis et cintrés en plan, et sans égard à la plus ou moins grande longueur de la flèche, à fois et demie la surface réelle. Soit une partie cintrée en plan de 2 mètres 11 cent. ou de 6 p. 6° de hauteur sur 97 cent. ou 3 pieds de corde et 48 c. ou 1 p. 6° de flèche ; si je multiplie (2$^m$ 11 c.) par (1$^m$,52 c.) que me donne la moitié de la circonférence d'un cercle de (97 c.) (voyez des *Éléments de Géométrie*), j'aurai pour produit 3 mètres 21 centimètres ou 30 p. 4° superficiels qui sont la surface réelle ; en ajoutant à ce produit, la moitié, j'aurai 6 mètres 42 c. ou 60 p. 8°, ou une toise 1/2 6 p. 8° superficiels à porter hors ligne et à timbrer suivant la nature de l'objet métré. L'épaisseur du bois reste pour ce qu'elle est en œuvre.

Pour les ouvrages d'assemblages, tels que lambris, portes à placards, les cintres se comptent de même. \*

Pour les lambris, châssis vitrés, croisées, persiennes, etc, compris tous les assemblages, la surface réelle se comptera au double.

Pour les surfaces cintrées en élévation, comme croisées cintrées en archivoltes, persiennes, châssis, lambris, parquets

---

\* M. Toussaint, dans son *Memento*, ne fait pas de différence non plus, quant à la plus-value, entre les ouvrages unis cintrés en plan, et ceux d'assemblage cintrés *idem* ; l'usage et la raison ne veulent pas qu'il en soit établi une. L'on trouve cet ouvrage à la *librairie encyclopédique de Roret*, 6 vol. in-8° de texte et un de planches, prix 60 fr.

de glace, compris tous les assemblages quelconques, la surface au double comme ci-dessus.

Les ouvrages cintrés en élévation, plein cintre ou en anse de panier, tels que châssis en éventail, impostes, persiennes, couronnements de lambris, de portes, etc., sont donc d'abord métrés comme s'ils étaient carrés, puis on ajoute le double de la surface trouvée : soit un châssis de $2^m$ 60 c. de diamètre ou 8 p. sur $1^m$ 30 c. ou 4 p. de flèche, la superficie sera de $3^m$ 38 c. ou 32 pieds, auxquels j'ajoute $1^m$ 69 ou 16 p. et j'ai pour surface $5^m$ 07 ou 48 p. superficiels à timbrer comme ouvrage ordinaire, c'est-à-dire sur plan droit.

Lorsque la traverse d'un dormant est cintrée en-dessus et en dessous, ainsi que celle des châssis, on ajoute à la hauteur 22 centimètres ou 8°, et pour les ouvrages semblables, mais sans dormans, comme persiennes, il n'est ajouté que 6° (16 c.) à la hauteur réelle.

Mais lorsqu'il n'y a que le dessus de la traverse du haut d'un dormant qui est cintrée, on ajoute seulement 8 centimètres ou 3°.

Les portes pleines et les dessus de table cintrés, comme les persiennes, en suivant la même règle.

Les *fûts de colonnes* assemblés par alaises jointives, rainées, ou à claire-voie, se métrent en raison du plus grand diamètre (c'est celui pris hors œuvre). Si les alaises sont jointives ou à claire-voie, elles sont comptées en linéaire pour ce qu'elles valent, et alors l'arbre et les mandrins employés à l'intérieur sont évalués à part. Si les alaises sont rainées, on les estime d'après le bois employé, les joints biais, et le replanissage fait après coup.

Les ouvrages cintrés sur champ seulement, comme *gradins, dessus de table*, etc., se toisent suivant la longueur de la courbe prise au milieu; le chantournement à part, ainsi qu'une plus value pour le déchet provoqué par les joints tendant au centre.

Les ouvrages qui se mètrent en linéaire et qui sont débillardés et cintrés sur les deux rives pour être cintrés en plan ou en élévation, sont évalués ainsi :

Au double de la longueur y compris tous assemblages.

Les mêmes ouvrages débillardés et cintrés sur une seule rive, la largeur prise à la plus grande dimension, se comptent à fois un dixième.

Ceux ployés pour former cintres en bois mince au moyen de traits de scie, le développement réel à fois un cinquième.

Ceux cintrés à double courbure, se comptent au double de ceux cintrés à simple courbure.

Lorsque la flèche est la moitié de la corde ou base, on compte le pourtour développé 3 fois 1/3. Cette évaluation comprend les traits de Jupiter.

Lorsqu'elle a le 1/3 de la corde, deux fois trois quarts; au 1/4 de la corde 2 fois et demie; au 1/6 2 fois un quart, au 1/12 2 fois.

*Ouvrages neufs qui se comptent en linéaire.*

Voyez dans nos règles générales ce qui est applicable aux ouvrages ci-dessous.

ALAISE. Désigner le bois, son épaisseur et sa largeur. Au-dessus de 6° (16 c.), se compte en superficie comme *tablette*.

ARRIÈRE et avant corps. Comme *alaise*.

ASSEMBLAGE. Il n'est dû, par chaque mètre d'ouvrage compté en linéaire, qu'un assemblage à tenon.

Par mètre carré, 5 assemblages à tenons ou à queue.

Chaque assemblage en plus se paie donc à part ainsi que

tout assemblage à trait de Jupiter, ou flotté, soit à l'atelier, soit sur le tas. Le flottage d'une traverse de lambris compte pour 8 cent. de plus ajoutés à la hauteur. Celui d'un battant pour 10 c.

Astragale. Comme *moulure*.

Baguette. Comme *moulure*. Arrondie, se timbre à part et linéairement.

Bandeau. Comme *plinthe*.

Barre brute. Déterminer l'espèce, l'épaisseur et la largeur du bois.

*Idem*, mais assemblée. Comme *poteau*.

Barre à queue. Comme *emboîture*.

Barre dressée non assemblée. Comme *tringle de tenture*.

Barre assemblée à tenons ou à queue d'aronde. Comme *entretoise*. L'emaille pour l'embrèvement fait partie du prix ainsi que les deux chanfrins.

Barreau. Comme *bâtis*.

Batis. Désigner l'espèce, l'épaisseur et la largeur du bois, sans ajouter s'il est feuillé ou non, mais en mesurant chaque partie en dehors du tenon. Quelques métreurs confondent toutes les largeurs de bâtis, lorsque le bois est de même épaisseur, puis ils multiplient chacune de ces largeurs par ses longueurs, et ensuite divisent le produit général par la totalité des longueurs. Les bâtis bruts comme plateaux bruts.

Batis de porte tapisserie, assemblée d'onglets. Indiquer l'espèce, l'épaisseur et la largeur du bois.

Battant de châssis de croisée. Désigner l'espèce, l'épaisseur et la largeur du bois et encore comme pièces d'appui.

*Idem*, mais à gueule de loup. Même observation que ci-dessus.

*Idem*, de lambris portant moulure de petit cadre. Toujours timbré à part, et même observation que ci-dessus.

BATTEMENT. S'il est en bois mince comme *plinthe*, en bois épais comme *barre dressée*.

BORDURE. Comme *moulure*.

CADRE. Comme *moulure*, mais la longueur développée sera comptée à fois 1/3.

CHAMBRANLE à la capucine. Indiquer l'espèce et l'épaisseur du bois ainsi que le profil ou largeur.*

CHAMBRANLE ordinaire ravalé en plein bois ou la moulure rapportée. Se timbre comme tel, mais se mètre comme le précédent.

CHAMBRANLE ravalé en pilastre portant moulure, parclose et socle, tel que pour devanture de boutique. Même observation que ci dessus.

CHAMP. Comme *plinthe* ou *alaise*, et désigner l'épaisseur et la nature du bois.

CHASSIS de comble, de foyer, de tenture et autres unis. Comme *bâtis*.

CHEVRON brut non assemblé. Comme *barres brutes*.

*Idem* assemblé. Comme *poteau brut*.

CIMAISE. Désigner l'espèce, l'épaisseur et la largeur du bois, dire s'il y a des baguettes poussées à la main.**

COMBLE dit à la *Philibert Delorme*. Se toise en confondant les hémicycles, les liernes, les blochets, les poinçons et les chevilles dont on fait un seul article ; puis en en faisant un

---

* La longueur des chambranles doit comprendre les socles, vu que ces derniers font partie du prix des chambranles.

** Il ne peut rien être demandé pour les coupes d'onglet, ainsi que nous l'avons indiqué page 91. Nous ajouterons ici que cependant ces coupes sont dues lorsqu'elles sont multipliées à l'excès, en détaillant toutefois le nombre de celles ordinairement faites dans un même ouvrage mais moins compliqué.

autre pour la plate-forme, un pour les chevrons, et en ajoutant à chaque objet s'il est de sciage ou non.

CONGÉ. Comme *feuillure*, lorsqu'il est dû. Voyez page 90.

COUVRE-JOINT. Comme *tringle dressée*.

CORNICHE d'une seule pièce. Se timbre comme telle et se compte comme *chambranle à la capucine*, en en prenant le développement sur le membre le plus long.

CORNICHE volante. Comme la précédente.

COULISSE. Se timbre comme telle et se mesure comme *barre brute*. On distingue celle à une seule rainure de celle à double rainure.

CRÉMAILLÈRE en chêne et en hêtre : c'est le même prix. Se mètre à part, en désignant les épaisseurs du bois.

DORMANT de croisée. Même observation qu'à corniche et encore comme il est indiqué page 95.

DORMANT de porte. Comme *bâtis*.

ÉCHARPE. Comme *bâtis*.

ÉCHELLE de meunier. Désigner la nature, l'épaisseur et la longueur des marches, la longueur des limons et celle de l'échelle.

ÉCHELLE ordinaire. Comme ci-dessus.

EMBOITURE. Même observation qu'à *plinthe*.

EMBRASURE ou ébrasement. Même observation que ci-dessus. Celui qui est d'assemblage ou à cadre, comme *lambris*.

ENTRETOISE. Même observation qu'à *plinthe*. Celle qui porte 8 cent. ou 3° carrés et au-dessus, comme *poteau de remplissage*.

FEUILLURE. * Se compte au mètre quand elle ne fait pas par-

---

* Il faut se rappeler qu'il n'est dû de feuillures que lorsqu'elles sont faites après coup sur le tas ou dans quelques autres cas particuliers, puisque généralement elles sont comprises dans le prix des objets sur lesquels elles se font. Voyez la note, page 93.

tie de l'ouvrage demandé. Sous ce nom l'on comprend toutes les moulures poussées à l'outil. Voyez encore nos règles générales, page 89 et la note au bas de la page 93.

FLIPOT. Comme *tasseau* ou *tringle*.

FLOTTAGE. Voyez page 90 et assemblage.

FOURRURE. Comme *barre brute*.

FRISE non assemblée. Comme *alaise*. Assemblée comme *bâtis*.

GUEULE DE LOUP. Comme *battant de croisée*.

HUISSERIE. Se toise y compris les tenons, et se désigne suivant l'espèce, l'épaisseur et la largeur du bois. Les feuillures font partie du prix ainsi que le quart de rond.

JALOUSIE. Dire si elle est en sapin. Les lames alors sont débitées dans des madriers, elles ont 3° 9 l. (10 c.) de largeur et portent ordinairement 4 p. (1m,30) de longueur. Il faut 7 p. (2,27) de corde, 12 p. (3,90) de ruban et une garniture de poulie pour la monter.

JET D'EAU. Se timbre à part, et au surplus comme *bâtis*.

LAMBOURDE. Même observation qu'au précédent article, on compte 6 toises courantes de lambourdes par toise carrée de plancher en point de Hongrie ou 3 mètres par mètre carré, et par mètre carré de plancher en frise 2m50.

LANGUETTE. Comme *feuillure* et y compris l'observation de renvoi.

MAIN-COURANTE. Se mesure avec un fil de fer ou une ficelle, afin d'en prendre géométriquement tous les contours ; au plus grand développement trouvé on ajoute les parties scellées suivant ce qu'elles sont, et les volutes comptent chacune pour 30 centimètres ou 11° en plus.

MARCHE-PIED avec châssis derrière. Se timbre à part et se toise comme *échelle de meunier*.

MOULURES. Désigner l'espèce de bois, l'épaisseur et le

profil. Toutes coupes d'onglets sont comprises dans le prix; mais s'il y a des contre profils, il faut les demander à part et à la pièce. Les moulures comprennent les astragales, bordures et cadres. Voyez cependant ce dernier mot.

MOULURE poussée à l'outil. Comme *feuillure*. Voyez l'exception portée dans nos règles générales, page 89.

PETIT BOIS de croisée. Désigner les grosseurs.

PIÈCE D'APPUI. Se timbre à part. Au surplus comme *bâtis*.

PILASTRE UNI. Comme *plinthe*. Le chapiteau et le socle à part.

PILASTRE RAVALÉ. Comme *huisserie*, et se timbre à part : les parcloses séparément.

PLATE-BANDE poussée sur des panneaux. Fait toujours partie de la façon, mais doit être signalée. Voy. à lambris page 99

PLINTHE. Se timbre comme telle et se toise comme cimaise. Aucune coupe d'onglet n'est due.

POTEAU brut assemblé à tenons. Se timbre à part et se mesure comme *huisserie*.

POTEAU de remplissage corroyé nervé. Se timbre comme tel et se mètre comme *huisserie*.

POTEAU tourné pour stalle d'écurie. Se timbre à part. Les rainures qui se font pour recevoir les cloisons de séparation se tirent hors ligne.

RAINURE. Comme *feuillure*, lorsqu'elle est due. Voyez nos règles générales, page 89.

TASSEAU. Se timbre à part en désignant l'espèce de bois et les grosseurs du bois.

TRÉTEAU. Désigner la longueur et la largeur de la tête, les grosseurs de pieds, s'il est à T et avec entretoises, et toujours l'espèce et l'épaisseur du bois.

TRINGLE. Comme *tasseau*.

MENUISERIE.   113

*Idem* portant rainure et languette. Comme *alaise*.

*Idem* pour tenture. Désigner la nature, l'épaisseur et la largeur du bois. Dire si elle est assemblée à tenons ou à entaille.

*Ouvrages neufs qui se comptent à la pièce.*

Allégissement. Se paie d'après sa longueur et eu égard à sa largeur.

Arrondissement d'angle. S'estime en raison de sa longueur. Celui fait sur un poteau de 3° carrés (08 c.) se paie 08 c. le pied ou 25 c. le mètre.

Assemblage. Voyez pages 107 et 130.

Bûchement sur place. Se paie suivant sa nature.

Caisse d'oranger. Il faut désigner la largeur de l'un des côtés et sa hauteur ; puis l'épaisseur des pieds, traverses, panneaux et fond. S'il y a des barres à queue aux panneaux, on les tire hors ligne.

Chantournement. *Idem* qu'à *arrondissement d'angle*.

Chapiteau. Comme Gousset. Voyez aussi page 122.

Clé. Ne se compte séparément que dans le vieux bois : alors elle se règle à 30 c.

Contre-profil. *Idem* qu'à *arrondissement d'angle*.

Coupement à la scie à main. *Idem*.

Denticule. Comme à la page 132.

Entaille. *Idem :* celle de 3° (08 c.) carrés faite dans du bois de 6 à 21 lignes (13 mill. à 05 c.) vaut 10 c.

Entures. La longueur desdites doit d'abord être comprise dans le toisé du bois, puis on estime chacun de ces assemblages à la pièce.

Goujon. Se demande à part lorsqu'il est rapporté : celui ordinaire se règle à 12 c.

Gousset. Désigner l'espèce, l'épaisseur, la largeur et la hauteur du bois : celui de 1° sur 7° et 10° (027 mill. sur 19 c. et 27 c.), en chêne vaut 55 c.

*Idem* d'assemblage. Comme *potence*.

Jeu. N'est jamais dû pour les ouvrages neufs : celui donné à une croisée en plusieurs sens se règle à 40 c.

A une porte à un ventail et en plusieurs sens, à 40 c.

Mortaise. Ne peut se compter que lorsqu'elle ne fait pas partie des assemblages de l'objet principal. Voyez *Règles générales* page 90.

Pièce de parquet. S'estime suivant sa grandeur.

Potence. Se paie d'après la désignation indiquée au gousset.

Roulon de ratelier. Se paie suivant sa longueur et son diamètre.

Socle. Lorsqu'il ne fait pas partie de l'objet principal, s'estime suivant sa nature. Celui pour pilastre, en chêne 6 lig. sur 2° de haut et 5° de tour (13 mill. sur 5 c. et 14 c.), coupé d'onglet aux deux angles, se règle 50 centimes.

Siége pour garde-robe à l'anglaise. Il faut désigner la longueur, la largeur et la hauteur, le bâtis, le double bâtis, la lunette, le soubassement d'assemblage, la plinthe et la cimaise, dire s'il y a deux trappes sur les côtés.

C'est encore un usage vicieux que compter ainsi un siége : il vaut mieux le détailler, et timbrer sous sa dénomination spéciale chaque objet qui le compose.

Tampon. Désigner son diamètre ; il fait partie du siége neuf.

Pour corniche et autres, voyez page 132.

Trait de Jupiter. Cet assemblage n'est dû ordinairement qu'en vieille menuiserie, si cependant il en existe dans des ouvrages neufs, on ajoute à la longueur réelle, celle de cet assemblage, et l'on en demande la main-d'œuvre à prix d'argent.

Trou percé et tamponné. Désigner s'il est dans la pierre, dans le moëllon ou autre.

*Ouvrages en vieux bois et dépose de vieille menuiserie.*

Tous les ouvrages en vieux bois se toisent aussi en superficie ou en linéaire ou à la pièce, le tout conformément aux règles établies pour les bois neufs; seulement il faut expliquer la nature du travail qui peut varier à l'infini, car le bois peut être 1° dressé seulement sur les rives, 2° blanchi à un ou à deux parements; 3° coupé de longueur et de largeur; 4° déboîté et remboîté; 5° équarri au pourtour; 6° déchevillé, recoupé et rechevillé; 7° rainé et feuillé; 8° replani, 9° etc., etc.

Les parties de bois neuf fournies par l'entrepreneur dans les ouvrages en vieux bois se tirent hors ligne et sont estimées pour ce qu'elles sont, non compris la façon qui fait partie de l'ouvrage en vieux bois.

La pose seule, la dépose *idem*, et la dépose et repose font autant d'articles séparés. Dans la dépose, il faut expliquer si les objets ont été ou non transportés d'un endroit à un autre, et désigner la distance de ce transport. La dépose se divise en linéaire et en superficie suivant les mêmes règles de toisé qu'à la menuiserie neuve. S'il a été fait des réparations aux objets déposés, alors leur dépose et repose fait partie du prix de ces réparations.

*Du métrage à façon.*

Il nous reste à enseigner comment les *marchandeurs* (ouvriers qui travaillent à façon chez les maîtres menuisiers) mesurent les ouvrages de menuiserie; ce toisé diffère de celui ci-dessus en raison de certaines évaluations dont ce dernier augmente par le fait des détails que comprend la menuiserie fournie, tandis que pour l'ouvrier le prix ne s'applique qu'à la façon même de l'objet à métrer. M. Toussaint nous paraissant avoir traité cette partie mieux que Morisot, auquel cependant il a emprunté divers articles, nous transcrirons ici le chapitre de cet auteur sur les façons allouées aux ouvriers menuisiers :

» Les lambris à cadres et autres ouvrages qui y sont assimilés se paient de façon au marchandeur, lorsqu'ils sont cintrés jusqu'à 1/6 de la corde, c'est-à-dire jusqu'à 8° (22 c.) de flèche sur 4 p. ($1^m$, 30 c.) de corde, au double du même lambris qui serait droit.

La flèche étant de 1/6 au tiers, c'est-à-dire de 9° (24 c.) à 16° (43 c.) sur 4 p. ($1^m$, 30 c.), la façon se paie 2 fois 1/2 la superficie; et enfin la flèche de plus du tiers jusqu'au plein cintre, c'est-à-dire de 17° à 2 p. (46 c. à 65 c.) sur 4 p. (1,30) de diamètre, se paie 3 fois.

Les ouvrages cintrés sur champ, comme *gradins*, *tables*, etc., ne se comptent qu'à la mesure courante, en suivant leur courbe ; les assemblages et entailles à moitié bois, dont la largeur dépasse 16 c. (6°), s'il y en a, se comptent en superficie, suivant la largeur du bois dans lequel les courbes ont été prises.

Les ouvrages non cintrés mais pliés seulement, comme *plinthes* et *cimaises*, se comptent comme parties droites, quant à la façon ; on ajoute seulement une plus-value pour la pose.

Pour les *dessus de portes* pleines et autres ouvrages semblables, dont le cintre est pris aux dépens de la rive extérieure du bois, il est ajouté 16 c. ou 6° de hauteur à la dimension réelle, prise au haut du cintre.

Les ouvrages cintrés en plan et en élévation, tels que *vous-*

*sures*, arrières-voussures, parties sphériques, se comptent ordinairement trois fois la hauteur du cintre, à partir de sa naissance; mais cette estimation varie en raison de la difficulté du travail et du nombre des assemblages comparativement à la superficie développée. S'il s'agit de moulures ou chambranles cintrés en plan ou en élévation, comme pour encadrement de lunettes, pendentifs, etc., on compte six fois la longueur développée.

Les *traverses de chambranles*, les *archivoltes*, corniches circulaires et autres, cintrés en plan ou en élévation, qui se mesurent linéairement, deux fois et demie, et au-dessous d'un mètre, trois fois la mesure réelle; dans ces évaluations sont compris tous les assemblages à trait de Jupiter, en sifflet, etc.

Les *fûts de colonnes* par alaises se paient de façon six fois la circonférence; lorsqu'elles sont jointives seulement mais les rives dressées, 4 fois; enfin par tringles à claire-voie pour recevoir de la toile, on les compte comme tringles ou bâtis, au mètre linéaire; la pose sur les mandrins se compte séparément.

Ainsi que l'entrepreneur les compte dans ses mémoires, les doubles parements des portes et lambris à bouvement ou à cadres se comptent au marchandeur quant à la façon, savoir: le double parement blanchi 1/6 en sus du prix du même lambris à double parement brut; lorsqu'il est arasé 1/4, et enfin, s'il est à double parement 1/3, le tout sans autre plus-value; les congés, feuillures et quarts de rond étant compris dans ces évaluations.

Lorsque les parements des portes à petits ou à grands cadres sont flottés, la façon se compte double des mêmes portes à doubles parements; les flottages des battants et des traverses sont comptés séparément : tel est l'usage suivi le plus communément ; mais il n'est pas juste, car il n'y a quelquefois qu'un battant de flotté ; ils le sont quelquefois tous. Morisot observe à cet égard une progression satisfaisante : « Lorsque des portes à cadres, dit-il, ont un de leurs battants flotté, on ajoute 1/4 à la surface réelle ; pour deux battants 2/3 et pour tous les battants et traverses flottés, on en double la surface. »

Pour les portes qui ont quatre ou cinq panneaux carrés, ou à peu près, sur la hauteur, on ajoute à la façon 1/6 de la superficie réelle, et pour les grands cadres embrevés qui dépassent 55 mill. (2°) de profil, on ajoute au prix de façon, 50 c. par toise superficielle pour chaque 3 lig. de plus largeur (M).

Les chambranles ordinaires ou ravalés en pilastres, embrevés ou non, se comptent à la toise ou au mètre linéaire ; on n'ajoute rien pour les congés ni pour les rainures destinées à recevoir des lambris, s'il y en a.

Les croisées et les persiennes se paient au pied courant de hauteur ; celles 3 p. 6° ($1^m$, 13 c.) de largeur, se paient comme si elles avaient 4 p. ($1^m$, 30 c.).

Les dormants se comptent à la toise courante comme bâtis.

Pour les parties de panneaux rapportées au droit des entresols, on compte la moitié en sus de leur hauteur réelle, à cause des faux battants, petits bois rapportés, et jet d'eau de la partie supérieure de croisée.

Quant au surplus de ces croisées à imposte, on n'ajoute rien à leur imposte à cause de l'avantage qui résulte de la grande hauteur.

Lorsque les croisées ont des moulures au contre parement, il est ajouté 1/6 du prix ordinaire pour cette double main-d'œuvre.

Pour les panneaux des portes croisées et portes persiennes, on ajoute à la hauteur réelle 1/3 de celle d'un panneau d'appui, toute compensation faite de la pièce d'appui qui n'a pas lieu.

Pour les croisées, portes et persiennes cintrées par le haut, dites en éventail, la partie cintrée se compte les 3/4 en sus de la hauteur réelle du cintre.

Si la traverse du haut seulement est cintrée, mais que le cintre soit pris aux dépens de la largeur de cette traverse, l'ouvrier ne peut rien exiger en plus-value, mais on mesure du milieu de la plus-hauteur.

Les volets brisés en quatre feuilles se paient ordinairement le même prix que les croisées auxquelles ils appartiennent et dont les dormans n'ont que 55 mill. (2°) d'épaisseur, et sont comptés pour la même superficie quoiqu'ils soient un peu plus courts; on comprend dans ce prix les feuillures et quarts de ronds poussés au pourtour des feuilles.

Les portes cochères s'estiment à la toise superficielle, en raison du plus ou moins d'ouvrage, mais sans rien y ajouter pour le double parement; le double panneau d'appui se compte à part, s'il existe.

Par suite des usages adoptés chez les entrepreneurs de menuiserie, les mêmes prix de façon s'appliquent à plusieurs épaisseurs de bois; par exemple, les ouvrages en bois de 6 à 9 lig. (13 à 19 mill.) se paient comme ceux de même nature confectionnés en bois de 12 lig. (27 mill.), et par compensation ceux de 18 lignes (04 c.) ne leur coûtent pas plus que ceux de 15 lignes (035 mill.)

Les croisées ou persiennes de 3 p. 6° ($1^m13$) ou de 4 p. 3° ($1^m,38$) de largeur se paient comme si elles avaient 4 p.

120   MENUISERIE.

($1^m,30$), ensuite les prix augmentent de 6° en 6° (16 c. en 16 c.).

Les bâtis, huisseries, chambranles, etc., etc., se mesurent à la toise linéaire de 3° 6 lig. (09 c.), comptant pour 4° (11 c.) de largeur, et toujours ainsi de pouce en pouce (27 mill.) pour les largeurs, et de 3 lig. en 3 lig. (009 m.) pour les épaisseurs.

## MÉMOIRE *

### DES OUVRAGES DE MENUISERIE

*Faits pour le compte de monsieur (ou de madame), dans sa maison (ou son local), sise (ou sis) rue....*
*........, n°......*

Nota. S'il y a un architecte, il faut ajouter : lesdits ouvrages exécutés sous les ordres de M.........., architecte.

*Courant du $1^{er}$ ($2^e$, $3^e$ ou $4^e$) trimestre 185 .*

Par.........., entrepreneur de menuiserie, rue........., n°.....

SAVOIR :

## BOUTIQUE.

Au derrière de la banquette du comptoir fourni deux parties de lam-

---

* Ce titre de mémoire peut servir de type pour tous ceux que l'on aurait à faire, puisque le seul changement à y apporter consiste dans la spécialité de l'état pour lequel on fait le mémoire, c'est-à-dire qu'il faut mettre serrurerie au lieu de menuiserie, si c'est un mémoire de serrurier, et ainsi des autres métiers.

bris en sapin, o d'épaisseur à petits cadres de o de profil, panneaux feuillet à glace allégi de plate-bande, contenant o de haut sur ensemble o de large. Prod. . . . . . . . .

o d'astragale sapin o de gros, à 4 parements arrondis, embrevés. Produit. . . . . . . . .

La partie de lambris de hauteur à droite de la glace déposée, équarrie, ajustée et reposée, de o de haut sur o de large, prod. . . . . o o
Le parquet de o sur o. . o o

   Le tout. . . o o

Fourni les deux portes de l'armoire à gauche en sapin, bâtis o, panneaux, feuillet arasé au double parement de o de large sur ensemble de haut. Prod.

Le bâtis sapin o sur o de large réduit à 4 parements assemblés et feuillés dont 2 montants de chacun o. Produit . . . . . o o
3 traverses de chacune o . o o

   Le tout. . . o o

Fourni o de cimaise chêne o sur o de profil. Produit . . . . .

Fourni la banquette dont le dessus en sapin o, 2 parements emboîtés en chêne de o de longueur sur o. Produit

| | | |
|---|---|---|
| Lambris sapin, o à petits cadres de o de profil, panneaux, feuillet à glace allégi de plate-bande. | oo | oo |
| Astragale sapin, o de gross. | oo | oo |
| Dépose, équarrissage, ajustement et pose. | | |
| | oo | oo |
| Porte sapin bâtis o panneaux, feuillet à petits cadres arasé au double parement. | oo | oo |
| Bâtis sapin o sur o. | oo | oo |
| Cimaise chêne o sur o lignes. | oo | oo |
| Sapin o deux parements emboîtés. | oo | oo |

MÉTREUR-VÉRIFICATEUR, 2ᵉ PARTIE.

## MENUISERIE.

Le bâtis sapin o sur o et o de pourtour 4 parements, assemblé, feuillé, produit . . . . . . . .

Bâtis sapin o sur o.
oo     oo

o de corroyages biais pour le devant. Produit . . . . . .

Feuillures.
oo     oo

Fourni o de lambourdes chêne, o sur o coupées dressées. Produit . .

Lambourdes chêne o sur o.
oo     oo

Fourni le comptoir dont les pieds chêne, o sur o, et chacun o de haut à 4 parements assemblés. Produit . .

Bâtis chêne o sur o.
oo     oo

o de rainures. Produit. . . .

Rainures.
oo     oo

Les 6 socles chêne o sur o de large et o de longueur, corroyés, profilés, ajustés et coupés d'onglets, à 1 fr. .

Argent.
6 fr.

Les 6 pilastres chêne, feuillet de chacun o de large sur chacun o de haut, corroyés, allégis de deux larges listels, à 1 fr. 75 c. . . . . . . . . .

10     50

Fourni 12 parcloses chêne, feuillet de o de large sur o de long corroyées, coupées d'onglet et clouées, à 20 c. .

2     40

Les 6 chapiteaux chêne o sur o de riche profil et chacun o de long réduits, coupés d'onglets et cloués, à 75 c. . . . . . . . . .

4     50

La frise en chêne feuillet de o de haut sur o de pourtour avant changement. . . . . . . . . .

Frise chêne feuillet de o.
oo     oo

MENUISERIE. 123

| | Argent. | |
|---|---|---|
| La corniche chêne o sur o de pourtour avant changement. Produit. | Corniche chêne, o sur o de riche pr. 00 | 00 |
| Fourni la porte à 2 ventaux, bâtis chêne o, à cadres allégis de 2 baguettes, panneaux feuillet à glace, et à petits cadres au double parement, ladite porte de o sur o de haut. Produit | Porte à deux ventaux, bâtis chêne o à cadres, allégis de 2 bag., panneaux feuillet à glace et à petits cadres au double parement. 00 | 00 |
| Le chambranle formant bâtis chêne; o sur o de large et o de pourtour à 4 parements, assemblés, allégis d'une forte doucine avec double carré. . | Chambranle chêne, o sur o de large profil. 00 | 00 |
| Les 10 tiroirs tête et côtés en chêne, assemblés, collés avec clés, fond en chêne feuillet à 2 parements, rainés, collés, embrevés, de chacun 11 c. de haut réduit sur chacun o de large et o de long, à 3 fr. 75 c. . . . . | Argent. 37 | 50 |
| Dans l'un desdits, fournit deux séparations en chêne feuille de o, sur chacune o de long, corroyée, embrevée, estimées chaque 30 c. . . . | 00 | 60 |
| Deux montants bâtis chêne o sur o à 4 parements, assemblés à tenons, de chacun o de haut. Produit . | o | o |
| Deux traverses de chacune o sur o. Produit. . . . | o | o |
| Six autres de chacune o sur o de large . . . . | o | o |

# MENUISERIE.

Une autre de o de long
sur o . . . . . . o o
Et un montant de o . . o o

Le tout produit. . o o

A 2 fr. 00 c. le mètre, prix réduit vu la multiplicité des assemblages, vaut. . . . . . . . 9 00

Vingt coulisseaux chêne, o carrés, chacun o de long, corroyés, feuillés, assemblés, produisent. . . . .  
Coulisse, chêne o carrés.  
00 00

Cinq entailles contre-profilées, à 15 c. . . . . . . . .  
Argent.  
o 75

A droite de la porte, fourni la porte d'armoire d'appui en sapin bâtis o, panneaux feuillet à glace à double parement de o de haut sur o de large.  
Porte bâtis sapin o panneaux feuilles à glace à double parement.  
00 00

Le bâtis sapin o d'épaisseur sur o de large réduit, et o de pourtour à 4 parements, feuillé, assemblé, produit  
Bâtis sapin o sur o.  
00 00

o plinthe sapin feuillet, de o de haut, produisent. . . . . .  
Plinthe sapin feuillet de o.  
00 00

Fourni o d'astragale sapin, o de diamètre. . . . . . . . .  
Astragale sapin, o de diamètre.  
00 00

Un contre-profil à bois debout, vaut. . . . . . . . .  
Argent.  
o 75

Fourni o d'astragale sapin, o de diamètre, corroyée, arrondi et incrustée. . . . . . . . .  
Astragale sapin, o de diamètre.  
00 00

## MENUISERIE.

Fourni o de cimaise chêne, o sur o de profil. . . . . . . .

Cimaise chêne, o sur o.
oo    oo

Trente-six trous percés dans la pierre et tamponnés à 06 c. . . . .

Argent.
2    16

Pour l'armoire d'appui à gauche 3 portes en chêne bâtis, o panneaux o à glace à double parement, de chacun o de haut, sur chacun o de large, produisent . . . . . . . .

Porte chêne bâtis o panneaux o à glace à double parement.
oo    oo

Le bâtis chêne o sur o réduit de large, à 4 parements, feuillé, 4 montants de chacun de haut, produit . . . . . . o    o

Deux cours de traverses de chacune o de long, produisent. . . . . . o    o

Bâtis chêne o sur o.

Le tout produit. . o    o      oo    oo

Entre la traverse du bas et le parpaing un champ sapin o sur o et o de long. Prod. . . . . . . .

Champ sapin o sur o.
oo    oo

Au-devant de cette armoire, fourni une partie de plancher en frise chêne o de o de long sur o de large. Prod. .

Plancher en frise chêne o d'épaisseur.
oo    oo

Fourni o de lambourdes chêne, o de grosseur. Prod. . . . . .

Lambourdes chêne o de grosseur.
oo    oo

Fait le bachement et dressage sur place de la vieille partie pour se join-

| | Argent. | |
|---|---|---|
| dre avec la nouvelle de o de long. Vaut. . . . . . . . . | o | o |
| Douze trous percés dans la pierre et tamponnés, valent. . . . . | o | 72 |
| Fourni la partie du lambris d'appui en retour à gauche en sapin bâtis o à grand cadre portant deux avant-corps, panneaux feuillet à glace, allégi de plate-bande de o sur o de long . . *Lambris sapin bâtis o à grands cadres portant avant-corps, panneaux feuillet à glace allégi de plate-bande.* | oo | oo |
| La partie de lambris de hauteur formant parquet de glace déposée, équarrie, ajustée et reposée, de o de haut sur o de large. Prod. . . . . *Dépose, équarrissage, ajustement et repose.* | oo | oo |
| A droite de la porte ensuite fourni une partie de lambris *idem*, au précédent, de o de long sur o de haut. Prod. . . . . . . . *Lambris sapin o d'épaisseur à grands cadres, panneaux feuillet à glace allégi de plate-bande.* | oo | oo |
| Fourni d'astragale sapin, o de diamètre. Prod. . . . . . . *Astragale sapin, o de diamètre.* | oo | oo |
| Donné du jeu aux deux vantaux de la porte, estimé, compris dépose et repose, vaut . . . . . . . . *Argent.* | o | 40 |
| Dans le montant d'embrasure de gauche, fourni une partie de revêtement en chêne 9 lignes, un parement rainé collé de o de haut sur o. Prod. *Chêne o au parement rainé collé.* | oo | oo |

Pour supprimer l'ancienne partie,

| | | |
|---|---|---|
| fait le coupement au ciseau de la vieille partie, estimée vu le temps employé. . . . . . . . . . . | Argent. 0 | 75 |
| La partie de table saillante déposée et reposée de 0 sur 0, produit. . . | Superficie de dépose et repose. 00 | 00 |
| Pour la bordure de glace, fourni 0 de tringle sapin feuillet, de 0. Prod. . | Tringle sapin, feuillet de 0. 00 | 00 |
| Dans l'angle à gauche de l'arcade, fourni 2 parties dans le panneau d'appui en chêne 0 à un parement, rainé, collé de chacune 0 de haut sur ensemble 0 de large. Prod. . . . . | Chêne 0, un parement rainé collé. 00 | 00 |
| Pour supprimer la vieille partie, fait les coupements au ciseau, estimés, vu le temps employé. . . . . . | Argent. 0 | 75 |
| Fourni 0 d'astragale sapin, 0 de diamètre. Prod. . . . . . . | Astragale sapin, 0 de diamètre. 00 | 00 |
| Pour la bordure de glace, fourni 0 de tringle sapin, feuillet de 0 de large. Prod. . . . . . . . . | Tringle de sapin, feuillet de 0. 00 | 00 |
| La partie de lambris de hauteur à gauche, recollée par le haut, redressée et reconsolidée de 0 sur 0 de large. Estimée à. . . . . . . . | Argent. 1 | 50 |
| La partie d'appui retaillée d'assemblage, ajustée et reposée de 0 sur 0 de long. Prod. . . . . . . . | Lambris d'appui retaillé d'assemblage, ajusté et reposé. 00 | 00 |

# MENUISERIE.

A {
Par le haut du chapiteau de l'arcade, fourni une partie de caisson en sapin o de o de pourtour sur o de haut. Produit . — Sapin o un parement dressé. — 00   00

Fourni la corniche en chêne o sur o et o de pourtour, allégie, incrustée et collée. Prod. . . — Corniche chêne o sur o. — 00   00

Fourni l'astragale chêne, o de grosseur et o de pourtour, coupée d'onglet et clouée. Prod. — Astragale chêne o de grosseur. — 00   00
}

Au chapiteau vis-à-vis fait le même travail que les articles accoladés A ci-dessus. — Articles accoladés A, à porter au *Résumé-Mémoire*

Au-dessus, fourni les champs en sapin feuillet, de o de large, corroyés, tirés d'épaisseur et cloués.

Deux traverses de chacune o. . . . . . .   0  0

Quatre montants de o chaque. . . . . .   0  0

Quatre parties de chacune o de long, produisent à fois 1/2 . . . . .   0  0

Deux autres de chacune o de pourtour, produisent à fois 1/4, vu la sujétion du ployage . . . . .   0  0   Champs sapin, feuillet de o.

Le tout. . .   0  0   00   00

## MENUISERIE.

| | | |
|---|---|---|
| Fourni les corniches en sapin o de profil et o de pourtour, produisent. *Voyez* page 110. . . . . . | Corniche sapin, o sur o. | |
| | oo | oo |
| Au-devant de la porte, côté du pont, fourni une partie de plancher en frise chêne o, de o de long sur o de large, produisent. . . . . . | Plancher en frise chêne o. | |
| | oo | oo |
| Fourni o de lambourdes chêne, o de grosseur, prod. . . . . . . | Lambourdes de chêne, o de grosseur. | |
| | oo | oo |
| Fourni la devanture de boutique composée de 10 poteaux chêne. | | |
| Les 2 de la porte chêne o sur o et chacun o de haut, produisent . . | Poteaux chêne, o sur o. | |
| | oo | oo |
| Les 8 autres de chacun o sur o de large réduit, et chacun o de haut, produisent . . . . . . . | *Idem* o sur o. | |
| | oo | oo |
| Fait 10 allégissements pour le flottage des panneaux. Vaut. . . . | Argent. | |
| | 2 | 50 |
| Aux deux de la porte deux allégissements pour le chapiteau . . . | | |
| | o | 50 |
| Fourni les deux socles chêne o sur o de riche profil et o de pourtour, incrustés et assemblés d'onglets. Vaut. | | |
| | 2 | 50 |
| Les panneaux en frise chêne o rainé, collé, avec clés espacées de o en o et embrevées de o de haut sur o de pourtour. Prod. . . . . . . . | Panneaux en frise chêne o, rainé collé, avec clés espacées de o en o et embrevées. | |
| | oo | oo |

## MENUISERIE.

La plinthe chêne, o sur o de haut, sur o de pourtour, allégie d'une forte doucine sur la rive, produit . . . | Plinthe chêne o sur o de profil.
00    00

L'astragale chêne, o sur o de profil et o de pourtour, produit. . . . | Astragale chêne, o sur o.
00    00

La cimaise chêne, o sur o de largeur de profil et o de pourtour, produit. . . . . . . . . | Cimaise chêne o sur o de profil.
00    00

La plus valeur de 10 assemblages flottés, vaut. *Voyez* page 108. . . | Argent.
5    0

La porte à 2 ventaux chêne, bâtis o d'épaisseur, panneaux d'appui de o de haut, à petits cadres, allégie d'un côté et à table saillante de l'autre, allégie à 6 pans, partie supérieure assemblée à glace, ladite porte de o sur o de large. Prod. . . . . . . . . | Porte bâtis chêne o panneaux d'appui de o de haut, à petits cadres allégis d'un côté et à table saillante de l'autre, à 6 pans, partie supérieure assemblée à glace.
00    00

La traverse d'imposte chêne, o sur o et de o de long, à 4 parements allégie de double feuillures, 2 listels et 6 baguettes, et assemblée à doubles tenons, estimée vu la main d'œuvre, à . . . . . . . . | Argent.
4    50.

Le châssis d'imposte en bâtis chêne, o sur o de large et o de pourtour, à 4 parements, assemblé, produit. . . | Bâtis chêne o sur o.
00    00

o de moulures et feuillures produisent . . . . . . . . . | Feuillures.
00    00

# MENUISERIE. 131

| | | | |
|---|---|---|---|
| La traverse du bas portant l'ornement en o sur o de haut et o de large, corroyée, chantournée suivant le profil. Estimée vu la main-d'œuvre . . | | Argent. 3 | 00 |
| Les trois châssis chêne o assemblés à glace, de chacun o de haut compris embrêvement, sur ensemble o de large, *idem*. . . . . . . . . | | Châssis chêne o assemblé à glace. 00 | 00 |
| Fourni les volets chêne o, 2 parements rainés, collés avec clés et emboîtés de chacun o de large compris feuillures, produit. . . | o | o | |
| Les 4 volets de caissons de chacun o, sur ensemble o de large, produiront . | o | o | Chêne o deux parements rainés collés avec clés et emboîtés. |
| Le tout. . | o | o | 00 00 |
| | | | Feuillures. |
| o o. de feuillures de brisures . . | | | 00 00 |
| | | | Argent. |
| 6 entailles pour les chapiteaux. . | | | 1 20 |
| Les deux volets de la porte, bâtis en chêne, o panneaux sapin arrasés à double parement de chacun o sur chacun. . . . . . . . | | Volets bâtis chêne, o panneaux sapin arrasés à double parement. 00 | 00 |

Aux volets de caissons la sur-épaisseur de 8 battants formant pilastre en chêne feuillet de o de large sur chacun o de haut, allégis d'une entaille pour recevoir le chapiteau en pâte et

| | | | | |
|---|---|---|---|---|
| portant socle par le bas allégi d'une rive, profil contre-profilé à bois de bout et coupé d'onglet à 3 fr. 25 c., étant déjà payé sur 0. . . . . | | | Argent. 26 | 00 |
| Les 8 traverses de caisson chêne 0 sur 0, et ensemble 0 de long à 4 parements assemblés. . . . . | 0 | 0 | | |
| Celle de frise de 0 de pourtour, produit. . . | 0 | 0 | Bâtis chêne 0 sur 0. | |
| Le tout. . | 0 | 0 | 00 | 00 |
| De rainures d'embrèvement pour la frise et les châssis. . . . . . | | | Rainures. 00 | 00 |
| La plus value de 10 assemblages flottés, vaut . . . . . . . | | | Argent. 5 | 00 |
| Le tableau d'enseigne en frise chêne, 0 d'épaisseur, collé, avec clés, de 0 de haut sur 0 de pourtour, produit . . | | | Chêne 0 collé avec clés. 00 | 00 |
| La corniche chêne, composée de quatre membres ; un de 0 sur 0, un de 0 sur 0, un de 0 sur 0 et un de 0 sur 0 et de 0 de pourtour moyen. . . | | | Corniche chêne 0 sur 0, 0 sur 0, 0 sur 0 et 0 sur 0. 00 | 00 |
| 280 refouillements de denticules carrés, à 0 fr. 12 c. l'un, valent . . | | | Argent. 33 | 60 |
| Fourni huit tampons chêne 0 sur 0 et 0 de long. Corroyés, ajustés et vissés avec la corniche à 0 fr. 60 c. l'un, valent . . . . . . . | | | 4 | 80 |

MENUISERIE.

| | Chambranle chêne o sur o | |
|---|---|---|
| Le chambranle intérieur de la porte en chêne o sur o de profil et o de pourtour, produit. . . . . . | 00 | 00 |
| | Argent. | |
| Fourni un deuxième comptoir, composé de trois panneaux en chêne o pour les bâtis et o pour les panneaux, assemblés à petits cadres, rainé et collé de o de tour sur o de haut, produit o superficiels à 45 fr. le mètre. | 20 | 70 |
| 2 consoles en chêne chantournées en galbe de o sur o et o d'épais, lesdites allégies en plein bois pour former listel double et crosse, à 5 fr. 50 c. pièce, vu le travail. . . . . . | 11 | 00 |
| L'estrade, en deux morceaux chêne o et o de o à 40 le mètre. . . . | 2 | 30 |
| De o et o sur o à 25 c. . . . | 0 | 37 |
| De o et o sur o à *idem*. . . . | 0 | 37 |
| Le 2ᵉ morceau en chêne, o sur o et o de tour assemblé d'onglet à 50 c. | 4 | 58 |
| Poussé sur ce dernier morceau de o moulure à 02 c. . . . . . . . | 0 | 18 |
| Le bâtis de la montre en chêne o et o à 2 parements, assemblé d'onglet et allégi en plein bois de o de tour pour 3 côtés, à 55 c. le mètre, vu le travail . . . . . . . . | 4 | 98 |
| Poussé sur ledit o de moulure à 02 c. . . . . . . . | c | 18 |
| Dans un bout fait une entaille à mi- | | 12 |

METREUR-VÉRIFICATEUR, 2ᵉ PARTIE.

| | Argent. | |
|---|---|---|
| bois, de o sur o et o pour recevoir la tablette . . . . . . . . . | 0 | 60 |
| La tablette à coulisse chêne, o, à deux parements, emboîtée des deux bouts de o sur o produit o superficiels à 32 fr. le mètre, vu les petites parties . . . . . . . . . | 2 | 50 |
| Le bâtis de la monture au-dedans du comptoir chêne o et o sur o à 50 c. le mètre. . . . . . . . . . | 2 | 85 |
| 1 entaille de o sur o et o . . . | 0 | 60 |
| 1 tablette *idem* à la précédente de o sur o. . . . . . . . . . | 2 | 50 |
| Le casier du comptoir composé de 6 montants et 2 traverses en chêne, feuillet à deux parements, rainé, collé d'ensemble o sur o réduit de large, produit o, o superficiels à 30 fr. . . . . . . . . | 10 | 88 |
| 2 tiroirs tout en chêne feuillet, de o sur o et o chaque à 4 fr.. . . . | 8 | 00 |
| La caisse, dont le bâtis ou fond en chêne feuillet 2 parements, rainé, collé, de o sur o. . . . . . . | 1 | 00 |
| Les deux côtés d'ensemble, o sur o de haut à. . . . . . . . | 1 | 00 |
| La caisse ou tiroir, tout en chêne, feuillet et la tête en bois o d'épaisseur de o sur o et o de haut . . . . | 4 | 50 |

Le dessus de la montre, composé de 3 châssis vitrés en chêne o, allégi

## MENUISERIE.

| | Argent. | |
|---|---|---|
| de feuillures en dessous et mouluré par dessus par allégissement de o sur o assemblé d'onglet, produit o o superficiels à 36 fr. le mètre . . . . | 10 | 20 |
| Deux traverses de division en chêne feuillet o d'ensemble o et o de large. | 1 | 30 |
| Le 1$^{er}$ fond de la montre en sapin feuillet, joints dressés et blanchis, à deux parements de o sur o, produit o o superficiels, à 16 fr. . . . . | 4 | 10 |
| Les 2 fonds au-dessus des tablettes en chêne feuillet, 2 parements, rainés, collés, de o sur ensemble o, produit o superficiels, à 30 fr. . . . . . . | 4 | 85 |
| Le 3$^e$ fond ou dernier en chêne feuillet à 2 parements, rainés, collés, de o sur o, vaut. . . . . . . | 6 | 50 |
| Le fond servant de marche pied en chêne feuillet, 1 parement, rainé, collé de o sur o, vaut . . . . . . | 4 | 00 |
| La traverse de devant sapin o à 1 parement de o sur o à 25 c. . . . | 1 | 49 |
| Fourni une tablette sapin o à deux parements de o sur o. . . . . | 1 | 50 |
| Le marche-pied sapin o 1 parement, rainé, de o sur o. . . . . . | 5 | 50 |
| 2 entailles après ledit. . . . | 0 | 50 |
| Fourni 4 lambourdes chêne o et o, de chaque o de large, à o. . . . | 1 | 36 |

Ici se fait la récapitulation de tous les timbres, en réunissant ceux de même espèce dont on ne fait plus qu'un article, et l'on porte tous ces timbres comme ci-dessous au *Résumé* du mémoire.

## RÉSUMÉ.

### VIEILLES MENUISERIES.

| | | | | |
|---|---|---|---|---|
| oo m. oo | | Superficiels de vieilles menuiseries, pour dépose, équarrissage, ajustement et repose, à 1 fr. le mètre. Vaut. | o fr. | oo |
| oo | oo | Superficiels de vieilles menuiseries déchevillées, désassemblées ; retaillées d'assemblage et rassemblées, à 2 fr. 20 c. le mètre. Vaut. | o | oo |

*Ouvrages superficiels en sapin.*

| | | | | |
|---|---|---|---|---|
| oo | oo | Superficiels de sapin feuillet, à un parement, dressé, à 2 fr. 50 c. le mètre. Vaut. | o | oo |
| oo | oo | *Idem* rainé à 3 fr. le mètre. Vaut. | o | oo |
| oo | oo | *Idem* 27 mill. un parement dressé à 3 fr. 50 c. le mètre. Vaut. | o | oo |
| oo | oo | Superficiels de sapin 34 mill. un parement, rainé, collé, à 5 fr. le mètre. Vaut. | o | oo |

| | | | | |
|---|---|---|---|---|
| 00ᵐ | 00 | *Idem* 2 parements dressés à 4 fr. 80 c. le mètre. Vaut. | 0 fr. | 00 |
| 00 | 00 | *Idem* rainé, à 4 fr. 75 c. le mètre. Produit. | | |
| 00 | 00 | *Id.* de 34 mil. rainé, collé, emboîté pour porte, estimé, vu le peu de produit à 11 f. | 0 | 00 |
| 00 | 00 | Superf. de porte sur 08 c. bâtis sapin 1 f. 03 c. panneaux, feuillet à glace, à double parement, à 7 fr. 65 c. le mètre. Vaut. | 0 | 00 |
| 00 | 00 | *Idem* à petits cadres, arasé au double parement, à 8 fr. le mètre. Vaut. | 0 | 00 |
| 00 | 00 | Superf. de lambris sapin 27 mill. à petits cadres de 30 à 41 mill. de profil, panneaux feuillet à glace allégis de plate-bande, à 7 fr. 65 c. le mètre. Vaut. | 0 | 00 |
| 00 | 00 | *Idem* bâtis 34 mill. grands cadres, portant deux avant-corps, panneaux feuillet, allégis de plate-bande, à 8 fr. 10 c. le mètre. Vaut. | 0 | 00 |

*Ouvrages linéaires en sapin.*

| | | | | |
|---|---|---|---|---|
| 00 | 00 | Linéaires d'astragale sapin 10 mill. de diamètre, à 4 parements arrondis, embrevés et collés, à 0 f. 15 c. le mètre. Vaut. | 0 | 00 |
| 00 | 00 | Linéaires de bâtis sapin 27 mill. sur 5 c. de large réduit, à 4 parements, feuillés, assemblés, à 0 fr. 42 c. le mètre. Vaut. | 0 | 00 |
| 00 | 00 | Linéaires de cimaises sapin 27 mill. sur | | |

MENUISERIE.

| | | | | |
|---|---|---|---|---|
| | | 8 c. de profil, coupés d'onglet et cloués, à 50 c. le mètre, vu le peu de produit, | 0 fr. | 00 |
| 00 | 00 | Linéaires de corniches sapin 41 mill. sur 10 c. de profil, à 0 fr. 86 le mètre. Vaut. | 0 | 00 |
| 00 | 00 | Linéaires de plinthes sapin, feuillet de 10 c. large réduit, corroyées, ajustées avec traînée et clouées, à 0 fr. 40 le mètre. Vaut | 0 | 00 |
| 00 | 00 | *Idem* chêne 27 mill. sur 14 c. de large réduit, à 1 fr. le mètre. Vaut | 0 | 00 |
| 00 | 00 | Linéaires de tringles sapin feuillet 10 c. de large réduit; tirées d'épaisseur et clouées, à 0 fr. 25 c. le mètre. Vaut | 0 | 00 |

*Ouvrages superficiels en chêne.*

| | | | | |
|---|---|---|---|---|
| 00 | 00 | Superficiels de chêne feuillet en parement rainé, collé, à 3 fr. 20 le mètre. Vaut | 0 | 00 |
| 00 | 00 | *Idem* 34 mill. 2 parements collés, emboîtés, à 10 fr. le mètre. Vaut | 0 | 00 |
| 00 | 00 | *Idem* 41 mill. à 2 parements, rainés, collés, à 10 fr. 40 le mètre. Vaut | 0 | 00 |
| 00 | 00 | *Idem* emboîté pour porte et volet, à 11 fr. 40 c. le mètre. Vaut | 0 | 00 |
| 00 | 00 | Superf. de porte à 2 ventaux, bâtis chêne 27 mill. à cadres allégis de deux baguettes, panneaux feuillet à glace et à petits cadres au double parement à 9 fr. le mètre. Vaut | 0 | 00 |
| 00 | 00 | Superf. bâtis 34 mill. panneaux d'appui | | |

## MENUISERIE.

de 1 mètre de haut à petits cadres, allégis d'un côté et à table saillante de l'autre, allégi de 6 pans, partie supérieure assemblée à glace, à 9 fr. le mètre. Vaut……………………………………… 0 fr. 00

00$^m$ 00 Superf. de panneaux en frise chêne, 34 mill. à 2 parements, rainé, collé, avec clés espacées de 75 c. en 75 et embrevés, à 14 fr. 50 le mètre. Vaut……… 0 00

00 00 Superf. de porte, bâtis chêne 27 mill. panneaux 13 mill. à glace, à double parement, le tout en chêne à 8 fr. 25 le mètre. Vaut……………………………………… 0 00

00 00 Superf. de plancher en frise, chêne 27 mill. d'épaisseur, à un parement rainé, à 7 fr. 35 le mètre. Vaut……………… 0 00

00 00 Superf. de châssis chêne 27 mill. assemblé à glace, à 5 fr. 20 le mètre. Vaut 0 00

00 00 Superficiels de volets, bâtis chêne 27 mill. panneaux sapin arasé, à 7 fr. le mètre. Vaut……………………………………… 0 00

*Ouvrages linéaires en chêne.*

00 00 Linéaires de bâtis chêne 34 mill. sur 10 c. de large, à 4 parements assemblés à 1 fr. 20 le mètre. Vaut……………………… 0 00

00 00 Linéaires de bâtis chêne, 27 mill. sur 10 c. à 0 fr. 90 le mètre. Vaut…………… 0 00

00 00 *Idem* 41 mill. sur 10 c. à 1 fr. 35 le mètre. Vaut……………………………………… 0 00

00 00 *Idem* 0 sur 0, à 2 fr. 60 le mètre. Vaut 0 00

## MENUISERIE.

| | | | | |
|---|---|---|---|---|
| oo | oo | *Idem* sur o, à 4 fr. 5o le mètre. Vaut | o fr. | oo |
| oo | oo | *Idem* o sur o, à 4 fr. le mètre. Vaut | o | oo |
| oo | oo | Linéaires de barres de chêne 27 mill. sur 10 c. de large, à o fr. 52 le m. Vaut | o | oo |
| oo | oo | Linéaires d'astragale chêne 10 mill. de gros, à 4 parements, arrondis, corroyés, embrevés, à o fr. 36 c. le mètre. Vaut | o | oo |
| oo | oo | Linéaires d'astragale chêne 10 mill. sur 20 mill. de profil, embrevés, cloués, à 65 c. le mètre. Vaut | o | oo |
| oo | oo | *Idem* 13 mill. sur 8 c. de profil, à o fr. 76 le mètre. Vaut | o | oo |
| oo | oo | Linéaires de chambranle chêne 27 mill. sur 11 c. de profil, à 1 fr. 08 le mètre. Vaut | o | oo |
| oo | oo | Linéaires de 41 mill. sur 10 c. de profil, à 1 fr. 56 le mètre. Vaut | o | oo |
| oo | oo | Linéaires de coulisseaux chêne 34 mill. de gros, à 4 parements feuillés, à 60 c. le mètre. Vaut | o | oo |
| oo | oo | Linéaires de cimaises chêne, 13 mill. sur 8 c. de profil, à o fr. 72 le mèt. Vaut | o | oo |
| oo | oo | *Idem* 27 mill. sur 8 c. de large réduit, à o fr. 81 le mètre. Vaut | o | oo |
| oo | oo | *Idem* 54 mill. sur 10 c. de profil à 2 fr. le mètre. Vaut | o | oo |
| oo | oo | Linéaires de frise et plinthes chêne feuillet de 10 c. de large, à o fr. 66 le mètre. Vaut | o | oo |
| oo | oo | *Idem* 41 mill. sur 16 c. de profil, à 2 fr. le mètre. Vaut | o | oo |

## MENUISERIE.

| | | | | |
|---|---|---|---|---|
| ₀ 00 | 00 | Linéaires de poteaux ou huisseries de devanture de boutique chêne, 11 c. sur 11 c. à 4 parements assemblés, à 4 20 le mètre. Vaut | 0 fr. | 00 |
| ₀ 00 | 00 | Linéaires 11 c. sur 16 c. à 6 fr. le mèt. Vaut | 0 | 00 |
| 00 | 00 | Linéaires de lambourdes 54 mill. sur 10 c. de large réduit, coupées, dressées, à 1 fr. 25 le mètre. Vaut | 0 | 00 |
| ₂ 00 | 00 | Linéaires de corniche chêne, 41 mill. sur 16 c. de profil, à 2 fr. le mètre. Vaut | 0 | 00 |
| ₃ 00 | 00 | *Idem* 54 mill. sur 14 c. à 2 fr. 50 le mètre. Vaut | 0 | 00 |
| ₃ 00 | 00 | Linéaires de corniche chêne, composé de 4 parties : une de 0 sur 0; une de 0 sur 0, une de 0 sur 0, et une de 0 sur 0, à 20 fr. le mètre. Vaut | 0 | 00 |
| ₃ 00 | 00 | Linéaires de tasseaux corroyés, coupés et cloués de 34 mill. à 40 c. le mètre. Vaut | 0 | 00 |
| ₃ 00 | 00 | Linéaires de feuillures, moulures et rainures, etc., à 10 c. le mètre. Vaut | 0 | 00 |
| | | Les articles estimés en argent dans le cours du présent mémoire, s'élèvent à la somme de | 0 | 00 |
| | | Total. | 00 | 00 |

# PAVAGE.

Cette branche du bâtiment est encore une des plus simples à métrer, tant il y a peu de détails dans sa composition. Tout ouvrage de pavage se mesure en superficie, et chaque vide se déduit. Si quelques pavés neufs sont posés isolément, ils se comptent à la pièce, et lorsque ces pavés appartiennent au propriétaire, ils sont comptés chacun pour 6° (053 mill.) superficiels de pavé remanié et classé avec le remaniage de même espèce.

On distingue le pavé suivant son échantillon, c'est-à-dire en roche dure, roche tranche, d'Orsay, bâtards, de rebut, piqués, de deux, de rabot, l'espèce et l'épaisseur de la forme, et la qualité du mortier qui sert à le sceller. Il y a trois manières de sceller le pavé : 1° à sec ou avec du sable seulement ; 2° en salpêtre ; 3° en mortier de plusieurs espèces.

Dans les remaniers, il faut expliquer si les pavés ont été retaillés avant d'être reposés et si la forme a été ou non conservée ; le remanier comprend la dépose du pavé et la repose.

Les formes qui se font sous les pavés, font partie du pavage neuf et du remanier, lorsqu'elles n'excèdent pas 6° (16 c.) d'épaisseur, et quel que soit du reste le déblai ou le remblai des terres. Au-delà de cette épaisseur, la fouille se règle comme il a été indiqué dans la terrasse. (*Voyez* notre première partie, page 178).

Les *chapes* qui se font quelquefois sous le pavé se comptent à part. Voyez page 141.

PAVAGE. 143

Les *ruisseaux* dont deux les rangées sont échantillonnées et faites avec du ciment et de la chaux hydraulique se comptent avec une plus value de 65 centimètres par mètre carré.

Le pavé se divise en gros pavés de 8° (22 c.) carrés sur 8° (22 c.) d'épaisseur, en pavé de *deux* ( c'est celui de 8° (22 c.) refendu) qui porte 8° (22 c.) carrés sur 4° (11 c.) d'épaisseur, et enfin en pavé de trois, qui porte 8° (22 c.) carrés sur 2° 8 l. (072 mill.) à peu près d'épaisseur. On ne refend plus de pavés neufs en trois. Le pavé change encore d'échantillon par le fait de la refente; il y en a de 7° (19 c.) carrés sur 4° (11 c.) d'épaisseur taillés et équarris à vives arêtes, de 7° (19 c.) carrés sur 2° 8 l. (072 mill.) taillés *idem*, de 5° (14 c.) carrés sur 5° (14 c.) carrés d'épaisseur, de 5° (14 c.) carrés sur 4° (11 c.) d'épaisseur, de 5° (14 c.) carrés sur 2° 8 l. (082 mill.) d'épaisseur. On connaît enfin deux autres espèces de pavés, l'une appelée *rabot*, provenant de St.-Maur, près Paris, l'autre pavé de *rebut*, c'est le vieux pavé de ville qui, dans des remaniers, est remplacé par des pavés neufs : il se refend aussi en deux et en trois.

Tout le pavé se vend au millier, on y ajoute 20 pavés par chaque mille.

Il faut, par toise superficielle de pavage neuf * 72 gros pavés, 75 pavés de deux ou de trois, 182 pavés de 5° carrés sur 4° d'épaisseur, 182 pavés de 5° carrés sur 2° 8 l. ou 3° d'épaisseur, 95 pavés dits rabots, 85 gros pavés de rebut, et enfin 90 pavés de rebut refendus en deux et en trois.

C'est par mètre superficiel 19, 20, 48, 48, 25, 22, et enfin 24 pavés *idem*.

* Morisot ne compte que 64 pavés de roche dure et 69 pavés de roche franche par toise superficielle de gros pavés, et 66 pavés de deux et de trois, mais il est dans l'erreur, car le nombre que nous indiquons est le seul vrai.

Le vieux pavés posés en recherche comptent 9° (09 c.) superficiels chaque, compris dépose.

On se sert pour sceller les pavés, 1° de sable de rivière ou de plaine, qui se vend au tombereau contenant un mètre cube; 2° de ciment de tuileaux de Bourgogne, qui se vend au muid qui équivaut à 48 p. cubes ($1^m,65$); 3° de ciment de tuileaux et briques de Bourgogne ou de gazettes de fabriques de porcelaines; 4° de ciment de débris de briques, carreaux, poteries, plâtres, etc., qui se vend comme le précédent; 5° de chaux de Melun ou d'Essone, qui se vend à l'hectolitre qui contient 3 p. cubes environ; 6° de chaux hydraulique artificielle, qui se vend comme ci-dessus; 7° de salpêtre, qui se vend au tombereau ou mè re cube.

Le sac de ciment contient 8°.(023 mill.) cubes.

Les mortiers sont un composé de ciment et de chaux ou de sable de rivière et de chaux; les meilleurs se font avec la chaux hydraulique et le ciment de pure tuile de Bourgogne.

Les aires en salpêtre se mesurent en superficie.

Les journées de compagnon et de garçon paveur sont de 10 heures; elles se paient, en 1852, comme suit: Compagnon, 4 fr. 50 c., et garçon 2 fr. 75 c. En réglement, il faut ajouter 1/6 pour le bénéfice dû à l'entrepreneur.

Les gravois se comptent au tombereau, dont il doit être tenu attachement, et s'ils se trouvent de vieux ciments, il n'est rien dû pour leur enlèvement, vu le profit qu'en tire l'entrepreneur.

Dans le pavage se comprennent encore les bordures, qui sont de gros pavés qui servent ou à accoter le pavé des chaussées de grandes routes et qui se comptent pour 4 pavés de

---

* Ces prix sont ceux de Paris et des environs. Il en est de même de tous ceux que nous donnons dans cette seconde partie de notre ouvrage.

ville, celles qui servent à fendre le bois et que l'on place dans les cours des maisons particulières : elles se paient en raison de leurs dimensions.

*Tableau des divers prix du pavage.*

Gros pavé de route ou de ville, en roche dure, sur forme neuve de sable de plaine de 19 c. à 22 c. ou 7 à 8° d'épaisseur, la forme à part comme terrasse, le mètre carré scellé en salpêtre ou en sable 8 fr. 35, c'est la toise superficielle 32 francs.

La chape en salpêtre ou en mortier ordinaire de 6° d'épaisseur, le mètre superficiel 2 fr. 10, c'est la toise 8 francs.

Pavé de deux, scellé en mortier de chaux et sable de rivière, le mètre 5 fr. 60 c. ou la toise 20 fr.

Pavé *idem*, scellé en mortier de ciment fin et pur, la toise, 24 fr.; le mètre, 6 fr. 32 c.

Pavé de trois, (voyez ce qu'il en est dit page 142) scellé en mortier de chaux hydraulique et sable de rivière, la toise, 19 fr. 20 c., le mètre, 5 fr. 5 c.

Pavé de deux et de trois, scellé en mortier de chaux et ciment pur et fin, la toise, 20 fr.; le mètre, 5 fr. 27 c.

Vieux pavé de deux et de trois, scellé en salpêtre, la toise, 8 fr. 30 c ; le mètre, 2 fr. 20 c.

Remanier en pavé de deux et de trois, non équarris, posés sur forme ancienne et scellés en salpêtre, la toise 3 fr. 20 c.; le mètre, 85 c.

# PEINTURE.

Les peintures qui se font dans les bâtiments peuvent se diviser en cinq classes principales, qui elles-mêmes se subdivisent à l'infini, vu la variété des couleurs qui sont employées dans la peinture d'impression. La première classe comprend tous les ouvrages préparatoires; la seconde, les détrempes mates; la troisième, les détrempes vernies; la quatrième, les huiles; le cinquième, les décors. Sous le nom d'ouvrages préparatoires, on comprend tout ce qu'il faut faire d'abord sur les objets que l'on veut peindre, afin de les rendre plus propres à recevoir la couleur que l'on veut y appliquer : tels sont les grattages ordinaires sur murs ou boiseries, ceux à vif sur mur ou *idem*, ceux encore sur boiseries avec dégorgement de moulures sur détrempe vernie, les lessivages à l'eau seulement ou à l'eau seconde pure ou coupée, les lavages et grattages sur parquets ou carreaux neufs ou vieux, les rebouchages en mastic à la colle, ou en mastic à l'huile, les enduits en mastic, les époussetages, les ponçages à l'eau, à la pierre ponce ou au papier de verre; brûlages à l'essence, vieux papiers déchirés et grattés, égrenages. Sous le nom de détrempe mate ou simplement détrempe, on comprend tous les ouvrages dont la couleur a été préparée à l'eau et détrempée à la colle de parchemin. Sous celui de détrempe vernie, on comprend les mêmes ouvrages, mais dont la couleur principale est du blanc de céruse au lieu d'être du blanc de Meudon, de Bougival ou d'Espagne, et lesquels ouvrages sont vernis à l'esprit-de-vin. La peinture à l'huile diffère de celle en détrempe en ce que les couleurs sont broyées et détrempées à l'huile, ou broyées à l'huile et détrempées à l'essence, ensuite vernies ou non vernies ; et enfin sous le nom de *décor* on comprend les mêmes ouvrages que ci-dessus en détrempe ou à l'huile, sur lesquels on applique encore une peinture formée de diverses couleurs et imitant plus ou moins bien, suivant le talent de l'ouvrier, soit des marbres, des bois ou des bronzes. On désigne encore comme décors toutes les moulures feintes qui se font sur les peintures pour imiter des panneaux de menuiserie ainsi que tous filets et ornements.*

Tout ce qui est ouvrage de peinture d'impression se mesure ou au mètre superficiel ou au mètre linéaire, ou enfin se compte à la pièce. Tous les vides se déduisent, à l'exception de ceux qui ne portent pas au-delà de 11 centimètres ou un pied carré. Cette exception est fondée sur le plus de main-d'œuvre que nécessitent les ouvrages qui se font au pourtour de ces vides.

Toute peinture faite sur mur seulement crépi sera comptée à fois et demie. Celle sur bois brut à fois un tiers.

Chaque nature d'ouvrage doit être bien expliquée : sa désignation donne le nombre de couches, de teintes, de tons ou de rechampissages à l'huile ou en détrempe : elle fait connaître les ouvrages préparatoires qu'il a fallu faire avant d'étendre la peinture, le nombre de couches de vernis et sa qualité. Si c'est du décor, tel que marbres, bronzes, coupes de pierre, elle explique quelle est l'imitation, le travail enfin.

* Les ouvrages de décors faits par de véritables artistes, et non par des peintres en décors, ainsi qu'on désigne ceux qui habituellement font les marbres, bois et bronzes feints, se paient à tant le mètre, mais en raison du mérite et de la peinture faite.

Chaque timbre du mémoire doit faire connaître exactement l'espèce, la nature et les rapports de la peinture employée. Voyez le modèle de mémoire à la fin de ce Traité.

Les travaux de nuit se comptent à fois et demie-vu la difficulté et la plus-value du travail, le déplacement d'équipages et le déficit qu'éprouve l'entrepreneur sur le travail du lendemain.

Les travaux de campagne à fois 1/10.

Les travaux extérieurs qui nécessitent des échafauds ou des échelles excédant la hauteur existante entre le sol public et le plancher bas du deuxième étage d'une maison, doivent être l'objet d'une plus value.

On appelle *rechampissage* la peinture d'une autre teinte que l'on met sur les champs ou sur les moulures d'une boiserie ou autre, laquelle diffère toujours de celle des panneaux ou du fond. Ce rechampissage augmente la valeur de la peinture, attendu que ces mêmes champs ou moulures sont d'abord peints avec les fonds, et ensuite peints d'un autre ton.

Sous le même timbre on peut réunir les diverses peintures à la colle, ou celles à l'huile, lorsqu'elles sont d'un seul ton, ou même encore lorsqu'elles sont rechampies d'un nombre égal de tons, et pourvu toutefois que les couleurs employées dans ces peintures ne soient que des couleurs secondaires : telles sont les couleurs de bois, de pierre, d'ardoise, chocolat, étrusque, rouge de Prusse, gris ordinaire, brun, nankin, chamois, jaune, jonquille, etc.

L'usage aujourd'hui est de confondre dans deux classes seulement, toutes les peintures sans décors soit à l'huile, soit à la colle. Ces classes se désignent sous les noms de *couleurs ordinaires* et *couleurs fines*.

Les marbres de diverses natures, ainsi que les bois et les

bronzes idem, peuvent aussi être désignés sous le même timbre, si le nombre de couches de fond est égal. Nous observerons que les bois faits au procédé ne peuvent être vernis qu'avec du vernis gras.

Les ébrasements de croisées se peignent ordinairement d'un autre ton que les croisées, et les peintres les comptent avec celles-ci, afin de pouvoir compter leur peinture comme rechampie d'un ton; c'est un abus qui ne doit pas être toléré, et l'on doit mesurer séparément les croisées et leurs ébrasements pour ce qu'ils sont.

Les plafonds se mesurent en dedans des corniches; ceux à solives apparentes, au double de leur surface, ou bien, ce qui est préférable suivant les cas, d'après leur surface réelle à laquelle on ajoute le développement de toutes les épaisseurs des solives. Lorsqu'il y a des rosaces au milieu des plafonds, quoique ne déduisant rien pour la place qu'elles occupent lorsque l'on mètre les plafonds, il faut encore demander une plus-value pour ces rosaces, qu'elles soient rechampies ou non.

Les lambris se mètrent suivant leur surface, à laquelle il faut ajouter pour le développement des moulures, savoir : aux lambris à petits cadres 1/20 de la superficie trouvée, aux lambris à grands cadres 1/15 *idem*, et à ceux dont les moulures sont multipliées 1/10 *idem*. Notre expérience nous a prouvé que ces évaluations suffisent pour dédommager l'entrepreneur de la différence qui existe pour lui par rapport à l'emploi de la matière et du temps, entre des lambris unis et des lambris à cadres.

Les croisées se mesurent en superficie et comme pleines lorsque les carreaux n'ont pas plus de 11 centimètres ou un pied superficiel; si les carreaux sont plus grands, alors on les déduit de la superficie trouvée, mais en observant de réduire, sur les dimensions réelles de ces carreaux, 5 centimètres ou deux pouces sur la hauteur et autant sur la largeur. Soit donc une croisée dont les carreaux portent 65 c. sur 55 c. ou vingt-quatre pouces sur vingt pouces, ils ne seront calculés, pour être déduits, que comme ayant seulement 60 c. sur 50 c. ou vingt-un pouces sur dix-huit pouces. Cette réduction a lieu en raison de l'épaisseur des petits bois et en compensation de la plus grande main-d'œuvre qu'ils occasionent.

L'extérieur des croisées se mesure de la même manière que ci-dessus, mais en ajoutant 20 centimètres ou huit pouces à la hauteur réelle, et autant à sa largeur *idem*, eu égard aux feuillures, noix et gueules de loups, et aux jets d'eau, pièces d'appui et feuillures, ou bien on développe linéairement toutes les épaisseurs sur une largeur réduite entre la gueule de loup et la feuillure du dormant.

Les portes-croisées vitrées suivent la même règle que les croisées.

Les portes vitrées ordinaires se mesurent aussi de la même manière, à l'exception que les deux faces se mesurent suivant leurs dimensions réelles auxquelles il n'est ajouté que l'épaisseur de la porte sur sa largeur.

Les portes pleines et unies se mesurent leur longueur réelle par leur largeur, à laquelle on ajoute aussi l'épaisseur des rives. Celles à panneaux, comme les lambris.

A toutes les portes il faut encore ajouter le développement de l'huisserie multiplié par son pourtour, ainsi que les ébrasements et chambranles, s'il y en a.

Les portes, croisées, châssis, impostes, qui sont circulaires, se mètrent géométriquement, en déduisant, s'il y a lieu, les vides ou carreaux, et en ajoutant les jets-d'eau, feuillures, etc., comme à l'article des croisées.

Les portes cochères se mesurent comme les lambris si elles portent des moulures, puis on développe toutes les épaisseurs des bâtis et doubles bâtis que l'on réduit en superficie.

Les corniches intérieures se mesurent ainsi : Prenez une longueur et une largeur du plafond le long des murs, puis l'autre longueur et l'autre largeur sur le premier membre formant le devant de la saillie de la corniche, ces quatre dimensions réunies, multipliez-en le total par le développement de la corniche, qui s'obtient avec une ficelle, en pourtournant toutes les moulures qui composent cette corniche. S'il y a des modillons, des denticules, des rosaces ou autres ornements, il faut encore demander une plus-value en raison de cette augmentation de travail.

Tous les objets que l'on recouvre de diverses espèces de peinture, tels que les devantures de boutiques et autres, sur lesquels on fait tout à la fois des tons unis, des rechampissages, des décors, etc.. doivent être métrés partie par partie, les prix différant selon la nature de l'ouvrage.

Les persiennes se comptent suivant leur surface réelle, mais en comptant chaque face à fois et demie si les battants n'ont que de 3 à 4 centimètres ou quinze à dix-huit lignes, et à fois trois quarts si les battants ont 45 millimètres ou vingt-une lignes d'épaisseur. Cette évaluation a lieu par rapport au développement des lames qui donne ce résultat.

Les châssis de comble doivent être mesurés comme les croisées.

Les châssis à tabatière sont mesurés de même, puis on compte les dormans suivant ce qu'ils sont.

Les balcons, les rampes, les grilles et tous les ouvrages à jour qui peuvent leur être assimilés, doivent se mesurer en superficie, savoir : ceux dont les barreaux sont espacés de cinq pouces (14 c.), les deux faces pour une seulement, vu les vides; ceux à enroulements simples, les deux faces réduites à une face et demie; ceux enfin dont les barreaux ou les pièces qui les composent sont multipliés, chaque face pour ce qu'elle produit en superficie.

Les treillages de jardins dont la maille est de cinq à huit centimètres, ou 2 à 3 pouces, se comptent en superficie et chaque face réduite aux trois quarts de sa surface; la maille de quatre pouces (11 c.) se réduit à moitié de la superficie; celle de cinq pouces (14 c.) aux 5/12 de la superficie; celle de six pouces (16 c.) au tiers *idem*; celle de sept pouces (19 c.) au quart *idem*; et enfin celle de huit pouces (22 c.) se réduit au sixième de la superficie du treillage.

Les grillages en fil de fer se mesurent comme les treillages, en comptant la maille d'un pouce (0,27 m) et au-dessous face pour face, de 1 à 2 pouces ou 27 à 54 millimètres, et celle au-dessus de deux pouces jusques et y compris six pouces (5 c. et 16 c.), chaque face pour moitié de sa superficie.

Les volets se comptent suivant leur nature, ou comme les portes pleines, en ajoutant l'épaisseur du bois, ou comme les lambris, s'ils sont assemblés à cadres, et toujours en y ajoutant l'épaisseur des rives.

Les lucarnes doivent se mesurer géométriquement; on ajoute les épaisseurs des poteaux, les feuillures, etc.

Les niches circulaires se mètrent superficiellement, en mesurant d'abord la partie verticale suivant sa hauteur multipliée par le pourtour de sa largeur; puis la calotte sphérique, qui s'obtient suivant les règles géométriques, qui consistent à multiplier le pourtour de la base de cette calotte par la moitié de la hauteur. Les moulures, s'il y en a, se mètrent à part.

Les escaliers doivent se métrer en plusieurs parties, d'abord le plafond du palier le plus élevé, ensuite le plafond rampant de dessous l'escalier, lequel se prend à partir de la marche palière sur le milieu de la longueur des marches, en dessus et suivant la ligne du rampant de l'escalier jusqu'à la marche palière de l'étage inférieur; puis le palier et l'étage ensuite, et ainsi jusqu'au rez-de-chaussée. Le limon se pourtourne suivant son développement, et sa longueur se multiplie par sa largeur aussi développée; la rampe comme il a été indiqué plus haut : voyez cet article page 151. Les murs qui forment des parallélogrammes, se mesurent suivant la ligne rampante qui est leur base, que l'on multiplie par la hauteur qui s'obtient en plaçant sa règle ou mesure sur cette base de manière qu'elle lui soit perpendiculaire. Les murs des paliers étant des figures régulières, il nous suffit de dire qu'ils se métrent aussi en partie, vu les portes et croisées qui s'y rencontrent, et en superficie.

Voici le moyen le plus prompt pour métrer un escalier : commencez d'abord par les plafonds, ainsi qu'il vient d'être indiqué; lorsque vous êtes arrivé au rez-de-chaussée, remontez en mesurant tous les murs, ensuite descendez en métrant le limon qui vous donne ordinairement la rampe, ou bien notez en marge, pour rapporter ensuite dans votre *minute*, le nombre de barreaux à mesure que vous descendez, puis en remontant de nouveau, mesurez les portes et croisées en portant aussi en marge les ferrures qui sont peintes et les carreaux nettoyés; et enfin en descendant pour la dernière fois, mesurez la longueur de la frise comme celle des murs rampans : la hauteur se prend du milieu du dessus d'une marche jusqu'à la ligne séparative du mur et de la frise. La longueur ci-dessus donne aussi celle de la cimaise ou du filet d'épaisseur, qui se font assez souvent au-dessus des frises ; c'est ainsi que vous évitez de monter et descendre un escalier autant de fois qu'il y a d'articles à faire pour le détailler exactement.

Les barrières et garde-fous à claire-voie qui se font en menuiserie, ne doivent se compter par chaque face qu'à moitié de leur superficie, lorsque les montans ne sont espacés que de trois pouces (8 c.), et face pour face si les montants ne sont espacés que de dix-huit lignes (04 c.).

Les ouvrages en coutil feint se mesurent aussi en superficie, et l'on explique si le coutil est seulement filé ou s'il est ombré.

Le prix des ouvrages qui se mesurent au mètre ou à la toise courante comprend toujours les ouvrages préparatoires lorsqu'ils sont nécessaires. Voici les principaux objets qui se comptent ainsi : bandeaux, plinthes, cimaises, moulures et filets de toute nature, en expliquant aux moulures le nombre et la façon des filets qui les composent ; baguettes de glaces et autres, lorsqu'elles sont peintes d'un autre ton que les objets auxquels elles sont adhérentes ; pilastres jusqu'à cinq pouces (14 c.) de largeur et détachés ; colonnes *idem* jusqu'à quatre pouces (11 c.) de diamètre ; panneaux feints, tablettes d'appui jusqu'à six pouces (16 c.) de largeur, et étrusques.

Les ouvrages qui se comptent à la pièce sont : les contre-cœurs de cheminées, leurs retours de jambages (qu'il vaudrait mieux cependant mesurer en superficie), leurs chambranles en pierre ou en bois, les poêles, les pointes de diamans figurées sur les panneaux d'appui, les ferrures, en observant que celles telles qu'espagnolettes, verroux à coulisses, etc., comptent pour autant de ferrures qu'il y a de fois 32 centimètres de longueur, les poignées et supports d'espagnolettes à part, portes et croisées feintes, les ornements de tout genre, tableaux de croisées à l'extérieur, etc.

On compte encore à la pièce tous les ouvrages d'attributs, en désignant exactement chaque objet, afin que l'on puisse juger de son mérite et de sa valeur. Sous le nom d'*attributs*, on comprend toutes les lettres, les numéros et les différents objets qui indiquent en partie l'état de celui qui les fait peindre sur sa boutique ou ailleurs, tels sont les couronnes et ceps de vigne, trophées de queues de billard, meubles, bocaux de fruits, etc., etc. Les lettres et chiffres doivent être désignés selon leur forme, leur couleur et leur hauteur; il faut dire si elles sont ombrées, repiquées, relevées d'épaisseur; celles dorées se paient au centimètre (autrefois au pouce) de hauteur, suivant la largeur du plein.

La peinture comprend encore les toiles de tenture, les papiers gris, bleus et autres (tous ces objets se mètrent en superficie, *voyez* page 205), les devants de cheminées à la pièce, les tringles ou bandes de fer-blanc qui se posent sur le bord des planches de rives des portes d'armoires, au mètre linéaire.

## MÉMOIRE.

*Pour le titre de ce Mémoire, voyez* MENUISERIE, *page* 120.

SAVOIR :

### PETIT BATIMENT AU FOND DU JARDIN.

Sur la rue Notre-Dame-des-Champs.

Rez-de-chaussée, chambre à coucher du fond.

Le plafond 1 c. lavé, rebouché, o longueur sur o largeur. Produit. . . . . . . 00  00

PEINTURE.

|  |  |  |  |  |
|---|---:|---:|---:|---:|
| Report. . . | 00 | 00 | | |
| A gauche de la cheminée, o sur o. . . | 00 | 00 | Plafond 1 couche dét. lavé, rebouché. | |
| Produit. . . . . | 00 | 00 | 00 | 00 |
| En gris huile 3 couches, 2 tons, rebouché, poncé. | | | | |
| La corniche o sur o . | 00 | 00 | | |
| Le lambris, o sur o . | 00 | 00 | | |
| 2 chambranles de croisées ensemble o sur o . | 00 | 00 | Gris huile 3 couches, 2 tons, reb. poncé. | |
| Produit. . . . . | 00 | 00 | 00 | 00 |
| *Idem*, 2 couches, 2 tons, lessivé, rebouché, poncé. | | | | |
| 2 croisées, o sur o . | 00 | 00 | | |
| o sur o . | 00 | 00 | | |
| Produit . . | 00 | 00 | | |
| Moins 12 verres, o—o | 00 | 00 | | |
| Reste. . . . . | 00 | 00 | | |
| 2 ébrasements chaque o sur ensemble o . . | 00 | 00 | *Idem* 2 c. 2 tons, rebouché, poncé, lessivé. | |
| Produit . . | 00 | 00 | 00 | 00 |
| *Idem*, 1 couche, 2 tons, lessivé, rebouché, poncé, 2 portes chaque o sur o. Produit . . . . . . . | | | *Idem* à c., 2 tons, lessivé, rebouché, poncé. | |
| | | | 00 | 00 |
| Les plinthes en marbre à l'huile, vernis, o. . . . . . . . . | | | Plinthe en marbre à l'huile vernis. | |
| | | | 00 | 00 |
| 2 retours de jambages, *idem*, valent *Voyez* ce que nous avons dit page 154. | | | Argent. 2 | 20 |
| 1 tablette de croisée, *idem*, o sur o | | | 1 | 60 |

## PEINTURE.

| | | | |
|---|---|---|---|
| | | Filets de table. | |
| oo de filets de table. . . . . | | oo | oo |
| | | Ferrures en noir au vernis. | |
| 18 ferrures en noir, au vernis. . | | 18 | |
| 45 pièces *idem*, en gris pour la grille | | *Idem*, gris huile. | |
| extérieure . . . . . . . | | 45 | |
| | | Argent. | |
| Le contre-cœur à la colle . . . | | oo | 50 |
| Les toiles neuves fournies et tendues, o sur o. . . . . | oo | oo | |
| 2 dessus de portes chaque o sur o . . . . | oo | oo | |
| 2 *idem* de croisées chaque o sur o . . . . | oo | oo | |
| Sur la cheminée, o sur o . . . . . | oo | oo | Toile neuve fournie et tendue. |
| Produit . . . . . . . . | | oo | oo |
| | | Papier gris. | |
| Même surface en papier gris . . | | oo | oo |
| Au-devant de la cheminée, tendu la toile, fourni et collé le papier gris. | | Argent. 1 | 50 |

### COULOIR.

| | | | |
|---|---|---|---|
| | | Plafond *idem*. | |
| Le plafond, *idem*, o sur o. . . | | oo | oo |
| Gris huile, 1 couche, 2 tons, rebouché, lessivé, poncé . . . . | | | |
| 2 portes, chaque o sur o | oo | oo | |
| 2 tableaux, chaque o sur o . . . . . . | oo | oo | |
| 1 porte, 2 châssis de o sur o . . . . . . | oo | oo | |

MÉTREUR-VÉRIFICATEUR, 2ᵉ PARTIE.

PEINTURE.

|  | Report. | 00 | 00 |  |
|---|---|---|---|---|
| La croisée, o sur o.. . . . . o o | | | | |
| Moins 6 verres, o—o . . . . o o | | 00 | 00 | |
| | Reste. | 00 | 00 | |
| L'ébrasement, o sur o . | | 00 | 00 | Gris huile, 1 c., 2 tons, |
| La frise, o sur o. . . | | 00 | 00 | rebouché, poncé, lessivé. |
| | Produit. | 00 | 00 | 00 00 |

*Idem*, 2 c., 2 tons, lessive, rebouché, poncé.

Le chambranle de croisée, huile 2 c., 2 tons, rebouché, poncé, o sur o.

00    00

Plinthes à l'huile, marbre, vernis.

Les plinthes en marbre à l'huile, vernis, o. . . . . . . .

00    00

Plafond, 1 c. lavé, rebouché ; palier du haut, o sur o . . .   00   00

Rampant o sur o . .   00   00

Les murs de la descente de cave partie, o sur o. .   00   00

*Idem*, o sur o réduits .   00   00   Dét. 1 c. lavé, rebouché.

           Produit. .   00   00      00    00

Couleurs de bois huile, 1 c., 2 tons, lavé, rebouché.

   La porte d'entrée, o sur o   00   00

   Moins 2 verres, o — o .   00   00

          Reste. .   00   00

2 portes latérales, chaque, o sur o . . . .   00   00

## PEINTURE.

|  |  |  |
|---|---|---|
| Report. | 00 | 00 |
| 2 tableaux, chaque, o sur o | 00 | 00 |
| La porte de cave, o sur o | 00 | 00 |
| L'huisserie, o sur o | 00 | 00 |
| 1ᵉʳ étage, 2 portes, chaque o sur o | 00 | 00 |
| 2 tableaux, chaque, o sur o | 00 | 00 |
| La croisée, o sur o | 00 | 00 |
| Moins 6 verres, o | 00 | 00 |
| Reste. | 00 | 00 |
| Le limon, o sur o | 00 | 00 |
| Le châssis du haut, o sur o, produit 3 faces, compris dormant | 00 | 00 |
| Le tableau, o sur o | 00 | 00 |

Couleur de bois, huile, 1 c., 2 tons, lessivé, rebouché.

| Produit. | 00 | 00 | 00 | 00 |
|---|---|---|---|---|
| *Idem*, lessivé, rebouché, l'échiffre, o sur o | 00 | 00 | 00 | 00 |

Lessivage et reb.

| Brun huile, 2 c., reb. la frise du bas, o sur o | 00 | 00 |
|---|---|---|
| Les socles en montant au 1ᵉʳ, o sur o. | 00 | 00 |

Huile 2 c. reb.

| Produit | 00 | 00 | 00 | 00 |
|---|---|---|---|---|

Les ferrures en noir au vernis, 9 pièces. . . . . . . .

Ferrures en noir au vernis. 9 p.

Celles de la grille extérieure 43 pièces. . . . . . . .

*Idem* en gris à l'huile. 43 p.

# PEINTURE.

| | | | Filets de table. | |
|---|---|---|---|---|
| Les filets de table, o . . . . | | | oo | oo |
| Les toiles neuves, o sur o, produit. . . . . | oo | oo | | |
| 2 dessus de portes, chaque, o sur o . . . . | oo | oo | | |
| 1 de croisée, o sur o . | oo | oo | Toile neuve *idem*. | |
| Produit. . . | oo | oo | oo | oo |
| | | | *Idem* en papier gris. | |
| Même surface en papier gris . . | | | oo | oo |

## ESCALIER.

Détrempe, 2 couches, gratté, rebouché, les murs à rez-de-chaussée, o sur o, produit. • . . . oo oo

Dessus de porte de cave, o sur o. . . . . . oo oo

2 de chaque, o sur o . oo oo

1 de croisée, o sur o . oo oo

L'ébrasement, o sur o . oo oo

Les murs, en montant au $I^{er}$, o sur o de haut, réduit . . . . . . oo oo

$I^{er}$ palier, o sur o . . oo oo

2 dessus de porte, chaque, o sur o . . . . oo oo

1 de croisée, o sur o . oo oo

L'ébrasement, o sur o . oo oo

A gauche en montant, o sur o, réduit . . . . oo oo

Au-dessus, o sur o . . oo oo

## PEINTURE.                         161

    Report. . . .   00   00
2 dessus de porte, cha-
que, o sur ensemble o. . .  00   00
  1 jouée, o sur o. . . .  00   00
  1 de o sur o. . . . .  00   00
  Le lambris, o sur o . . .  00   00   Dét. 2 c. gratté, rebouché.
    Produit. . . .  00   00      00   00
  Brun huile, 1 c., gratté, rebouché
la frise sur lesdits socles, o sur o, réduits . . . . . . .  00   00
  Celle au rez-de-chaussée,
à gauche de la porte de
cave, o sur o . . . . .  00   00
  Au I$^{er}$, . . . . .  00   00
  En montant au 2$^e$, o sur        Huile 1 c. gratté, rebouché.
o réduits . . . . .  00   00
    Produit. . .  00   00      00   00
  Lessivé 1 porte de haut,
o sur o. . . . . . .  00   00
  L'ébrasement, o sur o .  00   00
  1 porte, o sur o. . .  00   00
  1 ébrasement, o sur o .  00   00   Lessivage.
    Produit. . .  00   00      00   00
  Les plinthes, socles et
plates-bandes à l'huile, o         Plinthe à l'huile.
sur o . . . . . . .  00   00      00   00
  Les ferrures en noir au
vernis. . . . . .     00
  La plate-bande de rampe
26 barreaux de chaque         Ferrure en noir verni.
o. . . . . . . .    00
    Produit. . . .    00       00

00^m 00 de main courante à l'encaustique, frotté, passé au papier de verre. . . . . . . . . . 00  00 — Main courante encaustique, frotté.

2 ferrures en gris pour le châssis à tabatière. . . . . o . . 2 p. — Ferrure en gris à l'huile.

### REZ-DE-CHAUSSÉE. — SALON.

Le parquet encaustiqué, frotté, lavé, gratté o sur o. Produit . . . . . . 00  00

A gauche de la cheminée, o sur o. . . . . . 00  00

1 ébrasement de croisée, o sur o. . . . . . 00  00 — Parquet encaustiqué, frotté, lavé, gratté.

Produit. . . . . . 00  00

Après le travail des menuisiers, le lambris frotté une deuxième fois. . — Argent. 2  00

Partie de lambris huilé, deux couches, deux tons, lessivé et rebouché, o sur o. . . . . . 00  00

2 panneaux ensemble, o sur o . . . . . . 00  00 — Huile 2 couches, 2 tons, lessivé, rebouché.

Produit. . . 00  00    00  00

Impression huile 1 c.

Le derrière imprimé à l'huile, o sur o    00  00

Argent.

Raccords aux champs de la porte.    1  00

### CABINET NOIR.

Le plafond, 1 c., lavé, rebouché, o sur o . . . . . . 00  00

Les murs détrempe, 1 c.,

PEINTURE.

| | | | |
|---|---|---|---|
| Report. . | 00 | 00 | |
| rebouché, o de haut sur o de pourtour. Produit . . | 00 | 00 | Dét. 1 c. lavé, rebouché. |
| Produit. . . | 00 | 00 | 00  00 |
| | | | Huile 1 c., lessivé, rebouché. |
| La frise, huile 1 c., lessivé, rebouché, o sur o. . . . . . . | | | 00  00 |

## SALLE A MANGER.

| | | | |
|---|---|---|---|
| Huile, 2 c., 2 tons, lessivé, rebouché, la frise, o sur o, compris épaisseur. Produit. . . . . . | | | Huile 2 c., 2 tons, lessivé, rebouché. |
| | | | 00  00 |
| | | | Impression huile 1 c. *id.* |
| o sur o, imprimé à l'huile, 1 c. . | | | 00  00 |
| Le carreau à l'huile, 2 c., encaustiqué, frotté, lavé, gratté, o sur o. . . . | 00 | 00 | |
| 1 ébrasement, o sur o . | 00 | 00 | |
| Couloir, o sur o. . . | 00 | 00 | Carreaux à l'huile, 2 c. encaustiqué, lavé, gratté. |
| o sur o . . . . . | 00 | 00 | |
| Produit. . . . . . | | | 00  00 |
| Cuisine, 2 croisées à l'huile, o sur o de pourtour. . . . . . . | | | Argent. |
| | | | o  60 |
| Le volet de la porte de l'escalier, huile, 1 c., rebouché, o sur o de pourtour. . . . . . . | | | Huile 1 c. rebouché. |
| | | | 00  00 |
| 1$^{er}$ étage, 6 fils de fer de persiennes à l'huile. . . . . . . | | | Argent. |
| | | | o  90 |

# VITRERIE [*].

*Observation.* A la peinture nous avons fait suivre la vitrerie, parce que c'est le peintre qui fait aussi ce dernier travail, et nous renvoyons le lecteur, pour ce qui regarde le métré de la vitrerie, à la page 207.

### BATIMENT SUR LE BOULEVARD.

|  | Argent. |  |
|---|---|---|
| 3º étage, porte à droite, fourni et posé à la croisée un carreau de 0 — 0 | 1 | 20 |
| Reposé 3 carreaux. . . . . | 1 | » |
| Sur le toit, au-dessus de l'escalier, fourni un carreau, 0 — 0. . . . | 1 | 20 |
| La dépose et repose de 3 autres . | 1 | 90 |

### BATIMENT SUR LA RUE.

| Cuisine au rez-de-chaussée, fourni 1 carreau, — 0. . . . . . | 1 | 40 |
| I$^{er}$ étage sur la rue, 1 *idem*, 0 — 0 | 1 | 45 |
| *Idem* sur le jardin, 1 de 0 — 0 . | 1 | 25 |
| 2º étage. Châssis à tabatière, fourni 6 carreaux de 0 — 0. . . . . | 4 | 80 |
| Châssis en face, dépose et repose |  |  |

[*] Quoique nous ayons dit, page 204, que la vitrerie se métrait en superficie, néanmoins on peut estimer de suite en argent chaque pièce de verre, lorsque surtout il y a, comme dans cet exemple, peu de vitrerie.

## VITRERIE.

| | | |
|---|---:|---:|
| de 4 carreaux. . . . . . . | 2 | » |
| Après coup, la pose de 2 carreaux audit châssis. . . . . . . | » | 70 |
| A 2 petits châssis de comble fourni 2 carreaux, 0 — 0. . . . . . | 2 | » |
| Après coup, à l'un desdits châssis la fourniture d'un verre double 0 — 0 | 1 | 80 |
| Pavillon occupé par M. . . . au 1er, fourni 1 carreau, 0 — 0. . | 1 | 60 |
| 2 de 0 — 0 . . . . . . | 2 | 20 |
| A la porte, 1, 0 — 0. . . . | 1 | 35 |
| Rez-de-chaussée, 1 de 0 — 0 . . | 1 | 70 |
| Bâtiment occupé par M$^{me}$. . . Cabinet d'aisance du bas, 1 carreau, 0 — 0 . . . . . . . . | » | 50 |

# PAPIERS.

Les papiers de tenture et leurs bordures se comptent généralement au rouleau, en désignant le nombre de bandes que comporte le rouleau de bordure. On explique la nature de ces papiers. Ceux qui forment des panneaux se demandent séparément. Les bordures découpées se mesurent en linéaire. Voyez encore page 244.

|  | Argent. | |
|---|---|---|
| 12 rouleaux marbre agate, à 2 fr. | 24 | » |
| 7 *idem*, dessin gris, à 2 fr. . . | 14 | » |
| 1 rouleau de bordure coloriée. . | 6 | » |
| 3 *idem*, bordure fond rouge et or, à 6 fr. . . . . . . . . . | 18 | » |
| 6 *idem*, papier dessin uni, bleu fin à 1 fr. 40 c. . . . . . . . | 8 | 40 |
| 1 *idem*, bordure 3 bandes fond bleu | 6 | » |
| 7 *idem*, satin gris, à 2 fr. 25 c. . | 15 | 75 |
| 1 *idem*, bordure veloutée vert, 3 bandes . . . . . . . . | 11 | » |
| 19 *idem*, Perse, fond bleu ordinaire, à 1 fr. 25 c. . . . . . | 23 | 75 |
| 2 1/8 *idem*, bordure idem, 4 bandes, à 3 fr. . . . . . . . | 7 | » |
| 1 *idem*, talon, pour devant de cheminée . . . . . . . . . | 5 | » |

| | | |
|---|---|---|
| 6 *idem,* Perse, fond blanc, à 2 fr.. | 12 | » |
| 1 *idem,* bordure coloriée . . . | 6 | » |
| 5 *idem,* fond nankin, uni, à 2 fr.. | 10 | » |
| 1 *idem,* bordure fond rouge . . | 6 | » |
| 5 *idem.* satin gris, à 2 fr. 25 c. . | 11 | 25 |
| 1 *idem,* bordure veloutée vert. . | 11 | » |
| 5 *idem,* marbre agate, à 2 fr.. . | 10 | » |
| Plus 1 *idem,* bordure ordinaire . | 3 | » |

# COLLAGE.

*Observation.* Nous répétons ici ce que nous avons dit au sujet de la vitrerie, voyez page 164. En conséquence voyez l'article Teuture page 200.

### BATIMENT SUR LA PLACE.

#### PREMIER ÉTAGE.

|  | Argent. | |
|---|---|---|
| Chambre à coucher à droite, au rez-de-chaussée, 5 rouleaux 2/3 papiers gris à 50 c. | 2 | 84 |
| 1 rouleau bordures à 3 bandes. . . . . | 1 | » |
| Salle à manger, 5 rouleaux 3/4, agate jaune à 60 c. . . . . . . . . . . . | 3 | 45 |
| Salon, 5 rouleaux fond noisette, uni sur carré, à 60 c. . . . . . . . . . . . | 3 | » |
| 22 feuilles de bordure mate, rouge, en carré. . . . . . . . . . . . . . . | 1 | » |
| 3 bandes de zinc fourni et cloué, à 40 c. | 1 | 20 |
| 3 feuilles papier gris pour les bordures. | » | 15 |
| Chambre à coucher, à gauche, sur le devant, 5 rouleaux, dessin fond gris. . . . | 2 | 50 |
| 1 rouleau bordure à 3 bandes. . . . . | 1 | » |
| 1 devant de cheminée, à sujet encadré d'un talon couleur d'or. . . . . . . . | 1 | » |
| Salon, 5 rouleaux, fond uni, en carré, à 60 c. . . . . . . . . . . . . . | 3 | » |
| 21 feuilles bordure à 3 bandes. . . . . | 1 | 25 |

COLLAGE. 169

## DEUXIÈME ÉTAGE.

| | Argent. | |
|---|---|---|
| 14 rouleaux 1/2, fond uni, satin gris et marbre agate, à 60 c. . . . . . . | 8 | 70 |
| 2 rouleaux bordure. . . . . . . . . | 2 | 40 |
| Pour cet appartement, 1 main 1/2 papier gris et 1 1/2 bleu pâle. . . . . . . . . | 1 | 10 |

*Bâtiment sur la rue Notre-Dame-des-Champs.*

| | | |
|---|---|---|
| Chambre du fond au rez-de-chaussée, 7 rouleaux 1/3 de papier perse, à 50 c. . . . | 3 | 67 |
| 1 rouleau 2 feuilles, bordure à 3 bandes. | 1 | 10 |
| Fourni et collé 4 mains bleu dans l'armoire de cette pièce, à 1 fr. . . . . . . . . . | 4 | » |
| Chambre au dessus de ladite, 5 rouleaux perse à draperies, compris le devant de cheminée. . . . . . . . . . . . . . . . | 3 | » |
| 21 feuilles bordure à 4 bandes. . . . | 1 | » |
| Fourni et collé 7 mains de papier bleu dans l'armoire de cette pièce, à 1 fr. . . | 7 | » |

*Salle à manger et passage.*

| | | |
|---|---|---|
| 6 roul. agate en carré dans la salle, à 60 c. | 3 | 60 |
| 1 rouleau 1/2 petit dessin jaune dans le passage. . . . . . . . . . . . . . . . | » | 75 |
| 1er étage, 1re pièce, 5 rouleaux 1/2 fond uni, couleur noisette, en carré à 60 c. . | 3 | 30 |
| 1 rouleau, bordure mate rouge. . . . | 1 | 20 |
| 8 feuilles fond uni, 2 devants de cheminée, encadrés d'un talon couleur d'or. . . | » | 25 |
| Chambre à coucher, à droite, sur le devant, 6 rouleaux perse à draperies, à 60 c. | 3 | 60 |
| 2/3 bordures à 4 bandes. . . . . . . | » | 80 |

MÉTREUR-VÉRIFICATEUR, 2e PARTIE.         15

|  |  | Argent. |  |
|---|---|---|---|
| Chambre sur le derrière, à côté de la salle à manger, 6 rouleaux 2/3 satin gris sur gris. | 3 | » |
| 1 rouleau bordure veloutée à 4 bandes. . | 1 | 20 |
| 2 mansardes, une pièce dans la cuisine et 1 cabinet, 18 rouleaux 1/2 papier perse commun. . . . . . . . . . . . . . | 9 | 25 |
| 2 rouleaux 1/4 bordure à 4 bandes. . . | 2 | 25 |
| 10 devants de cheminée, dont 1 à sujet et 9 en papier de tenture. . . . . . . . | 3 | » |
| Loge du portier, collé 2 rouleaux 1/2. . | 1 | 25 |
| 2/3 bordure. . | » | 65 |
| Fourni 1/2 main papier gris. . . . . | » | 40 |

## RÉSUMÉ.

—

| 00 | 00 | Superficiel de lavage de plafond et murs avant de peindre, le mètre. . | » 05 |
|---|---|---|---|
| 00 | 00 | *Idem* de lavage et de grattage de parquet ou carreau, avant de mettre en couleur, à................ | » 06 |
| 00 | 00 | *Idem* de grattage à vif sur mur, au mètre........................ | » 10 |
| 00 | 00 | *Idem*, ponçage à la pierre-ponce, à | » 10 |
| 00 | 00 | *Idem*, lessivage à l'eau seconde, coupée, à....................... | » 08 |
| 00 | 00 | *Idem*, rebouchage en mastic à la colle, à...................... | » 08 |
| 00 | 00 | *Idem*, rebouchage en mastic à |  |

## COLLAGE.

|   |    | l'huile, à.................... | » 12 |
|---|----|---|---|
| 00 | 00 | *Idem* de badigeon à la chaux, 2 couches, compris grattage et rebouchage de crevasses, à.......... | » 25 |
| .00 | 00 | *Idem*, détrempe, 1 couche couleur de pierre et blanc de plafond à... | » 12 |
|   |    | *Idem*, deux couches, à........ | » 15 |
| 00 | 00 | *Idem* de peinture à l'huile couleur ordinaire, une couche, à........ | 0 30 |
| 00 | 00 | *Idem* à deux couches, à........ | 0 55 |
| 00 | 00 | *Idem* à 3 couches, à.......... | 0 75 |
| 00 | 00 | *Idem*, en vert, à l'huile grasse, sur une couche de minium, à....... | 0 75 |
| 00 | 00 | *Idem*, en bleu acier à.......... | 0 80 |
| 00 | 00 | *Idem* de gris et couleur de bois à l'huile, 1 couche, 2 tons, à..... | 0 40 |
| 00 | 00 | *Idem*, 2 couches, 2 tons à...... | 0 65 |
| 00 | 00 | *Idem*, 3 couches, 2 tons à..... | 0 85 |
| 00 | 00 | *Idem*, granit à l'huile, 2 jetées sur fond à l'huile, une couche, à.... | 0 40 |
| 00 | 00 | *Idem*, marbre bronze et bois à l'huile 3 couches, vernis au vernis gras, à | 2 50 |
| 00 | 00 | *Idem*, parquet à l'encaustique teinté, ciré, frotté, à............... | 0 25 |
| .00 | 00 | *Idem*, carreau en couleur détrempe, 2 couches, encaustiqué, ciré, frotté, à........................ | 0 31 |
| 00 | 00 | *Idem*, carreau en couleur à l'huile, 2 couches, encautiqué, frotté, à. | 0 58 |
| 00 | 00 | *Idem* de toile neuve, fournie, tendue, et marouflée, à.......... | 0 65 |

## COLLAGE.

| oo | oo | *Idem* de papier gris, fourni, collé et bordé, à.................. | o 60 |
| oo | oo | Linéaires de ferrures lessivées, revernies, à..................... | » o5 |
| oo | oo | *Idem* de ferrures en gris à l'huile, 2 couches, à................ | » o7 |
| oo | oo | *Idem*, en noir, au vernis, à.... | » o5 |
|  |  | *Idem*, à l'huile et vernis, à..... | » o6 |
| oo | oo | *Idem*, main-courante, encaustiquée, frottée, passée au papier de verre, à..................... | » 8 |
| oo | oo | Gouttières et tuyaux de descente, à l'huile, fait à l'échelle, à...... | » 15 |
| oo | oo | *Idem*, plinthes à l'huile, à....... | » 12 |
| oo | oo | *Idem*, plinthes en marbre à l'huile 3 couches et vernis, à........ | » 40 |
| oo | oo | *Idem* poteaux, chapeaux et sablières de lucarne et barrières de tombeaux à l'huile, 2 couches, rebouchés, à.................... | » 25 |
| oo | oo | *Idem*, filets d'assises, à......... | » 10 |
|  |  | *Idem*, filets de tables, à....... | » 16 |

Les articles portés à prix d'argent dans le cours du présent mémoire montent ensemble à la somme de

TOTAL....... 000 00

# PLOMBERIE.

Les ouvrages en plomb se comptent au poids, en désignant si les plombs sont en tables coulées ou laminées, et sans avoir besoin de dire s'ils sont employés sur les combles ou ailleurs.

Les tuyaux sont de quatre espèces : moulés, soudés, physiqués et étirés : ils sont de diverses épaisseurs et fabriqués différemment. Il faut désigner exactement l'espèce et le poids de chaque tuyau, leur prix n'étant pas le même.

La *soudure* se compte séparément des tuyaux moulés et soudés ; elle est comprise dans le prix de ceux physiqués. Les tuyaux étirés n'ont aucune soudure.

Il faut distinguer la soudure employée à l'atelier de celle employée au bâtiment, et la compter au poids, compris charbon et façon. Le seul cas aujourd'hui où l'on compte la soudure à part, puis l'emploi du temps et celui du charbon, c'est quand on pose des tuyaux de descente ou autres ouvrages à la corde nouée, parce qu'alors ce travail exige plus ou moins de temps, suivant les difficultés qui se présentent. Autrefois on confondait toute la soudure, et on la comptait au même prix : c'était un abus qui a été détruit presque partout et qui méritait bien de l'être.

La pose du plomb se compte toujours à part, soit au poids, soit à la journée.

Le plomb laminé pèse par pied superficiel :

| | liv. | onc.[*] |
|---|---|---|
| Celui d'un quart de ligne d'épaisseur, | 1 | 6 |
| D'une demi-ligne, | 2 | 12 |
| De trois-quarts de ligne, | 4 | 2 |
| D'une ligne, | 5 | 8 |
| D'une ligne et un quart, | 6 | 14 |
| D'une ligne et demie, | 6 | 4 |
| D'une ligne et trois quarts, | 9 | 10 |
| De deux lignes, | 11 | 0 |

Le vieux plomb se compte aussi au poids, mais on en défalque 4 kilos par o/o pour le déchet de la refonte, et le plombier l'achète 15 c. par o/o idem de moins que le plomb neuf par livre

La journée d'un compagnon plombier est de 10 heures;
Elle se paie par l'entrepreneur        5 fr.
Et celle du garçon                     3 fr.

*Prix des ouvrages en plomberie*

| | | |
|---|---|---|
| Plomb pour tuyaux de pompes, le kilo..... | 0 | 60 |
| Pour chaineaux, bavettes, etc........ | 0 | 60 |
| Soudure employée au bâtiment, non compris la main-d'œuvre ni le charbon, le kilo......... | 1 | 30 |
| *Idem*, à l'atelier, compris main-d'œuvre. | 1 | 85 |
| Tuyaux de rejets en bois pour pompes, de 1 p. (32 c.) sur 3° (08 c.) de diamètre, la pièce. | 5 | 00 |

[*] Pour la conversion de ces poids en kilogrammes, voyez nos tables de conversion.

# SERRURERIE.

Ne pouvant pas donner ici la nomenclature de tous les objets que comprend la serrurerie, vu leur immense quantité, nous dirons seulement quels sont ceux qui peuvent se réunir sous la dénomination commune de *gros fer de bâtiment*; puis nous indiquerons, parmi les autres, ceux qui se comptent au poids, à la pièce ou au mètre courant; le mémoire que nous avons placé à la fin de ce chapitre aidera beaucoup nos lecteurs dans le classement et la désignation des objets de serrurerie qui, nous le répétons, sont trop multipliés pour que nous puissions tous les citer dans cet ouvrage. Au surplus, nous avons lieu de croire que les détails qui suivent suffiront avec le mémoire précité, pour dresser exactement quelque mémoire de serrurerie que ce soit.

Chaque objet en fer autre qu'en quincaillerie doit être désigné suivant 1° la nature du fer, qui peut être commun, ou de roche, carillon, fenton, côte de vache; comme aussi carré, rond, méplat; 2° le genre de façon qu'il a subi.

La pose est toujours comprise dans le prix de chaque objet de serrurerie ou de quincaillerie susceptible de cette main-d'œuvre.

Le vieux fer se livre au cent pesant au serrurier, déduction faite des 4 au 0/0, et à 12 f. au-dessous du prix courant du fer neuf de bâtiment. La ferraille se livre *idem* et à 18 fr. de moins que le fer neuf.

Les réparations en serrurerie se comptent suivant la main-d'œuvre. Il ne peut rien être dit à ce sujet, attendu la différence notable qui peut exister dans cette main-d'œuvre ; c'est à l'architecte ou au métreur à apprécier le travail qui a pu être fait. Voyez notre Mémoire à la suite de ce Traité.

Les *gros fers de bâtiment* comprennent les ancres, bandes de trémies, barres d'appui\*, ceintures, chaines, corbeaux, étriers, harpons, linteaux, manteaux, plates-bandes, potences (grosses), tirants, queues de carpes, etc., et tous autres ouvrages de forge. Ils se comptent au poids, y compris clous à pointes nécessaires pour les attacher, ainsi que la pose avec ou sans entaille. Voyez le Mémoire, page 179 et suivantes.

Il est mieux de distinguer ces gros fers ainsi qu'il suit :

1° Gros fers coupés seulement sur leur longueur; 2° comme bandes de trémies, linteaux, harpons, équerres, tirants, manteaux de cheminées, queues de carpes ; 3° embrasures, entretoises de planchers, étriers, potences et ouvrages coudés à plusieurs coudes, compris clous, entailles et pose ; 4° fers plats et carrés, cintrés et soudés ou renforcés pour congés ; 5° fermes de planchers ; 6° combles en fer; 7° bourdonnières, pivots, équerres de portes cochères.

La plupart des métreurs, à Paris, au lieu de réunir tous les gros fers ci-dessus en un seul article, après avoir exactement désigné l'objet qui est employé, le portent de suite à prix d'argent, afin d'éviter les timbres. Aussi presque tous les mémoires de serrurerie sont-ils sans résumé, puisqu'il n'y a plus qu'à chercher le total des articles qui composent ces mémoires. Il

---

\* Les barres d'appui qui ont une plate-bande par-dessus se comptent séparément de ces premières, et au poids.

en est de même à l'égard de tous les autres ouvrages qui entrent dans cette partie du bâtiment.

Les pentures, équerres et pivots de portes cochères ou autres semblables, sont comptés au poids comme ci-dessus, mais ils forment un article à part. Les boulons et les clous rivés se demandent séparément. Voyez page 186 et suivantes.

Les pentures à charnières pour fermetures de boutiques se comptent au poids ou à la pièce, en désignant exactement la longueur, la largeur et l'épaisseur des fers, ainsi que la forme. Les clous rivés et les vis se tirent hors ligne, mais les gonds font partie des pentures; à l'exception de ceux doubles à pattes en T dont les mamelons sont acérés.

Les *armatures de pompes* comprennent le châssis, le support, le balancier avec volute, tringle en fer, carillon, enfin toutes les pièces soudées.

Les *barreaux de croisées* ou autres sont comptés au poids et pour ce qu'ils sont, soit à pattes, soit à scellement.

Les *châssis* de four et de fourneaux, avec portes et devantures en forte tôle garnie de coulisses et galets, se comptent au poids, tout compris.

Les *clous* et les *rapointis* se comptent au poids; il faut désigner chaque nature de clous sans égard à leur longueur. Voyez pages 185 et 186. Les clous à bâtiment ou forgés ou rivés, à la pièce; voyez page 186.

Les colonnes en fer ou en fonte se comptent au poids : celles en fonte ont ordinairement 3$^c$ (8 c.) dans le haut et 3° 1/2 (093 mill.) à la base, leur moindre longueur est de 7 p. ( 2 m. 27 c.) ensuite elle augmente de 3 en 3 pouces (8 c.). Le pied de longueur pèse environ 30 liv. ou 15 kilos. C'est le mètre 47 kilos.

Les *fontes* douces employées pour grilles et ornements se

confondent avec le fer auquel elles sont attachées. Celles pour *plaques* et *foyers* et pour descentes sont comptées au poids, en distinguant les premières de celles pour descentes.

Les *grilles* sont comptées au poids, en indiquant la nature du fer et comment se compose la grille dont la forme varie à l'infini.

Les *plates bandes* d'escalier en fer méplat, chantournées suivant les limons, percées de trous fraisés, entaillées de leur épaisseur, posées avec vis, doivent être pesées avant que d'être mises en place. Différemment, il faut les compter à la pièce, d'après les grosseurs des fers. Voyez page 188.

Le *plomb* et le *grain* qui servent aux scellements se demandent à part, chaque objet au poids.

*Ouvrages qui se comptent à la pièce.*

Les *anneaux* et les *boucles* en fer ou en cuivre sont mesurés suivant leur diamètre ou leur largeur ; ils comprennent la rosette et le clou de heurtoir.

Les *anneaux de mangeoires* sont à lacet, à vis ou non, et à scellement.

Les *agrafes, contre-pannetons* et *supports* d'espagnolettes sont demandés d'après leur orce et leur modèle, et y compris les vis. Les supports font ordinairement partie des espagnolettes.

Les *balcons* se comptent à la pièce, en indiquant leurs dimensions, leur forme et la force des fers.

Les *becs de canne* simples ou doubles sont comptés à la pièce, suivant leur longueur et leur qualité ; il faut indiquer la forme et la nature du bouton ou de la béquille qui se comptent avec ces derniers, ou séparément, ainsi que les gâches. (Voyez ce mot.) Les tirages avec poignée et bascule ne font pas partie des becs de canne. Voyez page 192.

Les *boules* en cuivre pour rampe d'escalier, comme vases. (Voyez ce mot.)

Les *boulons* se comptent à la pièce ; ils comprennent les clavettes ou les écrous. Il faut expliquer leur forme, leur longueur et grosseur. Quelques personnes les comptent au poids, alors il suffit d'indiquer la nature du fer et la forme.

Les *boutons* de becs de canne en cuivre, ceux en fer tourné, peuvent être ou non compris dans les objets auxquels ils sont joints, seulement il faut en désigner la forme, la grandeur et la nature.

Les *briquets* et *couplets* se demandent suivant la longueur des deux branches et le nombre de nœuds ; les couplets à goujons se comptent à la paire, en désignant la largeur des lames.

Les *broches* sont comptées à la douzaine en indiquant leur longueur.

Les *cadenas* se désignent par leur largeur et leur qualité ; leur prix comprend celui du piton et du tire-fond.

Les *calibres*, ferrés en tôle suivant le dessin, sont comptés d'après leur profil. Voyez page 185.

Les *charnières* se distinguent en carrées et à pans ; on désigne leur hauteur ; elles peuvent être en fer ou en cuivre. Celles à nœuds se comptent au nombre de nœuds et à la longueur des deux branches. Les clous ou vis et les entailles sont compris dans le prix des charnières : il suffit donc d'indiquer l'emploi des uns et la façon des autres. (Voyez le Mémoire de serrurerie, page 179 et suivantes.)

Les *chevillettes* se comptent à la pièce, en indiquant leur longueur. Voyez page 185.

Les *clés* autres que celles qui sont jointes aux serrures neuves, sont comptées suivant leur forme et leur force.

Les *colonnes* comme à la page 177.

Les *coulisseaux* se désignent par leur longueur et leur nature; ils comprennent le fil de tirage. Voyez page 298.

Les *crochets* sont ronds ou plats ; on en désigne la longueur dans laquelle ne doit pas se comprendre le développement du crochet. Les tire-fonds, vis et pistons font partie des crochets.

Les *croissants* de cheminées sont comptés à la paire, en indiquant leurs espèces et s'ils ont ou non des vases en cuivre.

Les *équerres* sont demandées d'après leur dimension et leur nature. La longueur des équerres simples se prend sur une des branches et d'une extrémité à l'autre. Celle des équerres doubles ou des T se prend entre les deux branches parallèles et sans égard à ces mêmes branches. Les vis ou clous et entailles comme aux charnières.

L..... nes sont désignées par leur hauteur. Celles à vases son...  ..ées entre les vases. Il y en a à gonds, de brisures, à b.  . à chapelets et à bases. Voyez pages 187 et 191.

Les *gâches* sont comptées à la pièce ; malgré l'usage qui veut que quelques serrures et becs de cannes comprennent leurs gâches, nous pensons qu'il est mieux de toujours les séparer, attendu que leur forme varie beaucoup. Il suffit, dans ce cas, de désigner la forme, la dimension et la nature de ces gâches, et d'avoir le soin de n'en point comprendre d'abord le prix dans celui des serrures. Les entailles et les vis se confondent avec la gâche. Les gâches en tôle pour pannetons, les platines *idem* pour boulons, sont comptées suivant leurs dimensions.

Les *gonds* sont désignés selon leur longueur et leur forme; ils peuvent être à pointes, à scellements ou à pattes. Dans ce dernier cas, les clous rivés se comptent séparément.

Les *gratte-pieds*, selon leur forme et leur nature, sont coudés ou en demi-cercle, avec lame plus ou moins large, les talons enlevés, ou bien composés de deux petites tiges rondes surmontées d'une boule et avec une lame horizontale de plus ou moins de longueur.

Les *heurtoirs* ou *marteaux* de portes sont en fonte ou en fer. Ils comprennent le clou à tête carrée, les deux lacets dont un à charnière, la tige taraudée à pointe de diamant, ses deux platines et son écrou rond fraisé. Il faut indiquer le diamètre et le modèle. Voyez pages 194 et 203.

Les *loqueteaux* se désignent par la largeur de la platine, ils comprennent les vis et goujons au mantonnet. On en distingue à croissants, à panaches, coudés pour persiennes ou contrevents. Les fils de tirage et anneaux peuvent être ou non compris dans le prix. Voyez page 193.

Les *loquets à bascule* se comptent selon la longueur du battant et sa force. Le prix comprend le mantonnet à pattes ou à pointes, le bouton simple ou tourné, les crampons et les vis.

Les *moraillons* s'estiment suivant leur longueur, y compris le piton ou tire-fond avec vis.

Les *mouvements* de tirage ou de renvoi, ainsi que les *ressorts* de renvoi, se demandent séparément. Voyez page 203.

Les *pannetons* pour volets se désignent suivant la longueur, la largeur et l'épaisseur du fer ; les vis et les entailles sont comprises dans leur prix, les gâches à part. Voyez page 198.

Les *patères* sont simples ou doubles ; elles se placent sur les balcons, les rampes, etc. Elles se comptent suivant leur diamètre, et sont en fonte ou en cuivre. Elles sont comprises dans le prix des balcons et des rampes fournis par l'entrepreneur.

Les *pattes* sont comptées à la pièce ou à la douzaine. Il faut indiquer si elles sont entaillées, posées avec vis ou clous, et enfin leur longueur et leur espèce. Il y en a à pointes, à chambranle, à contre-cœurs, à croisées, etc. Voyez p. 192 et autres.

Les *percements* de murs pour sonnettes ou autres sont estimés suivant la main-d'œuvre.

Les *pilastres d'escalier* se comptent suivant leur nature. Il y en a en fonte et en fer tourné. On les désigne d'après leur hauteur, non compris la soie ni le goujon, et en indiquant la grosseur de la panse et s'ils sont polis à l'émeri.

Ces pilastres peuvent aussi se compter au kilo.

Les *pivots* autres que ceux de porte cochère, sont comptés à la pièce. Il faut en indiquer la forme, la longueur de la branche, celle de la saillie, sa largeur et sa hauteur. Le prix comprend celui des vis et de la crapaudine.

Les *poignées* se mesurent d'après leur ouverture et non d'après les pattes ou platines qui les font distinguer en deux classes. Les vis et entailles sont comprises dans le prix de chacune d'elles.

Les *pommelles* sont simples ou doubles, en S ou en T. Celles simples comprennent les gonds à pointes, à scellement, ou à pattes. Il faut désigner la hauteur. Les clous rivés peuvent se demander à part, mais non les vis ni les entailles. Voyez pages 192 et 193.

Les *poulies* sont comptées à la garniture composée de trois poulies simples ou doubles, à pointes ou à pattes; il faut en désigner la longueur. Les vis sont comprises dans le prix de celles à pattes.

Les *sonnettes*, suivant leur diamètre et y compris le ressort et la pointe.

Les *serrures* se comptent à la pièce. Il faut très exactement désigner leur longueur et leur qualité, suivant les dénominations en usage dans le bâtiment. Dans le prix de chacune d'elles sont compris les vis, les entailles, l'entrée, la clé ou les deux, suivant l'espèce de serrure. Les brides, les boulons et les gâches à part. Voyez gâches.

Les *serrures d'armoires* ou de portes, avec tirage et bec de canne par le haut, sont tirées hors ligne et payées en conséquence de leur nature. Celles en cuivre *idem*.

Les *targettes* sont comptées suivant la largeur de leurs platines, en désignant la forme et la qualité. Leur prix comprend les crampons et les vis. Voyez page 199.

Les *tourniquets* sont simples ou doubles. Voyez page 192.

Les *vases* de rampes en cuivre se distinguent par modèle ou par numéro; le 1$^{er}$ porte 2 pouces (54 c.) de diamètre; le n° 2 porte 2° 6 l. (066 mill.); le n° 3 porte 3° (08 c.), le n° 4 porte 3° 6 l. (092 mill.); le n° 5 porte 4° (11 c.); le n° 6 porte 5° (14 c.).

Les *verroux* sont à ressorts, à demi-placard, à placard à bascule, à boucle, à poignée, à la capucine; ils sont ordinaires ou polis, en fer ou en cuivre, avec bouton tourné ou non. Il faut en désigner la longueur et la platine. Les vis, crampons et conduits sont compris dans les verroux.

Les *vis*, autres que celles qui sont comprises dans les objets qu'elles servent à retenir et à fixer, se comptent à la douzaine, en indiquant le n° de force qui sert à déterminer la longueur réduite; il faut dire si elles sont de foret ou tournées.

*Ouvrages qui se comptent au mètre courant.*

Les *chaînes* de tournebroches sont toutes d'une même espèce.

Les *cordes de septain* à 21 brins pour tournebroches, sont comme les chaînes. Voyez ce mot.

Les *espagnolettes* se mesurent suivant leur longueur non compris les crochets. On indique le diamètre de la tige, qui comprend lacets, embases, goujons, gâches en tôle et support à charnière. La poignée, si elle est pleine, compte pour 1 p. (32 c.) de longueur. Différemment, elle se tire hors ligne pour ce qu'elle vaut. Les espagnolettes peuvent être estampées et tournées sur le tour, ou vernies au feu. Les agrafes, contre-pannetons, supports à pattes, verroux à douille, sont comptés séparément. Voyez pages 188 et 191.

Les crémasses à la pièce, tout compris, on désignant le modèle ou numéro.

Les *fils de fer* ordinaires ou cordés pour sonnettes comprennent les points d'arrêt et les conduits. Les autres fils de fer se comptent ou au mètre linéaire ou au kilo. Celui employé pour sonnettes contient 36 toises de longueur par livre, et celui qui sert à faire des petites tringles, 8 toises.

C'est en mètres 70 17 et 15 50.

Les *fils de laiton* sont de plusieurs numéros. Celui dont on se sert le plus communément est le n° 8, dont la livre contient 640 pieds de longueur, ou 106 toises 4 pieds, ou 218 mètres. Le prix de ce fil comprend les conduits et points d'arrêt.

Les *toiles métalliques* en cuivre se comptent au mètre superficiel.

Les *rampes* sont métrées sur la plate-bande, et il n'est rien ajouté pour les pilastres qui se comptent pour ce qu'ils sont, y compris les vases ou pommes en cuivre que l'on met au-dessus. Il faut désigner la grosseur des fers, l'espacement des barreaux, et enfin la forme et la composition de la rampe.

SERRURERIE.

Les *tringles* de rideaux se divisent en brutes ou polies. Il faut désigner leur diamètre.

Les *tuyaux* en fer blanc comprennent les crampons. Ils se comptent suivant leur diamètre.

Les trous se distinguent par rapport aux objets dans lesquels ils sont pratiqués. On confond ceux en pierre ou en moellon, mais on sépare ceux en pan de bois de ceux en cloison hourdie et de ceux en plancher. Tous se comptent au mètre de longueur. Voyez le mémoire.

Le *vernissage au feu* se compte au pied courant pour les barreaux, les tringles, les tiges d'espagnolette, etc. et suivant le diamètre du fer, en distinguant tous les objets de 5 à 9 l. (012 à 020 mill.) de diamètre, de ceux de 9 à 13 lignes (020 à 030 mill.).

*Pour la tête ou titre de ce Mémoire, voyez* MENUISERIE, *page* 120.

SAVOIR :

| | | |
|---|---|---|
| Fourni 1 barre de fer en côte de vache de 0 de long, et 2 barres en fenton de chacune 0 de long, pesant ensemble 0, à 37 c. le kilo. . . . . . . . . | 5 | 07 |
| A la cuisine, pour supporter un montant en bois, fourni 2 corbeaux en fer méplat à talon de 0 et empatement, coudés d'équerre, pesant 0, à 52 c. . . . . . . | 5 | 50 |
| Fourni 1 harpon et une équerre en fer platiné pesant 0, à 52 c. . . . . . | 6 | 12 |
| Pour lesdits fers fourni 14 forts clous forgés exprès de 0 en fer doux et posé. . . | 1 | 75 |
| Plus fourni 2 autres harpons en fer plat, pesant ensemble 0, à 52 c. . . . . | 5 | 06 |
| | 5 | 06 |

## SERRURERIE.

Fourni 8 forts clous forgés *idem*. . . . . 1 »

Fourni 1 bande de trémie en fer plat et 2 chevêtres en fer carré, plus un tirant, pesant ensemble 0, à 52 c. . . . . . . 21 10

Fourni 5 étriers pesant 0, à 62 c. . . 8 93

Pour lesdits fourni 24 forts clous de 0 *idem* aux précédents. . . . . . . . 3 »

Fourni 10 queues-de-carpe en fer plat pesant ensemble 0, à 52 c. . . . . . 13 07

Pour les poser en place, fourni 30 forts clous forgés de 0. . . . . . . . 3 75

Pour la paillasse du fourneau fourni 4 barres de fenton pesant 0, à 37 c. . . 4 90

Pour 3 croisées fourni 3 barres d'appui en fer carré 0 de 0 de long à scellement aux deux bouts et percées de chacune 3 trous au foret pour passer des vis, lesdites barres pesant ensemble 0, à 37 c. . . . . 9 80

Ferré la porte cochère neuve, fourni 2 forts pivots en fer corroyé à congé de 0$^m$00 d'angle, percé de chacun un trou au foret de 0 de diamètre sur 0 de profondeur, les branches effilées réduites à 0 d'épaisseur pour le haut et de 0 de haut, le tout sur 0 de large, percé ensemble de 14 trous plats, fraisés, bien dressés, garnis de 2 crapaudines en fer corroyé *idem*, en masse, carré portant mamelon soudé, ajusté, arrondi à la lime suivant la demande des pivots; posé, entaillé lesdits de leur longueur et épaisseur, le tout pesant 0, à 1 fr. 20 c. . . . . . . . . 110 50

SERRURERIE.

Fourni 14 clavettes à tête plate, fraisées, de o sur o, tige de o, percées de chacune 1 tron, posées et goupillées à travers les montants, à 50 c. . . . . . . . .  7  »

Pour le haut de ladite porte fourni 2 fortes fiches à lames de o et o de haut ; garni de gonds et contre-gonds à scellement de o de longueur en fer carré, posés, entaillés en mortaises avec les nœuds de gonds et contregonds, et garni de o broches de o renforcies, le tout pesant o, à 1 fr. 20 c. . . . 24 »

Sur ladite porte fourni 3 équerres doubles, dont 1 pour le haut du guichet, lesdites en fer plat de o de large sur o d'épaisseur, dont o de chacune o de long, développées, percées de chaque 13 trous fraisés, bien dressés, avec congé dans les angles, l'équerre du guichet de o de long en fer *idem* et à congé, percé de 12 trous dressés ; posé, entaillé lesdites de leur longueur et épaisseur à fleur de bois ; fourni 38 fortes vis tournées de o à tête plate, le tout pesant o, o à 1 fr. . . 36 10

Ferré le guichet, fourni 2 fortes fiches à chapelet de o de long, de o de diamètre, à 5 lames bien limées, dressées, blanchies, garnies de broches rivées avec contre-rivures, entaillées, mortaisées. . . . . . 20 »

Pour fermeture fourni une serrure à tour 1/2 de o, à tirage de cordon, bon poussé, renforcie, garnie de sa clé polie avec 3 vis de o; 1 entrée carrée, entaillée, posée, avec 4 vis fraisées. . . . . 1 . . . 12 »

Fourni 1 gâche à pattes, encloisonnée sur le derrière, entaillée, dressée, limée, posée avec 4 vis tournées. . . . . . 2 »

Fourni 1 espagnolette en fer rond, de o o de diamètre, de o de haut, à 4 embases en fonte de o de hauteur carrée de o sur o et o d'épaisseur, avec congé et tenons, percé, taraudé de chacun 2 trous garnis de fortes vis tournées, de o à tête ronde, renforcies; ladite espagnolette portant par le haut un fort crochet en fer cintré à tête à douille, monté, ajusté sur le bouton, coudé, percé, goupillé et rivé.

La partie du bas de ladite espagnolette est à verrou montant et descendant dans les deux embases à douille, avec un carré de o sur o de haut, percé d'un trou, garni d'un fort bouton tourné à embase et tige alongée, ledit de o de diamètre, ajusté et rivé.

Ladite espagnolette portant un épaulement au dessus de la 3ᵉ embase et tournant au-dessus du verrou, plus au-dessus portant un carré avec congé de o de hauteur sur o de large, percé d'une mortaise plate, contre-percé et garni d'une forte poignée de o de long et o de large, avec dégagement formant 4 congés, embases à tenons, percé, épaulé, profilé, ajusté sur le congé, garni

## SERRURERIE.

d'un clou avec écrou et rivé l'empatement du bout de o de diamètre, portant 1 bouton tourné *idem* aux précédents du verrou, le carré du milieu de ladite poignée d'une ouverture ronde pour l'entrée de serrure, et garni d'un auberon à tenon ajusté, rivé, pour prendre fermeture avec le pêne de la serrure, le tout bien dressé à la lime, profilé.

La tige du bouton du verrou entrant dans le battant de la porte, fait la mortaise suivant la course dudit verrou et garni d'une platine en fort fer battu de o sur o, dressée, limée, percée d'une mortaise en équerre et de 6 trous fraisés, entaillés d'épaisseur, fixés avec 6 fortes vis tournées à tête plate, de o, lesquels o d'espagnolette à 25 francs le m.     101   66

Fourni 1 serrure ercloisonnée, faite exprès, avec clé forcée à mortaise sur la palatre, posée avec 5 vis à tête plate pour fermeture de ladite espagnolette. . . .     18   »

Pour le crochet du haut fourni 1 fort goujon en fer rond de o de diamètre de o de long à scellement. . . . . . .     »    85

Pour le verrou du bas fourni 1 forte gâche de o de large, de o d'épaisseur, à 2 branches à scellement enlevé de o de long développés, percé de 1 trou de o de diamètre, percé les trous dans la pierre et l'avoir scellé en plomb, fourni o de plomb, fait fondre ledit ; le tout vaut. . . . . . . o     4    »

Dans un local rue...... donnant sur le derrière à gauche de la cheminée, ferré une porte d'armoire, fourni deux charnières de 0 entaillées, posées avec 12 vis tournées de 0, à tête plate. . . . . . . . . 1 30

Pour fermeture fourni 1 targette en cuivre 0, posées avec 4 vis tournées. . . . 2 25

Fourni 1 gâche coudée d'équerre, à mortaise, dressée, entaillée et posée en place. » 50

Posé 1 glace au-dessus d'une commode et dans la même pièce, fourni 3 pattes coudées et posées. . . . . . . . 1 20

Pour une armoire, fourni 1 targette en fer de 0 sur 0 de large, entaillée, posée avec vis tournées, de 0, à tête plate. . 2 »

Fourni 1 gâche en fer battu, coudée d'équerre, à mortaise, dressée, limée, entaillée, posée. . . . . . . . . » 60

### Le 8 septembre.

Pour des poitreaux, fourni 5 boulons de 0 de long en fer de 0 de diamètre, garnis d'écrous carrés et rondelles, à 4 fr. . . 20 »

### Le 12 septembre.

Fourni 0 de rappointis ordinaire au maçon, à 35 c. et 0 de rappointis fin à 40 c. 3 60

### Le 20.

Fourni 12 chevillettes de 0 au charpentier, à 80 c. le kilo . . . . . . . 3 »

### Le 24.

Fourni 0 de clous neufs à bateau livrés au maçon, à 75 c.. . . . . . . . 3 60

SERRURERIE.

*Le 28.*

Pour l'entablement sur la cour, ferré un calibre de o de long développé, découpé en tôle, de o et o de large, limé suivant le profil et garni de clous d'épingles. . . . . 4 | 20

Fourni 5 boulons en fer rond de o de diamètre, de 14 et o de long, à tête plate et de l'autre bout taraudé, garni d'écrous à pans, clavettes et 2 rondelles à chacun, livrés au charpentier, à 3 fr. 50 c. . . . . . 17 | 50

*Le 10.*

Fourni o de clous doux au charpentier . 1 | »

*Le 15.*

Fourni o de forts clous doux de o au charpentier. . . . . . . . . 1 | »

Fourni une entrée carrée, dressée, limée et posée. . . . . . . . . . » | 40

## PREMIER ÉTAGE.

Dans un cabinet au-dessus de la loge, ferré la porte dudit, fourni 3 charnières à pans de o entaillées d'épaisseur, posées avec 18 vis tournées de o, à tête plate, à 60 c. . 1 | 80

Plus pour ledit étage, avoir ferré 3 croisées donnant sur la rue.

*Détail d'une.*

Fourni 8 équerres découpées de o de branche, entaillées d'épaisseur, posées avec clous d'épingle, à 30 c. . . . . . 30 20

*Idem,* 6 fiches à bouton de o, mortaisées et pointées, à 70 c. . 4 20   20 | 40

Une espagnolette de 16 mill. de diamètre, de o de long, compris poignée pour o, ladite à 3 embases avec lacets à écrou entaillé et posé, à 4 fr. 40 c. le mètre . . . . . . . . 12 » } 20 40

4 pattes à scellement à trous fraisés, entaillées, posées avec vis, à 25 c. . . . . . . 1 »

Ferré les deux autres croisées en tout semblables à la précédente, à 20 fr. 40 c., ensemble . . . . . . . . . . 40 80

Ferré 3 paires de persiennes.

Fourni 8 équerres de o, entaillées, posées idem aux précédents des croisées  3  20

6 pommelles à T de 16 c. entaillées d'épaisseur, fixées avec o clous rivés à tête fraissée, et 24 vis tournées, o, à tête plate, et 6 gonds à repos, à scellement, ajustés, à 2 fr. . . . 12 »

Un loqueteau à mantonnet coudé de o, posé avec 4 vis de o   1  70

Un tirage en fil de fer de o de long, garni d'un anneau ajusté en place et 2 conduits à pointes » 50 } 20 50

1 goujon à pointe, coudé de 2 coudes. . . . . . . . » 50

1 poignée à pattes de o, et 2 vis de o, posée. . . . . . » 60

2 tourniquets doubles de o montés sur des supports de scellement, de o, idem pour tenir les venteaux ouverts. . . . 2 »

Ferré les deux autres persiennes en tout semblables, ensemble . . . . . . 41 »

Pour les plates-bandes en bois sur les barres d'appui, fourni 9 vis tournées, de o, à tête ronde, livrées au menuisier. . . . » 65

Pour tenir ouvertes les persiennes fourni 3 forts supports pitons à pointes de 6°, avec broches à œil et chainettes, posé en place . 2 »

BATIMENT EN AILE, MÊME ÉTAGE.

Ferré 3 paires de persiennes.

Pour la première, en entrant dans la grande chambre, au ventail à gauche, fourni 2 pommelles en S, de o°, posées avec 2 clous rivés et 12 vis à tête ronde : pour lesdites, fourni 2 gonds à repos, à pointe, posés à l'échelle avec difficulté, à 2 hommes. . . 4 50

Pour le ventail à droite fourni 2 pommelles à T de o, à collets en congé, alongées, coudées de o de saillie pour le développement sur le tuyau de descente, lesdites entailles d'épaisseur, fixées avec 2 clous rivés et 8 vis tournées, à tête plate . . . . . . 6 »

Pour lesdites, fourni 2 gonds à repos, à pointe, posés à l'echelle, *idem* . . . . 5 »

Fourni un loqueteau à mentonnet coudé avec vis, tirage, anneau à conduit, goujons, *idem* aux précédents . . . . . . 2 70

Pour une pièce au haut du bâtiment, ferré un châssis à tabatière, fourni 2 fiches à boutons de o, percés de chacune 6 trous, posées

avec 12 vis tournées de o, à têtes rondes, à
1 fr. 25 c.. . . . . . . . . . . 2   50

Fourni 2 équerres de o, entaillées, posées
avec clous d'épingle, à 30 c, . . . . »   60

A l'escalier, pour les assemblages du limon, fourni 3 plates-bandes en fer, de 27 mill. de large sur 7 mill. d'épaisseur, de 37 cent. de long, percées de chacune 6 trous, fraisées, dressées pour être entaillées, ceintrées à la demande, chantournées, entaillées d'épaisseur, fixées avec 18 fortes vis tournées, de 4 c., à tête plate, à 1 fr. 50 c. . . .  4   50

Pour le verrou du haut de la vieille porte cochère, fourni une forte gâche à scellement, coudée, contre-coudée en étrier avec son rebord coudé, dressée à la lime, posée . . . . . . . . . . 2   »

Fourni une entrée de 70 c. sur 54 c., entaillée et dressée à la lime, posée avec 4 vis fraisées. . . . . . . . . . »   65

Nettoyé le fort verrou à valet et posé en place neuve avec 6 vis, et sa gâche à patte avec ses 4 vis . . . . . . . . »   80

Pour le guichet de la vieille porte fourni un marteau de forme ovale suivant la traverse, ledit en fer rond o de diamètre, de o de long sur o de large, garni d'un fort lacet à tête carrée, de o ; taillé à pointe sur le devant, dressé à la lime sur toutes faces, la tige de o de long, taraudée et garnie d'un écrou carré de o, dressé, chaufriné à la lime, et une rondelle limée *idem*, posée en place, percée de trous ; ledit arrondi et blanchi à la lime, et pour recevoir le coup, un fort clou à tête carrée, de o sur o d'épaisseur, dressé, limé, chanfriné, posé à pointes, rivé. Le tout vaut. . . . . . . . . . . . 14   75

Fourni un ressort de renvoi pour l'ancienne porte cochère, en acier trempé, dressé, limé, de o de long sur o de large, percé de 2 trous fraisés, posé avec 2 vis . . . .   1   80

Au bord d'un trou contre la porte cochère, posé un mouvement avec sa pointe, fait une entaille dans la pierre et posé ledit mouvement, percé et tamponné le trou . . .   1    »

Sur le montant de la porte, un autre mouvement monté sur platine ; entaillé ledit de son épaisseur ; fourni 4 vis fraisées . . .   »   65

Fourni o de fort fil de fer tendu. Vaut. .   »   10

Sur le montant, fourni un conduit en tôle, coudé, emboîté en forme de chapeau, de o de large, percé de 10 trous, posé avec 10 vis de o à tête ronde . . . . . . .   1   90

Pour couvrir le mouvement sur le pilier en pierre, fourni une boîte en tôle de o de large sur o de long, coudée de 5 coudes d'équerre, fermée dessus et dessous, percée d'une mortaise pour le jeu du mouvement et percée de 3 trous dans l'empatement ; posé, fourni 3 vis de o, percé 3 trous tamponnés en bois dans la pierre . . . . . . . . .   4    »

Fourni un ressort de rappel en acier,

monté sur un support à pointes, garni d'un bout de fil de fer, posé en place. . . . » 75

Pour tenir la menuiserie sur les côtés, fourni 8 fortes pattes à scellement, de o de long, à fer étiré de o et o élargies à queue d'aronde d'un bout, percées de chacune 3 trous fraisés, dressées à la lime, posées, entaillées, avec 24 fortes vis tournées de o, à tête plate, à 1 fr. 40 c. . . . . . 11 20

Pour tenir la corniche, fourni 4 fortes pattes *idem*, de o de long à scellement et à trous fraisés, posées avec 12 vis *idem* aux précédentes, à 1 fr. 40 c. . . . . . 5 60

Pour la fermeture, ferré 6 grandes feuilles de volets, fourni 12 pannetons droits de 27 mil lim. sur 16 c., en fer, de o, percé chacun de 3 trous fraisés, dressés à la lime, arrondis, chanfrinés, les bouts entaillés d'épaisseur, fixés avec 12 clous rivés, à tête fraisée plate, entaillés, et 24 vis tournées de o à tête plate, à 1 fr. 20 c.. . . . . 4 40

Pour lesdits, fourni 12 gâches coudées d'équerre de o, à mortaise et à 4 trous fraisés, dressés à la lime, entaillés, posés avec 48 vis tournées à tête plate, à 55 c. . . . . 6 50

Fourni 2 barres de fermeture en fer plat o de large sur o d'épaisseur, coudées contre-coudées d'un bout, de chacune o de long développées, à chaque bout un empatement, élargies o, percés de trous carrés et dans la longueur de chacun 2 autres trous pour les

## SERRURERIE.

boulons, dressés et chanfrinés sur deux arêtes à la lime : lesdites produisent ensemble o de long développés, à 2 fr. 20 c. . . . . 25 20

Sur lesdites, fourni 4 boulons tournés, de o, ajustés à rives, à 90 c. . . . . . 3 60

Pour les bouts coudés en agrafes, fourni de fortes gâches en fer battu de o sur o à mortaises et 6 trous fraisés, dressés, limés, entaillés ; fait les mortaises pour les tenons, et posées avec 12 vis tournées de o à tête plate. . . . . . . . . 2 50

Pour ladite barre, fourni 2 supports à charnières et à consoles montées sur platines de fort fer battu de o sur o, le support à volute découpé de o de haut sur o de large, à tourillon et support à pattes rivées sur platines, percées de 4 trous fraisés, dressés, limés, entaillés d'épaisseur, posés avec 2 clous à tête plate entaillés, et 8 vis fraisées. 7 »

Fourni pour les deux barres et pour le bas des volets, 8 boulons de o, à tête de diamant et à trou plat, garnis de clavettes à talon arrondi ; le tout dressé, limé, ajusté, à 1 fr. 20 c. . . . . . . . . . . 9 60

Pour lesdits, fourni 22 platines de o carrées, dressées, limées et entaillées, posées avec clous d'épingle, à 40 c. chacun. Fait . 8 80

Ferré la porte à deux ventaux, fourni 6 fiches à boutons de o, mortaisées et pointées. . . . . . . . . . . 4 20

Pour fermeture, fourni 2 verroux à demi-placard, dont un de o, l'autre de o garni de conduits à pattes posés avec 16 vis tournées . . 7 50

Pour le haut, fourni une gâche à pattes, entaillée, posée avec 4 vis à tête ronde. . . 1 10

Pour le bas, fourni une gâche en fer battu de o sur o, à mortaise et 4 trous fraisés, dressés, entaillés dans la pierre ; percé la mortaise et les 4 trous tamponnés ; fourni 6 vis de o . . . . . . . . . . » 85

Pour fermeture, fourni un bec de cane en hauteur de o sur o, posé avec 4 vis. . . 7 50

Fourni une gâche encloisonnée, 2 vis. . 1 »

Fourni une béquille en cuivre ajustée de longueur, à grand anneau ovale et un bouton en olive en cuivre, percé et goupillé . . 3 »

Fourni une rosette carrée, entaillée et posée . . . . . . . . . . . » 25

Ferré les deux volets sur ladite porte, fourni 4 pannetons à agraffe, à double coude, de o de long sur o fer de o, percé de 3 trous fraisés, dressés, entaillés, posés avec 8 vis tournées à tête plate, *idem* à 1 fr. 75 c. . 3 50

Fourni 2 gâches coudées de o sur o, à mortaises, et 4 trous fraisés, entaillées, posées avec 8 vis tournées à tête plate. . . . 1 50

Fourni 16 poignées tournantes, montées sur platine de o, avec lacet à olive, posées, entaillées, avec 48 vis tournées à tête plate, à 1 fr. . . . . . . . . . . 16 »

Ferré les 2 châssis vitrés d'imposte, fourni

4 charnières carrées, de 0, entaillées, posées avec 24 vis tournées, à 50 c. . . . . . 2 »

Pour fermeture, fourni 2 verroux à ressorts polis, de 0, posés avec 8 vis et 2 gâches à pointes. . . . . . . . . . 2 80

Plus fourni une targette à croissans de 0, posée avec 6 vis et 1 gâche à pointes . . 1 »

Aux deux croisées donnant sur la cour, posé 4 moitiés de fiches et fourni 4 fiches à bouton de 0, mortaisées, pointées, et placées en place neuve, à 70 c. . . . . . . . 2 80

*Le 24 juillet.*

Avoir déposé la rampe de l'escalier de 0 de long ; pour temps employé et outils à deux hommes. . . . . . . . . . 4 50

*Le 26.*

Pour les fourneaux de la cuisine, façonné les ceintures suivant la place, lesdites en fer méplat mises de longueur ; fait les redressements, soudures, coudes, cintres, et les bouts à scellement, pesant ensemble 75 liv. [*], à 12 c. . . . . . . . . . 9 »

Façonné une barre de vieux fer pesant 10 livres 1/2, à 10 c. . . . . . . . 1 10

*Le 9 août.*

Au devant de la cheminée de la cuisine, façonné une tringle, mise de longueur, fourni et soudé 0 de fer en 0, fait un œil

---

[*] *Voyez nos Tables de conversion.*

au bout, limée, coudée en bâton rompu, posée en place; fourni 2 gonds à pointes de o. | 1 | 50

Dans la cuisine, déposé une serrure de commode, ajusté une vieille clé de la maison, réparé la serrure, remis en état et reposée en place . . . . . . . . . . | 1 | 20

Pour une tige de bouton fait un écrou en cuivre, posée, ajustée à la demande. . . | » | 50

A la porte de la chambre de la cuisine, pour recevoir un cadenas, fourni 2 forts tirefonds, de 2° 1/2 et posé en place . . . | » | 80

*Rue.* . . . . Avoir déferré une porte charretière à deux ventaux, déposé 2 équerres doubles portant pivots et à nœuds de penture, deux forts verroux, un fléau, un support à vis et clous rivés, coupé au burin toutes les rivures, pour temps employé et outils à deux hommes. Vaut. . . . . . . . | 10 | »

Le 13 août.

*Rue.* . . . . . Dans la salle à manger, ferré une porte d'armoire, avoir entaillé 3 moitiés de charnières à pans de o, fourni 9 vis tournées de o, à tête plate . . . | 1 | »

Façonné 2 harpons avec des vieux fers provenant des ferrures de porte charretière, lesdits pesant o, à 10 c. . . . . . . | 1 | 50

Le 21 septembre.

Fait fermer la porte du grenier, donné du jeu à la gâche . . . . . . . | » | 40

Façonné une ceinture de fourneau avec

un manteau de cheminée, redressé les coudes, mis de longueur, fait les coudes à scellement à la demande, pesant ensemble o, à 12 c. . . . . . . . . . . . 3 48

Pour ladite ceinture, fourni et soudé o de fer neuf, à 35 c. . . . . . . . 3 50

Plus, avoir ajusté une clé sur une serrure à tour o de la maison, posé ladite à la porte d'un garde-meuble, fourni 3 vis de o tournées. . . . . . . . . » »

## PORTE COCHÈRE.

Pour ladite, réparé les 2 pommelles à équerres doubles du haut, les avoir redressé à la forge dans toute leur longueur de o développé en fer plat de o et o de large, avec tête et collets . . . . . . . . . 3 »

Posé et entaillé à demi-épaisseur de leur longueur et largeur.

Fourni 4 clous rivés à tête carrée, tige de o de long, o de diamètre, entaillés à fleur du bois et rivés . . . . . . . . 1 60

Plus, fourni 25 fortes vis tournées, de o, à tête plate, posées, à 15 c. . . . . . 3 75

Réparé les deux pivots du bas à équerre double, fourni les deux traverses en fer plat, de o sur o d'épaisseur, de chacune o de long percées de 6 trous fraisés, chanfrinées au marteau; avoir fourni et soudé à chaud, porté à chaque pivot un mamelon en fer arrondi de o de diamètre et o de long, ajusté, arrondi à la lime; soudé les traverses avec les

## SERRURERIE.

branches montantes faites à chaque pivot, deux fortes soudures, et bien dressé mis d'équerre . . . . . . . . . . 16 »

Posé, entaillé lesdits 2 pivots de leur longueur et à demi-épaisseur, d'ensemble o de long développé de o et o de large, avec tête et collet des pivots . . . . . . . 5 »

Pour les fixer en place fourni 4 forts clous rivés, à tête carrée, entaillés *idem* aux précédents. . . . . . . . . . 2 60

Plus, fourni 26 fortes vis tournées de o *idem*, posé en place, à 15 c. . . . . 3 90

Réparé et redressé les 2 pommelles à T, dont une double et une simple, du guichet de ladite porte . . . . . . . 1 65

Posé et entaillé à demi-épaisseur les deux parties de pommelles de o et o de long chacune, sur o et o de large, à demi-épaisseur et leurs collets à congés. . . . . . 1 20

Pour les fixer en place, fourni 4 forts clous rivés à tête carrée, entaillés *idem* aux précédents et rivés sur place. . . . . . 1 60

Plus, fourni 12 fortes vis tournées, de o, à tête plate *idem*. . . . . . . . 1 »

Pour fermeture, avoir réparé 2 forts verroux, brûlé la houille à la forge, nettoyé à la lime, rajusté et redressé, les platines rivées, les picolets huilés, ralongé la tige du verrou du haut, fourni o de fer de o et o, fait 2 soudures, limé, dressé, posé en place, fourni 4 vis tournées, de o . . . . . . . . 4 50

## SERRURERIE.

Pour le verrou du haut, réparé la serrure plate, rajusté les barbes du pêne et les ressorts, huilée, remise en état, posée en place neuve, entaillée de toute son épaisseur ; fourni 4 vis tournées de o. . . . . . . . . 1 40

Pour tenir ouvert le verrou du bas, posé et entaillé le crochet à pattes avec ses vis . » 40

Pour fermeture du guichet, réparé la serrure de sûreté, de o, à tige de cordon, nettoyé toutes les pièces à la lime, huilé, remis en place, rajusté les ressorts et les barbes de pênes, posée en place neuve avec ses 3 vis . . . . . . . . . . 2 75

Dans la feuillure du guichet, posé l'ancien ressort de renvoi, entaillé ledit, fourni 2 vis fraisées pour le fixer . . . . . . 1 80

Posé le cordon et l'accorder après l'ancien, percé le pilier en pierre et le mur, ensemble o d'épaisseur, à 10 c. . . . . . . 2 80

Garni ledit trou, fourni o de long de tuyau en fer-blanc de o de diamètre, ajusté et fixé dans ledit trou, à 80 c.. . . . . . 2 40

Fourni un heurtoir de o de diamètre avec tête et clou carré, garni d'un lacet à charnière et l'autre plat, tige taraudée à pointe de diamant, avec ses deux platines et son trou rond fraisé . . . . . . . . . 7 50

Fourni un mouvement simple non poli . » 70

*Idem*, un mouvement à fourchette . . » 80

A la cheminée du salon, fourni 1 coulisseau ordinaire en cuivre, mis en couleur, garni de ses conduits et fil de laiton pour tirage, posé avec pointes dorées . . . . 1 80

TOTAL. . .

# TENTURE.

Les toiles sont de trois dimensions; la plus étroite porte 70 centimètres ou vingt-six pouces de largeur; l'aune couvre 0$^m$ 89 c. ou huit pieds superficiels; la moyenne, qui est celle que l'on emploie presque généralement, porte 80 centimètres ou trente pouces : chaque mètre couvre 80 c. ou 8 pieds superficiels : la plus large a 97 centimètres (trois pieds) de largeur, l'aune couvre 1$^m$30 ou douze pieds superficiels. On se sert aussi de la percaline, qui couvre 1$^m$10 ou 10 pieds superficiels. Ces différentes espèces de toiles se mesurent au mètre ou en superficie, en désignant leur espèce et leur largeur; le marouflage des toiles qui doit toujours avoir lieu, ainsi que les clous nécessaires, font partie du prix affecté aux toiles. Il faut toujours expliquer si les toiles sont fournies, ou seulement tendues, ou encore détendues et retendues.

Les papiers gris couvrent, par main de vingt-cinq feuilles, trente-six pieds superficiels (3$^m$,80); les papiers bleus-pâte dits *couronne*, couvrent trente pieds superficiels (3$^m$,17), c'est celui dont on fait le plus d'usage; celui dit *carré* couvre quarante pieds (4$^m$,22) superficiels.

Les papiers de tenture se comptent au rouleau, au mètre carré, ou enfin par panneau : chaque rouleau est composé de vingt-quatre feuilles; les papiers ordinaires portent vingt-sept pieds six pouces (8$^m$,93) de longueur sur dix-huit pouces de largeur (48 c.); ils couvrent par rouleau trente-six pieds (3ᵐ,80) superficiels. Les rouleaux de papier fin couvrent cinquante pieds (5ᵐ,28) superficiels, étant faits avec du papier de vingt pouces (54 c.) de largeur.

Les bordures se comptent aussi au rouleau ; on sait que ceux à huit bandes portent soixante aunes (220 p. ou 71ᵐ, 50 c.) sur papier carré, et soixante-dix aunes (256 p. 8° ou 73ᵐ,36) sur grand-raisin ; cependant les bordures veloutées et riches, ainsi que toutes celles découpées, se comptent au mètre linéaire. Les plinthes en papier suivent cette dernière règle.

Quant au collage des papiers, celui des papiers gris et bleus fait toujours partie du prix de ces papiers lorsqu'ils sont fournis. Pour ceux de tenture, le collage doit être à part, et l'on doit expliquer quelle est l'espèce de papier ou de bordure. *Voyez* le mémoire.

Quelquefois avant de coller les papiers sur les murs on encolle ces derniers : ce travail se compte en superficie pour ce qu'il est.

# TREILLAGE.

Chaque ouvrage en treillage se mètre en superficie ou en linéaire, tout vide déduit. Il faut indiquer 1° l'espèce de bois employé, dire s'il est brut, replani et tiré de large; 2° la largeur et la hauteur des mailles qui se prend d'après le vide. Les mailles losanges se réduisent ainsi : Ajoutez les deux axes ensemble, puis prenez-en la moitié; le chiffre qui vous viendra sera la maille carrée qui sert de comparaison pour établir le prix des mailles losanges. Soit une maille de 5° (16 c.) sur 10 (27 c.), le prix sera celui de la maille de 8° (22 c.) carrés.

Les parties doublées qui se font au bas des treillages sont séparées des parties simples.

Les poteaux se comptent à part, et comme il est indiqué au chapitre *Menuiserie*.

Les crochets en fer pour tenir les espaliers se comptent aussi à part et à la pièce.

Lorsque les treillages sont en châtaignier brut, on peut les métrer en linéaire, en en désignant la hauteur. Alors les poteaux, arcs-boutants, tranchées et remblais sont compris dans le prix de ces treillages, parce qu'on fait connaître dans ce cas l'espacement des poteaux.

Les bois employés dans les treillages sont le chêne, le sapin, le frêne et le châtaignier, qui est celui dont on se sert le plus.

Les bois de frêne et de châtaignier se vendent à la botte composée de plus ou moins de tringles suivant leur longueur, mais qui forment toujours entre elles 36 toises ($70^m,17$) linéaires.

Les perches se vendent au mètre linéaire.

Le fil de fer fait partie du prix du treillage. Il y en a de deux espèces, de Limoges et normand. Le premier, qui contient de 190 à 220 pieds ($61^m,72$ à $71^m,47$) de longueur par livre, coûte 1 fr. 10 c. réduit d'acquisition.

Les crochets à pointes de 3° (08) coûtent *idem* le cent, 6 f.

La journée d'un treillageur est de 3 fr. 50 c., elle se règle à Paris 4 fr. et à la campagne 5 fr.

Il faut, par toise superficielle de treillage ordinaire :

En mailles de 6° carrés, 24 toises de tringles, 4 onces de fil de fer, et 4 h. 1/2 de façon.

En mailles de 9° carrés ou de 8° sur 10°, 16 t. de tringles, 1 once 7 gros de fil de fer, 2 heur. 40 minutes de façon.

En mailles de 12° carrés, 12 toises de tringles, 1 once de fil de fer, et 1 heure 1/4 de façon.

C'est par mètre :

En mailles de 16 c. carrés, $11^m75$ de tringles, 1 once de fil de fer, 1 heure 1/4 de façon.

En mailles de 24 c. $8^m$ de tringles, 4 gros de fil de fer, 45 minutes de façon.

En mailles de 32 c. $5^m,84$ de tringles, 2 gros de fil de fer, 20 minutes de façon.

## PRIX DU TREILLAGE.

Barrière en châtaignier plané, garnie par le bas, de $2^m$

de haut maille losange, de 0.65 mil. de largeur, le mètre superficiel. . . . . . . . . 2  15

Treillage d'espalier en lattes brutes de châtaignier avec le fil de fer, maille de 8° (22 c.) sur 9° (24 c.) le mètre linéaire. . . . . . . 0  55

Treillage à façon, en bois brut, maille de 3°—4° (0.80 11 c.) compris fil de fer. . . .    80

# VIDANGE.

—

La vidange se compte en cube et suivant les règles géométriques. Voyez notre première partie à l'article des voûtes.

Le prix comprend la dépose, mais non la repose de la pierre de fosse ; et ce prix varie à Paris suivant le lieu où se fait la vidange, ainsi que suivant les difficultés du travail lorsqu'il s'en trouve d'extraordinaire. *

Lorsque la vidange ne produit que 25 tinettes et au-dessous elle se compte à la tinette : chacune de ces dernières contient environ 2 p. (069 mil.) cubes.

La journée des vidangeurs est de 5 heures pendant l'été, et de 6 heures l'hiver.

* Depuis peu les entrepreneurs de vidange ont établi un tarif qui par le fait est devenu obligatoire pour les propriétaires, à moins de convention contraire.

# VITRERIE.

—

Le verre est de plusieurs espèces : on nomme celui ordinaire, verre d'*Alsace*, quoiqu'il ne soit cependant plus tiré de ce pays ; verre *Prémontré*, celui plus blanc et plus épais ; verre *double*, celui plus épais encore que ce dernier ; verre dépoli, cannelé et mousseline ; verre de *Bohême*, celui supérieur en blancheur et en épaisseur à tous les autres ; et verre de couleur, celui qui n'est pas transparent.

Tous les verres indistinctement se mesurent en superficie ou suivant leur hauteur et largeur si les pièces de verre sortent des dimensions indiquées ci-après : ces pièces sont dites hors mesure.*

Il y a six mesures dans le commerce de la vitrerie, qui sont 69 sur 54 centimètres, 75 sur 51 centimètres, 81 sur 48 centimètres, 84 sur 45 centimètres, 90 sur 42 centimètres et 96 sur 39 centimètres.

Les neuf verres au-dessus de ces dimensions se paient à la pièce.

La pose fait partie du verre fourni par l'entrepreneur, mais on compte à part toute main-d'œuvre extraordinaire, comme cintre, entaille, trou, etc.

Le verre placé entre deux mastics, comme pour châssis de toit, est demandé séparément, son prix étant de 1 fr. 50 c. en plus que celui ordinaire.

* Aujourd'hui l'usage n'admettant que le système métrique, il faut ne compter les dimensions des verres que pour ce qu'elles sont en réalité.

Le nettoyage des carreaux (il n'est jamais dû lorsque le verre est fourni) se paie à la pièce, et on les divise en grands et en petits carreaux.

Les joints de verre faits à l'émeri ou au grès se comptent au mètre linéaire.

Le dépolissage à l'huile et au tampon, à la pièce.

Celui des glaces se fait de même.

La pose et dépose des carreaux se paie en raison de la dimension des pièces. Lorsqu'il y en a beaucoup, il vaudrait mieux les payer à la journée dont il serait tenu attachement.

Le remasticage seul des carreaux se paie aussi à la pièce et suivant la grandeur des carreaux.

Voyez le mémoire de peinture, page 164.

# ZINC.

—

Nous avons déjà parlé de la couverture qui se fait en zinc, page 48; nous ajouterons donc seulement ici que l'on compte linéairement celui employé pour arêtiers, descentes et gouttières, en ajoutant à la longueur trouvée 30 centimètres (11°) par chaque dauphin, embranchement et collet double, et 16 centimètres par chaque coude équerre, talon, collet simple.

Le zinc à façon se confond depuis le n° 10 jusqu'à celui 15, et depuis le n° 16 jusqu'au n° 19.

Les reliefs en revêtissement se mesurent à part et en superficie.

Le zinc pèse par pied superficiel : par mètre superficiel :

| | | | | |
|---|---|---|---|---|
| N° 10 | | 12 onces. | 0 k. | 367. |
| N° 11 | | 15 | 0 | 458. |
| N° 12 | 1 liv. | 2 | 0 | 550. |
| N° 13 | 1 | 5 | 0 | 642. |
| N° 14 | 1 | 9 | 0 | 764. |
| N° 15 | 1 | 12 | 0 | 856. |
| N° 17 | 2 | 4 | 1 | 001. |
| N° 19 | 3 | 3 | 1 | 560. |

Le zinc vaut pour couverture en n° 14
    feuilles de 65 c.      6 fr. »»
    feuilles de 50 c.      6    50

# TABLEAU GÉNÉRAL

## DU PRIX DES JOURNÉES DES OUVRIERS EN BATIMENT.

Nota. Ces prix sont ceux de règlement adoptés pour les six mois d'été de l'année 1852, à Paris.

### MAÇONNERIE.

| | | |
|---|---|---|
| La journée d'un tailleur de pierre se règle en été à | 4 | 80 |
| Celle d'un scieur de pierre. . . . . . | 4 | 80 |
| d'un poseur. . . . . . . . | 4 | 50 |
| d'un contre-poseur. . . . . . . | 3 | 25 |
| d'un bardeur ou pinceur. . . . . | 2 | 70 |
| d'un maçon. . . . . . . . | 4 | 80 |
| d'un garçon maçon. . . . . . | 2 | 95 |
| d'un limousin. . . . . . . . | 3 | 65 |
| d'un garçon limousin. . . . . . | 2 | 95 |

### MENUISERIE.

| | | |
|---|---|---|
| d'un fer de scie ou de deux scieurs de long. | 8 | » |
| d'un compagnon. . . . . . . . | 4 | » |

### PEINTURE.

| | | |
|---|---|---|
| Celle d'un broyeur. . . . . . . | 3 | 50 |
| d'un compagnon. . . . . . . | 4 | 20 |

## CHARPENTE.

| | | |
|---|---|---|
| Celle d'un fer de scie ou de deux scieurs de long. | 8 | » |
| d'un compagnon. | 5 | 70 |

## SERRURERIE.

| | | |
|---|---|---|
| Celle d'un forgeron. | 5 | » |
| d'un garçon de forge. | 3 | « |
| d'un ferreur. | 4 | 15 |
| d'un compagnon. | 4 | » |

## CARRELEUR.

| | | |
|---|---|---|
| Celle d'un compagnon. | 4 | 50 |
| d'un garçon. | 2 | 70 |

## TERRASSIER.

| | | |
|---|---|---|
| Celle d'un compagnon. | 3 | 35 |
| d'une voiture à un cheval avec son conducteur. | 8 | 75 |
| Idem à 2 chevaux. | 14 | 50 |
| Idem à 3 chevaux. | 20 | » |

## VITRERIE.

Comme *Peinture*.

## PLOMBERIE.

| | | |
|---|---|---|
| Celle d'un compagnon en été ou hiver. | 4 | 50 |
| d'un garçon. | 3 | 30 |

## FUMISTERIE.

| | | |
|---|---|---|
| Celle d'un compagnon fumiste. | 4 | 50 |
| d'un garçon. | 2 | 50 |
| d'un compagnon poêlier. | 4 | 50 |
| d'un garçon. | 2 | 50 |

## MARBRERIE.

| | | |
|---|---|---|
| Celle d'un compagnon. | 4 | 25 |
| d'un carreleur. | 5 | » |
| d'un garçon devant servir deux carreleurs. | 3 | » |
| d'un polisseur. | 4 | » |

## DORURE.

| | | |
|---|---|---|
| Celle d'un compagnon doreur. | 5 | » |
| d'un compagnon répareur. | 5 | 55 |

## TENTURE.

| | | |
|---|---|---|
| Celle d'un colleur (il ne fournit ni brosse ni colle). | 3 | 25 |

## SCULPTURE D'ORNEMENTS.

| | | |
|---|---|---|
| Celle d'un compagnon ornemaniste. | 6 | 50 |

## GRILLAGE.

| | | |
|---|---|---|
| Celle d'un compagnon. | 4 | » |

## PAVAGE.

| | | |
|---|---|---|
| Celle d'un compagnon. | 5 | 10 |
| d'un garçon. | 3 | 05 |

## FERBLANTERIE.

| | | |
|---|---|---|
| Celle d'un compagnon. | 4 | 75 |
| d'un garçon. | 3 | 25 |

## VIDANGE.

| | | |
|---|---|---|
| Celle d'un compagnon pour épuiser des eaux avec pompe, et compris transport des eaux. | 3 | 50 |

## TREILLAGE.

| | | |
|---|---|---|
| Celle d'un compagnon ordinaire. | 3 | 50 |
| d'un compagnon décorateur. | 4 | 50 |

# SUPPLÉMENT.

*Droits d'entrée à Paris des matériaux en usage dans la construction, leur poids, la quantité y compris déchet, et le temps nécessaire pour leur mise en œuvre, par mètre cube ou superficiel, suivant la nature du travail.*

### CARRELAGE.

| | Octroi. | Poids. | Quantité, compris déchet | Plâtre ou mortier. | Journées** |
|---|---|---|---|---|---|
| Carreaux des environs de Paris, à 6 pans et de 16 c., le millier rendu au bâtiment . . . . . . . | » | » | 750 k. | 43 | 10 mil. 43 min. |
| De Massy . . . . . . | 5 f. 50 | d° | d° | d° | d° |
| De Bourgogne . . | d° | 855 | d° | d° | d° |
| Carrés en faïence de 11 c. . . . . . | » | » | » | 85 | 18 | 6/10 |
| En briques de Bourgogne, posées de champ. | 6 f. 60 | 2250 | 70 | 34 | 6/10 |

* L'usage suffit pour indiquer quand les quantités que nous donnons ici s'appliquent au mètre carré ou au mètre cube.

Les déchets sont, pour les Carreaux, de 16 cent. à pans, de 1/50; pour les carreaux de faïence, 1/15; pour la charpente, 1/70; pour la tuile, 1/20; pour l'ardoise, 1/20; pour la brique en cube, 1/40 ; pour la brique de 11 centimètres et de 5 c. d'épaisseur, 1/50.

** L'usage aussi indique lorsque les journées sont celles de compagnon seul ou de compagnon et garçon.

|  | Quantité. | Mortier | Journées. |
|---|---|---|---|
| En point de Hongrie.......... » » » | 70 | 34 mil. | 7/10 |
| A plat et de toute disposition.... » » » | 38 | 23 | 12/100 |
| Nota. Pour le dressage et flottage au grès de ces briques.... | | | 1/20 |

*Observation.* A chacun des détails ci-dessus, comme à ceux qui suivent, il faut ajouter les faux-frais qui sont ici suivant l'usage de 1/20 de la main-d'œuvre, et 1/6 du total pour bénéfice.

## CHARPENTE.

|  | Octroi. | Poids. | Quantité | Journées. |
|---|---|---|---|---|
| Chêne sec pour plancher, comble, pan de bois, assemblé, monté, posé, le stère | 10 | 20 | 8/10 } 1 stère non compris | 5 2/10 |
| Sapin. | d° | | 5/50 } déchet. | 5 |

Nota. Ces mêmes bois non assemblés n'emploient, pour façon et pose, que 3 journées 4/10 et 3 journées.

Dans ces quatre exemples la façon se divise ainsi :
Chêne assemblé, taille 4 jours, pose 8/10, levage à 10 m. 4/10, total . . . . . . . . 5 2/10
Chêne non assemblé, 2 jours, pose 6/10, levage 4/10, total . . . . . . . . . . 3

Sapin assemblé, 3 jours, pose 8/10, levage 1 j.
2/10, total . . . . . . . . . . 5 jours.
Sapin non assemblé, 1 jour 8/10, pose 6/10, levage 1 j., total . . . . . . . . . 3 4/10
   Nota. L'usage est de confondre les bois assemblés avec ceux qui ne le sont pas ; alors on a pour le chêne . . . . . . . . . . 4 7/10
Pour le sapin * . . . . . . . . . . 4 8/10
   Bois pour étais fourni par l'entrepreneur, déchet 1/30, façon 5/10, levage, pose, dépose, chargement double, deux journées ; ajoutez les frais du double transport.

   Bois pour étais non fourni, façon 5/10, levage, etc. comme ci-dessus, deux journées.

   Bois pour chevallement, ajoutez 5/10.

   Étais déposés et rangés 6/10.

   Étais déposés et reposés seulement un jour 6/10.

   Cintres de caves fournis, déchet 1/30, façon trois journées 2/10, levage, pose et chevillage une journée 2/10, dépose, descente et chargement une journée 2/10, ajoutez le transport.

   Cintres non fournis, le même temps que dessus, mais sans déchet ni transport.

   Démolitions de combles, planchers, pans de bois, descente à la chèvre, rangement, une journée 5/10.

   *Observations*. A tous ces détails ajoutez les faux-frais de 1/10, sur la façon seulement, le bénéfice de 1/6 sur le total et les sciages, s'il y en a ; ces derniers s'évaluent au trentième du prix réglé pour les bois ordinaires et confondus, et pour chaque face de sciage.

   * La différence que l'on trouve ici, entre le sapin et le chêne, provient de ce qu'on suppose le sapin employé a une plus grande élévation réduite que le chêne.

Bois refait sur deux faces : ajoutez au prix du bois celui de deux sciages, comme ci-dessus, puis encore le tiers du produit du sciage seul.

Bois idem sur 4 faces : ajoutez 4 sciages, plus le 1/3 de ce dernier produit.

## COUVERTURE.

| | Octroi. | Poids. | Quantité. | Plâtre. | Journées. |
|---|---|---|---|---|---|
| Ardoise, le millier........ | 5 f. 50 | 550 k | 47 | » | 70 min. |
| Clous à volige 110 g., et clous à ardoises 75 g. par mètre.... | | | | | |
| Tuiles, le millier | 8 25 | 2000 | 40 | » | 43 |
| Clous, 50 gr. par mètre. | | | | | |
| Voliges de 2 mètres, le cent... | 2 | » | 205 m. 50 c. | \ Le temps est compris dans celui indiqué à l'ardoise et à la tuile. | |
| Lattes, le cent. | 11 | » | 7 la botte 7 | | |

## MAÇONNERIE.

| | | | | | | |
|---|---|---|---|---|---|---|
| Briques de Bourgogne, le millier | 6 f. | 60 | 2250 | | | |
| Briques des environs de Paris.. | 6 | 60 | 1900 | | | |
| Pour voûtes en briques de Bourgogne, ou façon Bourgogne, avec échafauds...... | | | 620 | 17 c. | 1 j. | 8/10 |

SUPPLÉMENT.

| | Poids. | Quantité. Plâtre. | Journées. |
|---|---|---|---|
| Pour voûtes en briques de Montereau . . . . | 700 | d° | d° |
| — de pays . . | 780 | 20 | 2 j. |
| Pour murs avec échafauds, de Bourgogne . . . | 610 | 14 | 1  5/10 |
| — de pays . . | 760 | 17 | 1  8/10 |
| Pour languettes de 22 centimètres, sans échafauds, de Bourgogne ou façon Bourgogne . . . . | | 3 mil. | 56/100 |
| — de Montereau. | | d° | d° |
| — de pays . . | | d° | d° |
| De 11 c. de Bourgogne . | 73 | 2 | 28/100 |
| — de Montereau. | 80 | 2 | 28/100 |
| — de pays . . | 82 | d° | 29/100 |
| De 54 mil. de Bourgogne. | 38 | 1 | 11/100 |
| — de Montereau. | 40 | d° | d° |
| — de pays . . | 42 | d° | 12/100 |
| De 8 c. carrés de pays . | 50 | d° | 13/100 |
| Carreaux de plâtre *plein* de 50 cent. carrés et de 75 mil. d'épaisseur, le mètre carré. . . . | 65 k | 4 | 1/10 |
| Chaux vive l'hect., prix d'entrée. . 1 f. 32 c. | 90 | | |

Chaux éteinte pèse 145 k. Le ciment pèse 132 k.

Lattes de 1 m. 30 c. sur 36 mill. et de 52 à la botte, le cent de bottes, frais d'entrée 11 fr. ; il pèse 700 k.

* Celle de Senonches paie 1 fr. 50 c. d'entrée.

* Non compris le déchet qui est de 1/10.

Il faut 24 lattes jointives par mètre et 180 morceaux de bardeaux de 32 centimètres.

| | Plâtre. | Journées. |
|---|---|---|
| *Légers ouvrages* en plâtre pour crépi et enduit sur moellon neuf . . . | 24 mil. | 28/100 |
| Languette pigeonnée de 7 centimèt. d'épaisseur. | 08 c. | 27/100 |
| Cloison hourdée, de 8 c., ravalée des deux côtés : il faut 12 lattes et un hectog. de clous . . | 06 | 2/10 |
| Pan de bois de 16 cent., ravalé des deux côtés : 12 lattes, un hectog. de clous, 8 cent. de plâtras. | 07 | 27/100 |
| Plafond sur lattes jointives : il faut 24 lattes, 4 hectog. de clous . . | 05 | d° |

| | Octroi. | Poids. | Quantité. | Plâtre. | Journées. |
|---|---|---|---|---|---|
| *Meulière* pour murs de fosses de clôture, par mètre cube.. | 65 | 120 | 1 stère | 27 | 6/10 |
| Pour voûtes ordinaires. . . . | d° | d° | d° | 30 | 8/10 |
| *Moellon* pour murs en élévation, comp. échafauds... | 65 c. | 125 | 1 st.* | 18 | 7/18 |

\* On ne compte pas de déchet pour le moellon, vu l'excédent de mesure que les carriers abandonnent gratuitement aux entrepreneurs. Le smillage du moellon s'évalue à 1/20 de déchet par mètre carré du parement.

SUPPLÉMENT. 223

Pour murs de
 fondation ou
 de clôture...   d°    d°    d°         d°       6/10
Pour voûtes or-
 dinaires....   d°    d°    d°         20       7/10

*Moellons* piqués, par mètre carré, il en faut 24, et par mètre cube 720.

*Mortier* de chaux et sable pèse, par hectog., 200 k.

En chaux et ciment, 180 k.

*Pierre* de liais, prix d'entrée 1 fr. 76 * pèse 2400 k.

La roche pèse . . .        2,250
La pierre tendre . .        1,800

Par mètre cube de roche, pour assises courantes et parpaings, de 50 à 60 centimètres d'épaisseur, il faut pour déchet 8/100, plâtre ou mortier 4 cent.; bardage à 100 mètres, une journée 6/10 de bardeurs et pinceurs; montage à 10 mètres réduits, une journée et demie de garçon; pose et fichage, 35/100 de poseur, 7/10 de contre-poseur et limousin; et enfin 7/10 de garçon; échafaud 1/10 de maçon et garçon.

Pour la taille des lits 7 m. 29 superficiels, pour celle des joints 2 m. 04; faux-frais 1/15; bénéfice 1/6 du total.

Par mètre cube de plate-bande en même roche, il faut par déchet 1/4, plâtre ou mortier 8 c., bardage et montage comme ci-dessus, pose et fichage 5/10 de poseur, une journée de contre-poseur et limousin, une journée de garçon.

Pour la taille des lits en joints 7 m. 20 superficiels, et pour celle des joints en lits 3 m. 08.

Faux-frais et bénéfice comme ci-dessus.

* La pierre qui vient par eau paie, par mètre cube, 2 francs 97 cent. d'entrée.

Par mètre cube de roche pour marches, seuils, appuis, gargouilles, châssis de regards, etc., pour déchet 1/5, plâtre ou mortier 14 c., bardage une journée 6/10 de maçon et garçon, montage partiel, pose et scellement une journée 6/10 idem.

Pour la taille des lits ou des demi-sciages 8 m. 22 superficiels et 1 m. 80 de joints.

Faux-frais et bénéfice comme ci dessus.

Par mètre cube de libages en roche de 50 à 60 c. de hauteur, il faut pour déchet 1/10, mortier 5°, bardage comme à l'article précédent, descente à 4 m. environ une journée de garçon, pose une journée de maçon et garçon.

Pour la taille des lits dégrossis et dressés 3 m. 85 superficiels, et 2 m. 04 de joints id.

|  | Quantité. | Plâtre. | Journées. |
|---|---|---|---|
| *Poteries* en terre pour planchers, de 16 c. sur 9 à 11 c. de diamètre, non compris cintres . . . . | 80 | 08 c. | 27/100 |
| En pots de 22 centimètres. | 53 | 07 | 2/10 |
| Pour voûtes, de 16 cent. | 80 | 10 | 3/10 |
| — de 22 cent. | 53 | 09 | 27/100 |

## MARBRERIE.

Carreaux de liais octogones ou carrés de 30 c., déchet 1/30 ; le cent pèse 60 kilog., il en faut par mètre carré 14, plâtre 17 millièmes cubes, et de façon 27/100.

Carreaux de marbre noir de 12 c., le poids, le plâtre et la façon de ces carreaux sont compris ci-dessus : il faut autant de ces carreaux que de ceux octogones par mètre carré.

Pour faux-frais 1/8 de la façon, et pour bénéfice 1/6 du total.

*Observation.* Les carreaux carrés de toutes dimensions se règlent comme ceux octogones garnis de carreaux en marbre noir.

Il faut par mètre carré de carreaux carrés ou octogones, 36 carreaux de 32 c., 43 carreaux de 30 c., 52 carreaux de 27 c., 64 carreaux de 24 c., 81 carreaux de 22 c., 106 carreaux de 19 c., et enfin 144 carreaux de 16 centim.

GRANIT. Il pèse 2,900 kilog. par mètre cube.

MARBRE. Le poids varie de 2,800 à 2,900 kil.

## MENUISERIE.

Les bois de sapin ou bois blancs en planches paient pour droit d'entrée, 7 centimes et demi par mètre de longueur, ou 7 fr. 70 c. par stère.

Ceux de chêne en planches, membrures, chevrons, entrevoux, etc., paient 9 centimes ou 9 fr. 90 c. le stère ou mètre cube.

L'acajou et le frêne pèsent 900 kilog. le mètre cube, le hêtre 850 k., le chêne 840, l'orme et le poirier 740, le tilleul 600, le peuplier de 450 à 600, le sapin 550 k.

Les faux-frais s'évaluent à 1/6 de la main-d'œuvre seulement, le bénéfice à 1/6 du total.

## PAVAGE.

Par 1,000 gros pavés, on compte pour la refente en deux, 1/20 de déchet, et par celle en trois, 1/15. Cette dernière n'est plus en usage à Paris.

Le millier de gros pavés de 22 centimètres carrés en tous sens, pèse 30,000 kilog. environ.

Il faut par mètre superficiel, 19 gros pavés, 24 c. cubes de sable de plaine ou de rivière pour la forme de 20 c. d'épaisseur et la couche de dessus, 45 minutes de compagnon et garçon. Les faux-frais sont de 1/12 de la main-d'œuvre, et le bénéfice de 1/6 du total.

En pavés de deux sur forme en terre et scellés en salpêtre ou en mortier quelconque, il faut 20 pavés, 4 c. cubes de mortier, 26 mill. cubes de sable pour la couche de dessus, 50 minutes de compagnon et aide.

Faux-frais et bénéfices comme dessus.

En pavés de deux de 19 c. carrés, équarris à vives arêtes, il faut 24 pavés, 5 c. de mortier, 26 mill. cubes de sable, 1 heure 1/10 de façon.

Faux-frais et bénéfice *idem*.

En pavés de deux à l'échantillon de 16 c. *idem*, 35 pavés, 45 mill. de mortier, 26 mill. de sable, façon 85 minutes; faux-frais, etc., *idem*.

En pavés de 14 c. carrés, 47 pavés, 53 mill. de mortier, 26 mill. de sable, façon 1 heure 40 minutes, le surplus comme dessus.

En vieux gros pavés de rebut, il faut 23 pavés de diverses dimensions, 7 c. cubes de mortier, 26 mill. de sable, 50 minutes pour façon, le surplus *idem*.

## PLOMBERIE.

Le plomb fondu pèse 1150 kilog. le mètre cube. Son déchet par la fonte est de 1/50.

Les tuyaux laminés de 1 mètre 97 c. de longueur, et soudés de long :

## SUPPLÉMENT.

| Diamètre. | Épaisseur. | Poids. | Soudure. |
|---|---|---|---|
| 54 mill. | 34 dix-mill. | 9 k 05 | dont 3 |
| 8 c. | 34 | 21 50 | 3 |
| 8 | 45 | 28 50 | 4 50 |
| 11 | 45 | 36 75 | 4 50 |
| 14 | 45 | 48 » | 4 50 |
| 16 | 7 mill. | 86 » | 6 » |

Nota. De ces quantités il faut distraire celles portées en soudure qui se règlent différemment que le plomb, et ajouter aux quantités restantes de ce dernier, 1720 si le plomb est coulé, à cause des inégalités qui existent dans ce plomb, qui ne peut être aussi bien dressé que celui laminé.

Les tuyaux moulés ont le même poids que ceux laminés, en raison de leur diamètre et de leur épaisseur, mais sans soudure.

Les tuyaux étirés de 1 mètre 97 cent. de long, pèsent en 9 mill. de diamètre intérieur et 2 mill. d'épaisseur, 1 kilog. 900 grammes :

| | | | |
|---|---|---|---|
| Ceux de 13 mill. sur 2 mill. | | 2 | 75 |
| 20 | » | 4 | » |
| 27 | » | 4 | 75 |
| 54 | » | 9 | 50 |
| 9 | 45 dix-mill. | 4 | 50 |
| 13 | » | 6 | 40 |
| 20 | » | 8 | 25 |
| 27 | » | 11 | 60 |
| 54 | » | 19 | 75 |
| 27 | 7 mill. | 17 | » |
| 41 | » | 24 | » |
| 54 | » | 52 | » |
| 8 | » | 43 | 60 |
| 11 | | 57 | 60 |

Nota. A tous ces tuyaux étirés il faut ajouter 1/15 au poids indiqué, attendu que les épaisseurs tendent toujours à augmenter par suite de l'amincissement des mandrins, et de l'élargissement insensible des filières.

Les tuyaux physiqués pour le gaz, de 27 mill., pèsent 6 kilog. par mètre courant; ceux de 20 mill. 4 k. 52: ceux de 14 mill. 3 kilog.

Les tables de plomb laminé pèsent par mètre carré :

| En 11 dix-mill. | 12 kilog. | 68 |
|---|---|---|
| 17 | 19 | 02 |
| 23 | 25 | 35 |
| 29 | 31 | 69 |
| 35 | 38 | 03 |
| 40 | 44 | 37 |
| 45 | 50 | 70 |
| 51 | 57 | 04 |
| 57 | 63 | 38 |
| 62 | 69 | 72 |
| 68 | 76 | 06 |

## SABLE.

Il faut 1/3 de sable et 2/3 de chaux éteinte pour faire 1 mètre cube de mortier.

## SALPÊTRE.

Pour faire une forme ou aire en salpêtre de 7 c. d'épaisseur environ, on compte par mètre carré, 92 centimètres cubes de salpêtre, 50 minutes de compagnon et aide pour l'éteindre, le mouiller et le battre à trois volées.

## SERRURERIE.

Le cuivre rouge fondu pèse 8,000 kilog. par mètre cube.
Le cuivre jaune laiton pèse 13,000 par mètre cube.
Les deux mêmes passés à la filière, pèsent 8,750 kilog.
Le mâchefer pèse 900 kilog.
Le fer fondu 7,400 kilog.
Le fer forgé 7,790 kilog.
Le poids du fer se trouve ainsi :

Le mètre de longueur de fer carré ou méplat sur 1 mill. carré pèse 7 grammes 788 ; le mètre de longueur de fer rond sur 1 mill. de diamètre pèse 6 grammes 119 mill.

Pour les fers carrés ou méplats multipliez la largeur par l'épaisseur, puis par 7,788, le produit donnera le poids cherché.

Exemple : soit une barre de 20 mill. carrés, on aura 400 mil. pour produit à multiplier par 7,788 ou 3 k. 12 décagr. par mètre de longueur.

Pour les fers ronds, carrez le diamètre puis multipliez par 6 grammes 119 mill.

Exemple : soit une barre de 20 mill. de diamètre, son carré est de 400 mill. à multiplier par 6,119 milligr. ; ce qui donne 2 k. 45 décagrammes par mètre de longueur.

*Poids de fontes diverses.*

Les fourneaux carrés, garnis de leurs grilles, pèsent : ceux de 11 cent. 1 k. 71 ; de 14 c. 2 k. 45 ; de 16 c. 2 k. 94 ; de 24 c. 4 k. 41.

Les plaques unies pèsent, sauf quelques variations principalement dans les grandes dimensions, celles de 16 centimètres sur 22, 2 kilog. 80 ; de 16 c. sur 48, 6 k. ; de 16 c. sur 97,

12 k. 50; de 32 c. sur 32, 8 k.; de 32 c. sur 90, 22 k.; de 43 c. sur 43, 15 k.; de 43 c. sur 54, 19 k.; de 43 c. sur 97, 33 k. 70; de 48 c. sur 48, 18 k.; de 48 c. sur 65, 24 k.; de 60 c. sur 60, 26 k.; de 65 c. sur 65, 32 k.; de 65 c. sur 130, 71 k.; de 81 c. sur 97, 80 k.; de 90 c. sur 146, 155 k.; de 97 c. sur 146, 180 kilog.

Les tuyaux ronds à collets pèsent, approximativement, savoir :

| | | | | |
|---|---|---|---|---|
| Ceux de 1 m. 03 sur | | 54 millimètres | 9 k. | |
| » | | 81 | 12 | 50 |
| » | | 94 | 15 | |
| » | | 108 | 17 | |
| » | | 135 | 19 | 50 |
| » | | 162 | 24 | |
| Ceux de | 65 c. | 54 | 5 | 50 |
| | 64 | 81 | 7 | 40 |
| | 65 | 94 | 10 | 50 |
| | 64 | 108 | 12 | |
| | 65 | 135 | 14 | |
| | 64 | 162 | 16 | |

Les pots de ventouse de. . 325 millim. sur 19 c. pèsent 23 k.

Cuvettes sans hausse de. . 52 de long sur 30 c. de sail. 17

| | | | | |
|---|---|---|---|---|
| Avec hausse de. | 52 | 30 | 20 | |
| Nouv. système. | 58 | 30 | 25 | 50 |
| Plates de . . . | 40 | 15 | 14 | 50 |

La tôle à porte cochère de 4 à 7 mill.

Le mètre carré. . . . . . . . 37 k. 20
Celle ordinaire de 1 mill. . . . . . 10
Celle laminée. . . . . . . . 4 65

SUPPLÉMENT.

## TERRASSE.

La terre végétale pèse, le mètre cube, 1250 k.
Il faut pour la fouiller et jeter sur berge, 1 h. 45 min.
Argile et glaise pèse 1800, façon, 2 h. 8 min.
Rapportée mêlée de
   gravois, pèse. . .   1250 k. façon 2 j.
Sable fin, pèse . . .   1500   1   40
— de rivière. . .   1800
Tuf ordinaire. . . .   1800   4

Chaque banquette emploie un tiers de la main d'œuvre ci-dessus.

Le transport à la brouette, non compris chargement évalué au tiers du prix de la fouille jetée sur berge, est de 25 minutes par relais de 10 mètres, chaque brouette contient 34 centimètres cubes.

Le piochage seul compte pour les 5/8 du temps indiqué ci-dessus et le pelletage pour les 3/8.

Le repiochage sur berge s'évalue à la moitié du piochage.

Les faux-frais sont de 1/20, le bénéfice de 1/6 du total.

## ZINC.

Les feuilles de zinc sont toutes de la longueur de 2 mètres; mais elles ont trois dimensions de largeur, savoir : 50, 65 et 80 centimètres. Chacune de ces feuilles couvre 1 mèt., 1,30 et 1 mèt. 60 c. de surface carrée.

Le mètre cube de zinc pèse 7,000 kilog. Un mètre carré sur un millimètre d'épaisseur, pèse 7 kilog.

Le *fer-blanc* simple croix a 4 dix-millim. d'épaisseur, 32 c. de long et 27 c. de large.

Le double croix a 9 dix-millim. sur 32 c. et 27 c. de large. Cette feuille pèse 360 grammes.

232 SUPPLÉMENT.

Le poids du zinc est ainsi établi.

| N.os | ÉPAISSEUR des feuilles. | DIMENSION ET POIDS DES FEUILLES | | | POIDS du MÈTRE carré. | OBSERVATION. |
|---|---|---|---|---|---|---|
| | | de 50 c. | de 65 c. | de 80 c. | | |
| 10 | 5 dix-mil. | 3 kil. 45 | 4 45 | 5 kil. 30 | 3 kil. 45 | On doit admettre, sur 1000 kil. une tolérance de 50 kil., c'est à peu près 25 décagrammes par chaque feuille. |
| 11 | 6 — | 4 05 | 5 30 | 6 30 | 4 05 | |
| 12 | 7 — | 4 65 | 6 10 | 7 50 | 4 65 | |
| 13 | 8 — | 5 30 | 6 90 | 8 50 | 5 30 | |
| 14 | 9 — | 5 95 | 7 70 | 9 50 | 5 95 | |
| 15 | 10 — | 6 55 | 8 55 | 10 » | 6 55 | |
| 16 | 11 — | 7 50 | 9 75 | 12 » | 7 55 | |
| 17 | — | | | | 7 50 | |
| 20 | 17 — | 11 25 | 14 60 | 18 » | 11 25 | |
| 25 | 26 — | 17 50 | 22 75 | 28 » | 17 50 | |

Entre la surface couverte en zinc non développé, c'est-à-dire en œuvre, posé à agrafes ou à coulisseaux, et celle développée, il y a un cinquième de différence pour les numéros 11, 12, 13, 14, 15 et 16.

# TABLEAU

DE CONVERSION DE TOUTES LES MESURES ANCIENNES ET NOUVELLES EN USAGE DANS LE BATIMENT.

---

1 are *répond à* 100 mètres carrés.
1 arpent *répond à* 34 ares 19 centiares.
1 boisseau *répond à* 7680 pouces cubes, ou à 13 litres, ou encore à 1 minot.
1 centimètre linéaire *répond à* 4 lignes 1/2 environ linéaires.
1 *idem* superficiel *répond à* 1° 1 ligne carrée.
1 *idem* cube *répond à* 3° 6 lignes cubes, ou à 1 millilitre.
1 décalitre *répond à* 10 litres, ou aux 3/4 du boisseau.
1 décastère *répond à* environ 2 anciennes cordes de port ou 5 anciennes voies de Paris.
1 décigramme *répond à* 2 grains.
1 décimètre linéaire *répond à* 3° 8 lignes linéaires.
1 *idem* superficiel *répond à* 11° 4 lignes carrées.
1 *idem* cube *répond à* 3 p. 11" cubes.
1 gramme *répond à* 19 grains, ou à la 1/1000 partie du kilogramme.
1 gros *répond à* 2 grammes 8 centigrammes.
1 hectogramme *répond à* 100 grammes, ou 3 onces 1 gros.
1 hectare *répond à* 100 ares ou à 1 hectomètre carré, ou à 2 arpents 93 perches de Paris.
1 hectolitre *répond à* 3 p. cubes environ, ou à 100 litres, ou au 1/10 du mètre cube, ou au 1/16 du muid de 48 p. cubes, ou aux 2/3 environ du setier, ou en-

core à 8 seaux et demi ordinaires, dits de porteur d'eau.

1 kilogramme *répond à* 2 livres 0 once 5 gros 35 grains 2/3, ou au poids de 1 litre d'eau, ou à 1000 grammes, ou à 2 fois la livre ancienne, ou au poids de 1 décimètre cube d'eau a la température de 4 degrés au dessus de la glace fondante.

1 kilomètre *répond à* 1000 mètres ou aux 256 millièmes de la lieue.

1 lieue de poste *répond à* 200 toises ou à 3 kilomètres 900 mètres.

1 litre *répond à* 1 décimètre cube, ou à la centième partie de l'hectolitre, ou encore à la millième partie du mètre cube.

1 livre ancienne *répond à* 16 onces, ou à 490 grammes.

1 *idem* métrique *répond à* 500 grammes ou à 1/2 kilo.

1 marc *répond à* 8 onces.

1 mètre linéaire *répond à* 3 p. 0° 11 lignes 296/1000.

1 *idem* superficiel *répond à* 9 p. 5° 10 lignes.

1 *idem* cube *répond à* 29 p. 2° 7 lignes, ou à 27 p. cubes métriques, ou 1 stère, ou à 1000 litres.

1 millier *répond à* 10 quintaux, ou au poids de 1 mètre cube d'eau, ou à 2073 liv. poids de marc, ou à 1000 kil. poids du tonneau de mer.

1 minot *répond à* 1 p. cube, ou au 1/29 environ du mètre cube, ou à 0, 34 centimètres cubes, ou à 1 boisseau, ou à 13 litres.

muid de plâtre *répond à* 36 sacs ou à 90 centimètres cubes.

1 once *répond à* 30 grammes.

DE CONVERSION.

1 pièce de charpente *répond à* 3 p. cubes, ou à o stère 103 millistères.

1 pied linéaire ordinaire *répond à* 32 centimètres, ou au 1|3 environ du mètre linéaire.

1 *idem* superficiel ordinaire *répond à* 11 centimètres, ou au 1/9 du mètre superficiel.

1 *idem* cube ordinaire *répond à* 034 millimètres, ou au 1/29 environ du mètre cube.

1 pouce linéaire ordinaire *répond à* 027 millimètres, ou au 1/23 environ du mètre linéaire.

1 *idem* superficiel *répond à* 0007 dix-millimètres, ou au 1/12 du pied superficiel *.

1 pouce cube *répond à* 00020 millionièmes ou au 1/12 du pied cube **.

1 quintal *répond à* 100 livres pesant.

1 *idem* métrique *répond à* 100 kil.

1 sac de plâtre *répond à* 8° cubes ou 23 millimètres cubes.

1 setier *répond à* 4 p. 6° cubes environ, ou à 12 boisseaux, ou à 1 hectolitre 56 centilitres.

1 solive en pièce. Voyez ce dernier mot.

1 stère *répond à* 9 pièces 4 p. 6° cubes, ou à 1 mètre cube, ou à 9 fois 8/10 la pièce, ou à 52 centimètres de la voie de Paris, ou à 21 centimètres de la corde de port.

1 toise linéaire ordinaire *répond à* 1 mètre 95 centimètres, ou au double environ du mètre linéaire, ou à 6 p. de longueur.

---

* Pour énoncer la fraction ancienne à laquelle répond la conversion du pouce superficiel, il y a trop de chiffres à employer: il est donc plus simple, lorsqu'on connaît la conversion du pied superficiel, soit sous le rapport de la mesure métrique, soit sous celui du prix, de prendre le douzième de ce rapport, qui donne aussi le prix ou la fraction que l'on cherche.

** Même observation que ci-dessus.

1 toise superficielle ordinaire *répond* à 3 mètres 80 centimètres, ou 3 fois 8710 le mètre superficiel, ou à 36 p. carrés.

1 *idem* cube ordinaire *répond* à 7 mètres 40 centimètres, ou à 7 fois 4710 le mètre cube, ou à 216 p. cubes.

1 toise de moellons, qui contenait autrefois 252 p. cubes, *répond* à 8 m. 63 cubes.

1 voie de bois à brûler *répond* à 56 p. cubes.

1 voie d'eau ordinaire de deux seaux de porteur d'eau contient 22 litres 35 centilitres, et égale 22 décimètres 35 centimètres cubes.

1 voie de bois de 1 m. 30 de hauteur, sur 1 m. 30 de couche et 1 m. 46 de longueur de bûche, *répond* à 1 stère 92 centistères.

1 corde des eaux et forêts porte 2 m. 60 de couche sur 1,30 de haut et 1,46 de longueur. Cette corde est le double de la voie ci-dessus.

1 corde de port à 2 m. 60 de couche sur 1,60 de haut et 1,14 de longueur de bûche ; elle *répond* à 4 stères 80 centistères.

# APPENDICE.*

## CALCUL DES DÉCIMALES.

*Origine des Décimales.*

Lorsque les hommes voulurent se rendre compte de la longueur d'une ligne de grande dimension, ils sentirent la nécessité de la comparer à une autre longueur bien connue prise pour mesure, et à laquelle ils donnèrent un nom. Cette comparaison se fit en portant la mesure sur la ligne à mesurer, autant de fois que celle-ci put la contenir. Le chiffre indiquant le nombre de fois que la ligne à mesurer contenait la mesure, fut le résultat de la comparaison, lequel fournit le moyen de se faire une idée de la longueur cherchée, qui n'était autre chose que celui de la division de la longueur de la ligne par la longueur de la mesure.

Si cette division s'effectue exactement, la longueur est exprimée d'une manière exacte : en portant dix fois consécu-

---

* Extrait du *Manuel Compte fait*, ou barême général des Poids et Mesures, par M. Achille NOUERN. Ouvrage divisé en cinq parties qui se vendent toutes séparément

1re partie. Mesures de longueur 60 c.   4e partie : Poids. 60 c.
2e partie,   —   de surface, 60 c.   5e partie, Mesures de capacité. 60 c.
3e partie,   —   de solidité, 60 c.

tives une mesure appelée aune sur une étoffe, s'il ne reste rien, nous savons que l'étoffe a dix fois une aune, ou dix aunes de long.

Mais si cette étoffe est plus longue que dix aunes, moins longue que onze, comment exprimer cette longueur?

De là la nécessité de diviser la mesure en diverses parties, pour apprécier ce qui reste de longueur après avoir enlevé ces dix aunes.

Dans l'ancien système, l'aune se divisait en demie, tiers, quart, huitième, seizième, etc.

Aujourd'hui le mètre est substitué à l'aune et se divise en dixièmes, centièmes, millièmes, etc., appelés décimètres, centimètres, millimètres, etc. Ces parties de la mesure principale sont toutes de dix en dix fois plus petites. Chacune d'elles est dix fois plus petite que celle qui la précède, dix fois plus grande que celle qui la suit. C'est ce qui leur a fait donner le nom de *décimales*.

Un exemple va nous en faire comprendre l'usage :

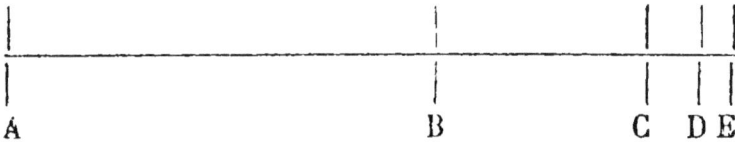

Soit à chercher la longueur de la ligne A E.

De A en B le mètre est contenu une fois ; il ne reste plus qu'à mesurer la ligne B E. Le mètre se subdivise d'abord en décimètres ; sachons combien il y a de décimètres de B en E. Nous en trouvons 6 de B en C plus la distance C E, qui ne contient pas de décimètres. Le centimètre étant dix fois moins grand que le décimètre, sachons combien il y a de centimètres de C en E ; nous en trouvons 7 de C en D, plus la ligne D E qui ne contient pas de centimètres. Ainsi jusqu'ici nous savons que la ligne A E a un mètre, plus six décimètres, plus sept centimètres, plus la ligne D E ; et comme six décimètres valent soixante centimètres, elle a un mètre plus soixante-sept centimètres, plus la longueur D E. Mesurons actuellement, au moyen des millimètres qui sont dix fois plus petits que le centimètre, cette ligne D E. Elle en contient trois exactement. La longueur totale de la ligne est $1^m$, $67^{cm}$, $3^{mm}$, ou bien $1^m$, $673^{mm}$, puisque 67 centimètres valent 670 millimètres. Les chiffres 673 sont des décimales.

Jusqu'ici nous ne nous sommes entretenu que du mètre ; mais nous aurions pu raisonner de la même manière sur toutes les autres mesures qui figurent dans le nouveau système de poids et mesures, car toutes sont soumises aux divisions décimales. Ainsi,

Le stère, mesure de bois de chauffage, en dixièmes et centièmes de stère, ou décistères et centistères ;

Le litre, mesure de capacité, en dixièmes et centièmes, etc. de litre, ou décilitres, centilitres, etc. ;

Le gramme, mesure de poids, en dixièmes, centièmes, millièmes de grammes, ou décigrammes, centigrammes, milligrammes ;

Le franc, monnaie, en dixièmes et centièmes de franc, appelés décimes et centimes.

Les chiffres qui expriment dans un nombre ces divisions s'appellent *chiffres décimaux*, ou simplement *décimales*. Dans le nombre *dix mètres quarante-quatre centimètres*, les chiffres qui exprimeront les centimètres, qui sont des centièmes de mètre, seront des *décimales*.

Le système décimal a sur l'ancien système des avantages nombreux. En premier lieu se place l'uniformité ; en second lieu, la facilité du calcul ; en troisième lieu, la facilité du rapprochement des divisions à la mesure principale. Il suffit d'ailleurs amplement aux besoins du commerce.

Avant de donner le moyen de faire sur les décimales toutes les opérations élémentaires, nous observerons qu'on appelle *unités, dans un nombre, les chiffres exprimant la mesure principale, et unités d'un certain ordre les chiffres qui expriment les quantités de cet ordre.* Dans le nombre $24^m$, $35^{cm}$, les *chiffres* 24 expriment les *unités* proprement dites ; 3 est le chiffre des *unités* de *l'ordre des dixièmes* ; 5, celui des *unités de l'ordre* des *centièmes* ; 4, celui des *unités simples* ; 2, celui des *unités de l'ordre des dizaines.*

Nous rappellerons en outre ce que nous avons dit dans le corps de cet opuscule, qu'une *unité* (mètre, are, gramme, etc.) *vaut* 10 *dixièmes*, 100 *centièmes*, 1000 *millièmes*.

1 *dixième vaut* 10 *centièmes*, 100 *millièmes*.

1 *centième vaut* 10 *millièmes*.

Et réciproquement.

## 2. *Écrire les Décimales.*

Après avoir *écrit* le nombre qui exprime les mesures entières ou les unités, ou l'avoir indiqué par un zéro s'il n'en existe pas, on place une virgule à droite, puis on écrit à droite de la virgule les décimales, en plaçant de gauche à droite les dixièmes, les centièmes, les millièmes, etc. S'il n'y a pas de dixièmes, on les figure par un zéro ; si ce sont les centièmes qui manquent, et qu'il y ait des décimales

# APPENDICE.

après, on les représente également par un zéro; enfin on représente par le chiffre zéro tous les ordres de décimales qui précèdent la dernière énoncée et qui manquent.

Soit à écrire : *vingt mètres quatre cent trente-deux millimètres.*

On a : $20^m,432$.

Dans ce nombre, chaque ordre de décimales est représenté.

Soit à écrire : *quatre cent deux millimètres*,

Ou a : $0^m,402$.

Comme le nombre ne contient pas de mètres, on les représente par un zéro; il y a des décimètres, le chiffre 4 les représente; point de centimètres, le chiffre 0 en tient lieu; 2 millimètres, le chiffre 2 les exprime.

On voit que pour écrire les décimales il faut décomposer le nombre donné, et se rappeler à chaque instant ce que valent les décimales respectivement les unes aux autres. Dans le premier exemple cité, quatre cents millimètres valent quatre décimètres; le chiffre 4 a dû occuper la place des décimètres; trente millimètres valent trois centimètres; le chiffre 3 a occupé la place des centimètres; enfin le chiffre 2 est venu représenter les millimètres.

Il est utile de savoir que *l'on peut ajouter ou retrancher autant de décimales que l'on veut à la droite d'un nombre décimal sans le changer.*

Ainsi $0^m,42$, ou $0^m,420$ ou $0^m,4200$ sont absolument la même chose, de même que $40^m$, ou $40^m,0$ ou $40^m,00$.

### 3. *Énoncer les Décimales.*

On *énonce* d'abord les nombres entiers, ou les unités, s'il y en a, sinon, on n'en fait pas mention ; puis on énonce les décimales comme si elles étaient seules, sans tenir compte des zéros qui se trouvent immédiatement après la virgule. On donne à ce nombre pour nom celui de la dernière décimale, nom qui se trouve facilement en sachant que la première décimale indique les dixièmes, la seconde les centièmes, la troisième les millièmes, la quatrième, les dix-millièmes, etc.

Soit à énoncer : $4^m,194$.

On a : *quatre mètres cent quatre-vingt-quatorze millièmes de mètre*, ou *millimètres*.

Soit à énoncer : $0^m,0406$,

On a : *quatre cent six dix millièmes de mètre*, ou *dix-millimètres*. Dans ce nombre, on ne s'occupe aucunement de $0^m$, et seulement du second zéro pour déterminer l'ordre de la dernière décimale 6.

### 4. ADDITION.

Pour *ajouter* deux ou plusieurs nombres décimaux, on place ces nombres les uns sous les autres de manière que les unités de même ordre se trouvent dans une même colonne de haut en bas ; c'est-à-dire unités sous unités, dixièmes sous dixièmes, centièmes sous centièmes, millièmes sous millièmes, etc. Cela fait, on opère l'addition en commençant par la droite comme sur des nombres ordinaires. Lorsque le total est obtenu, on pose la virgule qui distingue les décimales

APPENDICE. 243

entre le chiffre provenant de l'addition des dixièmes, et celui qui provient de l'addition des unités.

*Soit à ajouter:* $4^m, 25^c$; $27^m, 405^{mm}$; $17^m, 92^c$; $402^m$,

On a : $\quad\quad 4^m, 25^m$
$\quad\quad\quad\quad\quad 27, 405$
$\quad\quad\quad\quad\quad 17, 92$
$\quad\quad\quad\quad\quad 402, \text{» »}$
$\quad\quad\quad\quad\quad \overline{\quad\quad\quad\quad}$

Total. $451,^m 575^{mm}$.

Après avoir placé les unités de même ordre dans une même colonne, nous commençons l'addition. Le chiffre 5 est seul à sa colonne, nous le posons au total; à la colonne des centièmes, nous disons 5 et 2 font 7, et posons 7; à la colonne des dixièmes, 2 et 4 font 6, 6 et 9 font 15, nous posons 5 sous la colonne des dixièmes, et reportons le chiffre 1 retenu sur la colonne des unités; puis nous continuons l'opération comme auparavant. Le total est 451575, plaçant la virgule entre le chiffre 5 provenant de l'addition des dixièmes et le chiffre 1 provenant de l'addition des unités, nous avons pour total $451, 575^{mm}$.

## SOUSTRACTION.

Pour *soustraire* l'un de l'autre deux nombres décimaux, on écrit d'abord le plus grand, puis on place le moindre au-dessous, comme dans l'addition, c'est-à-dire de sorte que les unités de même ordre se correspondent dans une même colonne; on remplace, dans l'un et dans l'autre nombre, les décimales qui manquent par des zéros, pour qu'ils en aient un nombre égal. La soustraction s'opère ensuite comme si ces deux nombres n'étaient pas décimaux. La soustraction achevée, on sépare du reste, par une virgule, autant de décimales qu'en avait le nombre qui en avait le plus.

*Soit à retrancher* $4^m,054^{mm}$ de $12^m, 648^{mm}$.

Nous plaçons au-dessus..... $12^m, 648^{mm}$
Au-dessous..... $4, 054$
Reste...... $8^m, 594^{mm}$

Et nous disons : de 8 ôtez 4, reste 4; de 4 ôtez 5, on ne le peut; empruntant sur 6, qui représente les dixièmes, un dixième qui vaut 10 centièmes, on a 10 et 4 font 14 ; ôtez 5, reste 9; de 5 ôtez 0, reste 5 ; de 2 ôtez 4, la chose est impossible; empruntant, sur le chiffre des dixaines, 1 qui vaut 10, 10 et 2 font 12 ; de 12 ôtez 4, reste 8. Le reste est 8594. Chacun des deux nombres a 3 décimales; il faut en séparer 3 du reste, ce qui donne pour résultat de l'opération $8^m,594^{mm}$.

*Soit à retrancher* 25 fr. 67 c. de 26 fr.

Nous plaçons... 26 f.

Comme ce nombre n'a pas de décimales, et que le nombre que nous devons en retrancher en a deux, nous mettons une virgule immédiatement après le chiffre 6, et nous la faisons suivre de deux 0.

Nous avons..... $26 f.,00$
Otant......... $25, 67$
Il reste........ $0, 33$

Nous opérons sur ces nombres comme sur les précédents, sans nous inquiéter de la nature des chiffres, empruntant à gauche quand le besoin s'en présente, suivant exactement les principes donnés pour la soustraction ordinaire, et séparant à la fin autant de décimales au reste qu'en avait celui des nombres sur lesquels nous avons opéré qui en avait le plus.

## 6. MULTIPLICATION.

Pour *multiplier* l'un par l'autre deux nombres décimaux, on les écrit l'un au-dessous de l'autre, le nombre qui doit être multiplié ou le *multiplicande* le premier, celui par lequel on doit multiplier ou le *multiplicateur* le second; on multiplie successivement le multiplicande par chacun des chiffres du multiplicateur, sans s'occuper en rien des virgules ni de la qualité de décimales qu'ont certains chiffres. Les divers *produits* se placent les uns sous les autres, de manière que les unités de même ordre se trouvent dans une même colonne de haut en bas. A mesure qu'on avance à gauche dans le multiplicateur, on avance à gauche le premier chiffre du produit obtenu par ce chiffre. De sorte que, si le chiffre du multiplicateur est le premier, le second, le troisième, le quatrième, etc., le premier chiffre du produit partiel sera à la première, à la seconde, à la troisième, à la quatrième, etc. colonne. Puis on fait la somme de ces produits. De cette somme on sépare à droite autant de chiffres qu'il y en a au multiplicande et au multiplicateur; ces chiffres ainsi séparés sont les décimales du produit.

APPENDICE.

*Soit à multiplier* 25 f., 54 *par* 86.

| | |
|---|---|
| Multiplicande. . . . . . | 25 , 54 |
| Multiplicateur. . . . . . | 86. |

Premier produit partiel, provenant de la multiplication du multiplicande par 6. . . . . . . . . .   15324.

Deuxième produit partiel, provenant de la multiplication du multiplicande par 8, premier chiffre au second rang. . . . . . . . .   20432.

Somme des produits partiels, ou produit total. . . . . . . .   219644

ou. . . . . . . .   2196 f. 44

Comme le multiplicande a deux décimales, on en sépare deux au produit, par une virgule, en sorte que ce produit est de 2196 f. 44.

On demande le prix de 25$^m$,07 d'étoffe à 35 f., 54 c. le mètre.

Ce prix se trouvera en multipliant le prix d'un mètre par le nombre de mètres demandé.

| | |
|---|---|
| Multiplicande. . . . | 25 f, 54. |
| Multiplicateur. . . . | 25$^m$,07. |
| Premier produit. . . . . . | 17878 |
| Deuxième. . . . . . . | 12770 |
| Troisième. . . . . . . | 5108 |
| Produit total. . . . . . | 640 f., 2878. |

## APPENDICE. 247

Séparant à droite 4 décimales on a pour prix cherché 640 f, 2878; et comme il suffit d'approcher du prix à moins d'un centième, on supprime les deux dernières décimales, et l'on a 640 f, 28, et mieux 640 f, 29, car les décimales négligées rendaient le nombre plus près de 640 fr. 29 que de 640 f. 28.

Dans ce dernier exemple nous avons obtenu trois produits partiels, quand le multiplicateur avait quatre chiffres. C'est qu'il était inutile de multiplier le multiplicande par 0, ce qui aurait donné dans tout le produit 0. Il a suffi de reculer de deux colonnes au lieu d'une le premier chiffre du troisième produit, ainsi qu'il a été dit dans la règle générale.

*On demande le prix de* $0^m,007$ *d'une toile coûtant* 0 fr. 09 *le mètre.*

| | |
|---|---|
| Multiplicande. . . . . | 0f.,09 |
| Multiplicateur. . . . . | 0, 007 |
| Produit. . . . . . . | 0f.,00063. |

Il y a ici six chiffres au produit, et cependant le multiplicateur n'a pu en donner que trois, multiplié par 7. La raison en est que l'opération a été faite d'une manière abrégée; si on l'eût faite dans tous ses détails, on eût eu:

| | |
|---|---|
| Multiplicande. . . . . | 0f.,09 |
| Multiplicateur. . . . . | 0, 007 |
| Premier produit de 0f.,09 multiplié par 7. . . . . . . | 063 |
| Deuxième produit, 0f.,09 par 0. . | 000 |
| Troisième, 0f.,09 par 0. . . . | 000 |
| Quatrième, 0f.,09 par 0. . . . | 000 |
| Produit général. . . . . . | 0f.,00063. |

D'où il suit qu'en pareil cas il suffit de compléter le nombre de décimales nécessaire pour égaler celles du multiplicande et du multiplicateur, en ajoutant des zéros à la gauche de celles qui ont été obtenues au produit.

Le produit, dans la multiplication, est toujours de l'espèce du multiplicande, il importe donc beaucoup de bien déterminer quel est des deux nombres donnés le multiplicande. Au reste, il suffit de la moindre question, car la question faite l'indique toujours, témoin celles que nous avons résolues plus haut.

### *Abréviation de la multiplication.*

Il est un moyen facile d'abréger la multiplication quand le multiplicateur est 10, 100, 1,000, etc. Pour obtenir le produit, il suffit d'avancer la virgule d'un chiffre à droite si le multiplicateur est 10 ; de deux, s'il est 100 ; de trois, s'il est 1,000 ; enfin, d'autant de chiffres qu'il y a de zéros dans le multiplicateur. Si les décimales ne suffisent pas, ou s'il n'y en a pas, on ajoute des zéros à la droite du nombre. Ainsi, un mètre d'étoffe coûtant. . . . . . . . 2f.,55

    10 mètres coûteront. . . . 25 ,5
    100. . . . . . . . . 255
    1000. . . . . . . . 2550

### 7. DIVISION

Pour *diviser* deux nombres décimaux l'un par l'autre, il faut égaler, au moyen de zéros, le nombre des décimales dans le nombre à diviser appelé *dividende*, et le nombre par lequel on divise, appelé *diviseur*. On opère ensuite la division comme si les nombres étaient simples et non décimaux, sans s'inquiéter des virgules. Le dividende épuisé, si la division n'est pas exacte, on place un 0 à la droite du dernier reste,

APPENDICE.         249

ce qui forme un nouveau dividende partiel, sur lequel on opère comme précédemment. Ce dividende fournit un chiffre au *quotient*, représentant des *dixièmes*, qu'on sépare des unités par une virgule. Ce chiffre obtenu, on ajoute un autre 0 au second reste, ce qui forme un nouveau dividende, et donne au quotient un chiffre représentant les *centièmes*. A ce dernier reste on ajoute encore un 0 pour obtenir un troisième chiffre de décimale au quotient, et ainsi de suite, en ajoutant toujours un zéro au dernier reste pour former un nouveau dividende et obtenir par suite une nouvelle décimale au quotient, jusqu'à ce qu'il ne reste plus rien, ou qu'on juge que l'approximation à laquelle on est arrivé est suffisante.

*Soit à diviser*. . .     20f.,25c. par 2$^m$,25.

Dividende. .   20f.,25 | 2,25 diviseur.

20, 25       9   quotient.

Reste. .   0.

*Soit à diviser*. . . . 59 f., 15 par 4$^m$, 225.

Il faut d'abord égaler le nombre des décimales du dividende à celui des décimales du diviseur, ce qui donne à diviser 59 f., 150 par 4$^m$, 225.

59 f. 150 | 4$^m$, 225

42   25      14 f.

16   900

1   900

0

*On demande le prix d'un mètre d'étoffe quand* 25$^m$, 45 *ont coûté* 405 *fr*.

Si 25$^m$, 45 ont coûté 405 fr., un mètre a dû coûter 405 f.

divisés par $25^m$, 45. Il faut donc opérer cette division pour obtenir le prix d'un mètre.

En mettant dans le dividende deux zéros à la suite pour égaler les décimales du diviseur, on a à diviser 405 f., 00 par $25^m$, 45.

```
405 f. 00  | 25^m, 45
254  5       15 f.
─────────
150  50
127  15
─────────
 23  45
```

Cette division donne pour résultat 15 et un reste 2345 qui ne contient pas le diviseur. Pour obtenir des dixièmes de francs ou décimes, il faut ajouter un 0 au reste, ce qui forme un nouveau dividende. Ainsi l'opération continue :

```
405 f. 00  | 25^m, 45
 . . . .      15 f., 92
─────────
 . . . .
 . . . .
─────────
 23450
 22905
─────────
  5450
  5090
─────────
   360
```

Le dividende 23450, divisé par le diviseur, ayant fourni un chiffre 9, pour décimes, du reste 545 on a formé, en y ajoutant un 0, un nouveau dividende 5450, qui fournit des centimes. Pour avoir des millièmes de franc, il suffirait de diviser le reste 360, suivi d'un nouveau o par le diviseur, et ainsi de suite.

Dans la division, le quotient est toujours de la nature du dividende quand le dividende et le diviseur sont de nature différente ; il est lui-même de nature différente quand le dividende et le diviseur sont de même nature. Dans le premier cas, il importe donc beaucoup de les bien distinguer l'un de l'autre. Il suffit pour cela de l'examen de la question.

Il peut se faire que le dividende ne contienne pas le diviseur; alors on ne peut avoir d'unités au quotient, on les représente par un o, et on cherche par le mode que nous avons indiqué autant de décimales qu'on en veut.

Soit à diviser 45 fr. par 95 mètres.

Évidemment le dividende ne contient pas le diviseur; on est réduit à n'avoir au quotient que des décimales. Voici l'opération :

```
45, f. 0  | 95              22ᵐ,00  | 344 fr.
38,  0    0 f., 47          20  64   0ᵐ,063
   ———                          ———
   7, 00                        1  360
   6, 65                        1  032
   ———                          ———
     35                           328
```

Dans ce second exemple, où il s'agissait de diviser 22 mètres par 344 fr., le dividende, augmenté d'un o, n'a pu contenir le diviseur ; il a fallu mettre un second o au quotient, et poser un nouveau o au dividende ; par ce moyen, ce dernier a enfin contenu le diviseur.

*Abréviation de la division.*

Un moyen d'abréger de beaucoup la division est de supprimer le produit du diviseur par chaque chiffre du quotient, en retranchant des dividendes partiels successivement le produit de chaque chiffre du diviseur multiplié par chaque chiffre du quotient. La division de 405 fr. par 25$^m$, 45, citée plus haut se réduira ainsi à l'opération suivante :

```
       f.
    40500     | 25^m,45
    15050       15 f., 9
     2445o
      5450
       360
```

Un second moyen consiste à supprimer dans le dividende et dans le diviseur autant de zéros à la droite que dans celui qui en a le moins. La division de 120000 fr. par 4000$^m$ se réduit à la division de 120 f. par 4$^m$.

Enfin, il est un cas où la division est encore plus facile à opérer; c'est lorsque le diviseur est 10, 100, 1000, etc. Il suffit de reculer la virgule d'un, de deux, de trois, etc., rangs à gauche, enfin d'un nombre de rangs égal au nombre de zéros du diviseur. Si le nombre n'a pas assez de chiffres pour reculer la virgule, on ajoute des zéros à gauche en quantité suffisante.

Ainsi, pour obtenir le dixième, le centième, le millième, etc., de 1497$^m$, 55, ou diviser le nombre par dix, cent., mille, etc., il suffit de reculer la virgule à gauche de un, deux, trois rangs, ce qui donne successivement 149$^m$; 755, 14$^m$, 9755; 1$^m$, 49755, etc. Pour obtenir le millième de 4 gr. 5, il faut reculer la virgule de trois rangs, et comme il n'y a qu'un chiffre, il faut ajouter à gauche deux zéros; ce qui a donné pour le millième cherché 0 gr. 0045.

Il est bien d'autres manières d'abréger la division; mais

comme on n'obtient en les employant que des quotients approximatifs, nous n'avons pas jugé à propos de les indiquer.

## 8. PREUVE DES QUATRE RÈGLES.

La *preuve* des quatre règles pour les nombres décimaux est absolument celle que l'on emploie pour les nombres ordinaires.

La preuve de l'*addition* se fait par une nouvelle addition de bas en haut, quand on a opéré de haut en bas, ou autrement et moins simplement.

Celle de la *soustraction* se fait par l'addition du reste à la somme retranchée, ce qui doit donner pour résultat la somme sur laquelle la soustraction a eu lieu.

La *multiplication* est prouvée exacte par la division du produit par le multiplicande ou le multiplicateur, opération qui doit reproduire au quotient le multiplicateur ou le multiplicande.

Enfin, la *division*, par la multiplication du diviseur par le quotient, ou réciproquement, opération qui doit donner pour produit le dividende.

# MESURES DE LONGUEUR.

## NOTIONS PRÉLIMINAIRES.

### DU MÈTRE.

L'uniformité des poids et mesures dans tout l'empire est un bien dont l'existence ne remonte pas très haut; nous en devons la première idée à l'Assemblée constituante. Chargée par elle de déterminer la *base, l'unité* du système des poids et mesures qu'elle voulait établir, l'Académie des sciences mesura, par ses commissaires, la distance du pôle à l'équateur, qui fut trouvée de 5130746 toises, dont la dix-millionième partie, ou 3 pieds 11 lignes, 296, fut appelée *mètre*. Une loi du 19 frimaire an VII fixa définitivement cette longueur. Antérieurement, il avait été réglé par une loi du 10 germinal an III, que le mètre serait l'étalon des poids et mesures de la République française et l'unité fondamentale des poids et mesures (art. 2); que la 10$^e$ partie du mètre se nommerait *décimètre*, la 100$^e$ partie, *centimètre;* que la réunion de dix mètres prendrait le nom de *décamètre*, celle de cent mètres, le nom d'*hectomètre,* celle de mille mètres, le nom de *kilomètre,* enfin celle de dix mille mètres, le nom de *myriamètre,* (art. 6).

Le mètre ainsi formé et réglé dut servir spécialement à mesurer les longueurs et remplacer l'aune et la toise, employées jusqu'alors concurremment à cet usage.

## APPENDICE. 255

Un décret du 12 février 1812 détruisit presque entièrement le système métrique décimal, en créant un nouveau système conforme à celui auquel le premier avait été préféré. Ce nouveau système reçut le nom d'*usuel*. Toutefois les mesures métriques furent suivies en ce sens qu'elles servirent d'étalon pour former les mesures du système usuel. Ainsi la toise fut formée de la réunion de deux mètres; la livre, de la moitié d'un kilogramme ou de 500 grammes; l'aune de 12 décimètres, etc.

Ce décret a été abrogé par la loi du 4 juillet 1837, qui a expressément remis en vigueur le système métrique décimal, et défendu sous des peines sévères l'usage des anciens poids et des anciennes mesures. L'exécution de la loi a été renvoyée au 1$^{er}$ janvier 1840.

En exécution de l'art. 8 de la même loi, une ordonnance royale en date du 16 juin 1839 a créé comme mesures de longueur :

| | | |
|---|---|---|
| Le double décamètre. | . . | 20$^m$ |
| Le décamètre. | . . | 10 |
| Le demi-décamètre. | . . | 5 |
| Le double mètre. | . . | 2 |
| Le Mètre. | . . | 1 |
| Le double décimètre. | . . | 0,2 |
| Le décimètre. | . . | 0,1 |

Tels sont les instruments dont, à partir du premier janvier 1840, l'usage devra être exclusif pour la mesure des longueurs déterminées antérieurement avec la toise, l'aune et les autres instruments dont l'usage avait pu être toléré dans certaines localités, bien que défendu par la loi et non autorisé par le décret de 1812.

Il résulte de ce que nous avons dit plus haut :

1° Que les composés et les subdivisions du mètre, au milieu desquels le mètre se place, croissent et décroissent de dix en dix.

2° Que chacun de ces composés, chacune de ces subdivisions, formé de la mesure générale, forme une mesure particulière, ainsi que, dans le système usuel, le pied, le pouce, la ligne, etc., étaient les mesures particulières de la toise.

3° Qu'en prenant dix fois chaque mesure on a la mesure immédiatement supérieure (10 décimètres forment un mètre, etc.), et en prenant le dixième de chaque mesure on obtient la mesure immédiatement inférieure (le dixième du mètre est le décimètre). Dans le système usuel, en prenant 6 fois 1 pied on obtenait la toise, et en prenant le douzième d'un pied on obtient le pouce. Les noms et les divisions sont changés et rendus uniformes et d'un calcul plus facile, le principe fondamental est toujours le même.

Les composés du mètre, le mètre et ses subdivisions forment le tableau ci-après, lequel montre leurs valeurs respectives et la manière de les indiquer par abréviation (*Loi du 18 germinal an* III, *Arrêté des consuls du 13 brumaire an* IX, *Loi du 4 juillet* 1837):

| | | |
|---|---|---|
| Myriamètre. . . . | 10000 mètres. | Mm. |
| Kilomètre . . . . | 1000 | Km. |
| Hectomètre. . . . | 100 | Hm. |
| Décamètre. . . . | 10 | Dm. |
| MÈTRE. . . . . | 1 | M. |
| Décimètre . . . . | 0,1 | dm. |
| Centimètre . . . . | 0,01 | cm. |
| Millimètre . . . . | 0,001 | mm. |

De ce qui a été dit précédemment et de l'inspection de ce tableau,

## APPENDICE.

Il résulte que le MYRIAMÈTRE est

10 fois *plus grand* que.... le kilomètre ;
100 fois — — que.... l'hectomètre ;
1000 fois — — que.... le décamètre ;
10000 fois — — que.... le mètre ;
100000 fois — — que.... le décimètre ;
1000000 fois — — que.... le centimètre ;
10000000 fois — — que.... le millimètre

Le KILOMÈTRE,

10 fois *plus petit* que.... le myriamètre ;
est 10 fois *plus grand* que.... l'hectomètre ;
100 fois — — que.... le décamètre ;
1000 fois — — que.... le mètre ;
10000 fois — — que.... le décimètre ;
100000 fois — — que.... le centimètre ;
1000000 fois — — que.... le millimètre.

L'HECTOMÈTRE,

10 fois *plus petit* que.... le kilomètre ;
100 fois — — que.... le myriamètre ;
est 10 fois *plus grand* que.... le décamètre ;
100 fois — — que.... le mètre ;
1000 fois — — que.... le décimètre ;
10000 fois — — que.... le centimètre ;
100000 fois — — que.... le millimètre.

Le DÉCAMÈTRE,

10 fois *plus petit* que.... l'hectomètre ;
100 fois — — que.... le kilomètre ;
1000 fois — — que.... le myriamètre ;
est 10 fois *plus grand* que.... le mètre ;
100 fois — — que.... le décimètre ;
1000 fois — — que.... le centimètre ;

10000 fois   — —   que.... le millimètre.

Le Mètre,
10 fois *plus petit* que.... le décamètre;
100 fois   — —   que.... l'hectomètre;
1000 fois   — —   que.... le kilomètre,
10000 fois   — —   que.... le myriamètre;
est 10 fois *plus grand* que.... le décimètre;
100 fois   — —   que.... le centimètre;
1000 fois   — —   que.... le millimètre.

Le Décimètre,
10 fois *plus petit* que.... le mètre;
100 fois   — —   que.... le décamètre;
1000 fois   — —   que.... l'hectomètre;
10000 fois   — —   que.... le kilomètre,
100000 fois   — —   que.... le myriamètre;
est 10 fois *plus grand* que.... le centimètre;
100 fois   — —   que.... le millimètre.

Le Centimètre,
10 fois *plus petit* que.... le décimètre;
100 fois   — —   que.... le mètre;
1000 fois   — —   que.... le décamètre;
10000 fois   — —   que.... l'hectomètre;
100000 fois   — —   que.... le kilomètre;
1000000 fois   — —   que.... le myriamètre;
est 10 fois *plus grand* que.... le millimètre.

Enfin, le Millimètre,
10 fois *plus petit* que.... le centimètre;
100 fois   — —   que.... le décimètre;
1000 fois   — —   que.... le mètre,
10000 fois   — —   que.... le décamètre;
100000 fois   — —   que.... l'hectomètre;

## APPENDICE. 259

1000000 fois — — que.... le kilomètre ;
10000000 fois — — que.... le myriamètre.

Or, comme *chaque mesure en contient autant de fois une autre qu'elle est de fois plus grande*, il en résulte qu'on peut savoir facilement, à chaque instant, combien il faut d'une mesure métrique pour en former une autre. Cet avantage résulte de la division par dix, dite division décimale. L'ancien système était loin de le posséder.

Nous devons faire observer que les mesures, le *myriamètre* et le *kilomètre*, servent spécialement à exprimer les distances, qu'ainsi on ne dira pas un myriamètre, un kilomètre d'étoffe, mais bien 10000, 1000 mètres, ou 1000, 100 décamètres, ou 100, 10 hectomètres d'étoffe. Nous ajouterons que les mesures, *hectomètres* et *décamètres*, sont également peu usitées en pareil cas ; cependant les dispositions de l'ordonnance royale du 16 juin 1839 abrogent cet usage, en partie au moins, en instituant un instrument de mesurage appelé le décamètre. Au reste, on peut toujours éviter d'indiquer la mesure spéciale, en indiquant le nombre de mètres qu'elle contient : on ne fait que dire en plusieurs mots ce que le nom dit en un seul.

Maintenant que nous savons comment se compose et se divise le mètre, il s'agit d'apprendre à écrire les nombres qui expriment des mètres.

Dans notre manière d'écrire les nombres en général, on compte par unités, dixaines, centaines, etc., ou, ce qui revient au même, par unités simples, unités de dizaines, unités de centaines, etc., et comme chaque sorte d'unité n'a, pour être représentée, que les dix chiffres communs avec les autres, on ne les distingue, quand elles sont exprimées en chiffres, que par les places que leurs chiffres occupent. Ainsi les unités simples occupent le premier rang, les dizaines le premier rang à gauche, et toujours à gauche de rang en rang, les centaines, les mille, etc. La numération des mesures métriques est entièrement conforme à la numération ordinaire ; dans l'une et dans l'autre, on compte de dix en dix. Ainsi, en partant du mètre, unité principale, le chiffre qui exprimera les décamètres, dix fois plus grands que le mètre, se mettra un rang à gauche ; celui des hectomètres, dix fois plus grands que le décamètre, deux rangs à gauche du mètre, etc. Par suite, le chiffre des décimètres, dix fois plus petits que le mètre, se mettra un rang à droite de celui du mètre ; le chiffre des centimètres, deux rangs à droite, ainsi de suite ; et comme il faut que chaque chiffre conserve son rang pour exprimer la nature de la mesure qu'il représente, chaque mesure qui ne sera pas indiquée sera remplacée par un zéro.

Les chiffres qui expriment les décimètres, les centimètres, les millimètres, etc., s'appellent *chiffres décimaux*, ou simplement *décimales* ; on les sépare des autres par une virgule.

Soit à écrire en chiffres : *cinq mille deux cent quatre mètres, soixante-quinze millimètres.*

| 0 | 5 | 2 | 0 | 4, | 0 | 7 | 5 |
|---|---|---|---|---|---|---|---|
| Place du myriamètre. | Kilomètre, 1000 fois plus grand que le mètre ; 3 rangs à gauche. | Hectomètre, 100 fois plus grand que le mètre ; 2 rangs à gauche. | Décamètre, 10 fois plus grand que le mètre ; 1 rang à gauche. | Mètres. — Unité principale. | Décimètre, 10 fois plus petit que le mètre ; 1 rang à droite. | Centimètre, 100 fois plus petit que le mètre ; 2 rangs à droite. | Millimètre, 1000 fois plus petit que le mètre ; 3 rangs à droite. |

## APPENDICE.

Celui qui écrit un nombre quelconque de mesures métriques doit à chaque instant, en partant de la plus forte mesure, extraire du nombre, l'une après l'autre, chaque mesure jusqu'à la plus faible, et l'écrire à son rang d'ordre avec le chiffre exprimant le nombre de fois qu'elle est contenue. Ainsi, pour écrire le nombre ci-dessus, il a fallu se rappeler qu'il contient :

5 kilomètres... on a posé 5    3$^e$ rang de gauche
2 hectomètres... on a posé 2    2$^e$    —
Point de décamètres o tient la place,    1$^{er}$    —
4 mètres.... on a posé 4
Point de décimètres, o en tient la place    1$^{er}$ rang de droite.
7 centimètres... on a posé 7    2$^e$ rang de droite.
5 millimètres... on a posé 5    3$^e$    —

Il faut se rappeler que l'unité principale, le mètre, doit toujours être indiquée, quand même en énonçant le nombre il n'aurait été donné qu'une mesure moindre que le mètre. Dans ce cas on la représente par un zéro suivi d'une virgule et des chiffres décimaux.

Pour énoncer un nombre de mesures métriques écrit, il faut distinguer quatre cas :

1$^{er}$ cas. Soit le nombre 0 M, 027.

Il ne contient que des mesures plus petites que le mètre ; on l'énoncera dans son ensemble, en lui donnant pour nom celui de la dernière décimale : *vingt-sept millimètres ;*

2$^e$ cas. Soit le nombre 21 M, 47.

Il contient des mètres et des parties de mètres, on l'énoncera en deux parties, les mètres en premier lieu, les décimales en second : *vingt-et-un mètres quarante-sept centimètres.*

3$^e$ cas. Soit le nombre 27 D, 5.

Il contient des mesures supérieures au mètre et des mètres; on énoncera le tout en une seule fois en le réduisant en mètres, et l'on dira : *deux cent soixante-quinze mètres*. S'il s'agissait de mesures de distance, soit le nombre 25,742$^m$, on énoncerait d'abord les kilomètres, puis les mètres; car, en pareil cas, l'unité principale est le kilomètre, et l'on dirait : *vingt-kilomètres, sept cent quarante-deux mètres*.

4$^e$ cas. Soit le nombre 44 hm.

Ce nombre, et tout autre qui ne contiendra que des mesures supérieures au mètre, sera énoncé dans son ensemble, en lui donnant pour nom celui de la plus petite mesure, *quarante-quatre hectomètres*.

Ces connaissances préliminaires acquises suffiront pour mettre qui que ce soit à même de se servir avec intelligence des tableaux ci-après.

### TOISES ET MÈTRES.

### DE LA TOISE DITE USUELLE.

La toise dite *usuelle*, dont l'usage a été autorisé par le décret de 1812, et la dimension déterminée par l'arrêté ministériel du 28 mars suivant, a 2 mètres de longueur; elle se divise, comme l'ancienne toise de Paris, en 6 pieds, chaque pied en 12 pouces, chaque pouce en 12 lignes, chaque ligne en 12 points. Elle va être remplacée par le mètre.

La toise ancienne dite d'ordonnance, et qui se divisait en pieds de roi, n'avait que de 1$^m$,949. Elle n'était pas la seule qui fût en usage.

*Réduction en mètres de la toise et de ses subdivisions.*

Les tableaux qui suivent ont pour objet de donner la ré-

APPENDICE. 263

duction d'un nombre quelconque de toises et de ses parties en mètres et parties décimales. Soit à *réduire* 54 *toises* 3 *pieds* 2 *pouces* 8 *lignes en mètres.*

On sait que 54 toises valent 54 fois 2 mètres
ou 108 mètres. . . . . . . . . ci 108$^m$

On cherche dans les tableaux, 3 pieds 2 pouces 8 lignes dont on trouve simultanément la valeur de. . . . . . . . 1,074 —

Ce qui donne pour le résultat cherché le nombre. . . . . . . . . . . 109$^m$074 — approximatif du véritable résultat à moins d'un demi-millimètre en moins.

*TABLEAU des valeurs en mètres de la toise et de ses subdivisions*

| | m. d. c. mm. | | | m. d. c. mm. |
|---|---|---|---|---|
| 1 toise vaut.... | 2 000 | 4 lignes valent... | | 0 009 — |
| 1 pied vaut.... | 0 333 — | 5 — | — ... | 0 012 + |
| 2 — valent... | 0 667 + | 6 — | — ... | 0 014 + |
| 3 — — ... | 1 000 | 7 — | — ... | 0 016 — |
| 4 — — ... | 1 333 — | 8 — | — ... | 0 019 + |
| 5 — — ... | 1 667 + | 9 — | — ... | 0 021 — |
| 6 — —1 toise. | | 10 — | — ... | 0 023 + |
| 1 pouce vaut... | 0 028 + | 11 — | — ... | 0 025 — |
| 2 — valent.. | 0 056 + | 12 — | —1 po. 0 | |
| 3 — — .. | 0 083 — | 1 point vaut... | | 0 000 — |
| 4 — — .. | 0 111 — | 2 — valent... | | 0 000 — |
| 5 — — .. | 0 139 + | 3 — | — ... | 0 001 + |
| 6 — — .. | 0 167 + | 4 — | — ... | 0 001 + |
| 7 — — .. | 0 196 + | 5 — | — ... | 0 001 + |
| 8 — — .. | 0 222 — | 6 — | — ... | 0 001 — |
| 9 — — .. | 0 250 + | 7 — | — ... | 0 001 — |
| 10 — — .. | 0 278 + | 8 — | — ... | 0 002 + |
| 11 — — .. | 0 306 + | 9 — | — ... | 0 002 + |
| 12 — —1 pied | | 10 — | — ... | 0 002 + |
| 1 ligne vaut.... | 0 002 — | 11 — | — ... | 0 002 — |
| 2 — valent... | 0 005 + | 12 — | —1 ligne. | |
| 3 — — ... | 0 007 + | | | |

# MESURES DE SURFACE.

## DU MÈTRE CARRÉ.

Nous venons de voir ce qu'est le mètre, mesure de longueur, et d'apprendre de quelle manière il se divise, la valeur de ses parties respectivement les unes aux autres, et le moyen d'écrire en chiffres ou en lettres un nombre de mètres quelconque écrit en lettres ou en chiffres; sachons actuellement ce qu'est le mètre, mesure de surface, ou le *mètre carré*.

On entend par mètre carré une surface de forme carrée dont les côtés tombant à plomb respectivement l'un sur l'autre sont égaux entre eux et d'une longueur d'un mètre chacun. Elle est la principale mesure, ou l'unité des mesures de surface ; c'est à elle que l'on compare toutes les autres surfaces. On dit ainsi qu'une surface a cent mètres carrés, lorsqu'en la comparant au mètre carré on trouve qu'elle le contient cent fois.

Le mètre, mesure de longueur, est divisé en 10 décimètres, 100 centimètres, 1000 millimètres; le mètre carré en a dix fois autant. Il est facile de le comprendre. La toise usuelle avait 6 pieds, cependant la toise carrée avait 36 pieds ou 6 fois 6 pieds. Par analogie, le mètre carré aura 100 décimètres, au lieu de 10 qu'a le mètre linéaire, 10000 centimètres au lieu de 100, 1000000 de millimètres au lieu de 1000, etc.

# APPENDICE.

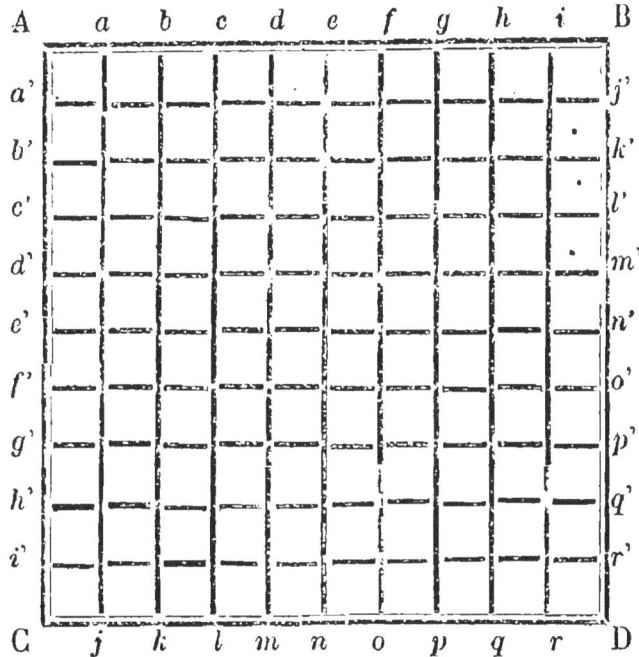

Supposons la surface de ABCD un mètre carré; chacun des côtés qui est d'une longueur d'un mètre sera divisible et divisé en dix décimètres; les lettres $a, b, c, \ldots j, k, l, \ldots a', b', c', \ldots j'', k'', l'', \ldots$ indiquent ces divisions. Joignons par les lignes droites $aj, bk, \ldots$ les points de divisions des lignes AB et CD, le mètre carré sera divisé ainsi en 10 parties égales, telles que AC $ja$. Chacune de ces parties aura un mètre de hauteur et un décimètre de largeur. Joignons actuellement par des lignes droites telles que $a'j'', b'k''$, les points de division des lignes AC, BD, le mètre carré sera divisé de nouveau en 10 parties égales telles que A $a'j''$, B; mais les lignes $a'j'' b'k'$ divisent également en 10 parties égales chacune des dix divisions en lesquelles le mètre avait été décomposé par les lignes verticales $aj'', bk, \ldots$ Par conséquent le mètre est divisé en 10 fois 10 parties égales, ou en 100 parties égales. Chacune de ses parties est égale à la petite surface $i$B, $j'$B qu'on appelle un décimètre carré, parce qu'elle a chacun de ses côtés égal à une longueur d'un décimètre. D'où il suit que le mètre carré a 100 décimètres.

Un raisonnement semblable apprendrait que le mètre se divise, ainsi que nous l'avons déjà dit, en 1000 centimètres, 1000000 millimètres; de même qu'on apprendrait que le décamètre carré contient 100 mètres carrés, que l'hectomètre en contient 10000.

Il résulte de cela que

L'Hectomètre carré est

100 fois *plus grand* que... le décamètre;
10000 fois — — que... le mètre;
1000000 fois — — que... le décimètre;
100000000 fois — — que... le centimètre;
10000000000 f. — — que... le millimètre.

Le Décamètre carré qui est

100 fois *plus petit* que... l'hectomètre;
est 100 fois *plus grand* que... le mètre;
10000 fois — — que... le décimètre;
1000000 fois — — que... le centimètre;
100000000 f. — — que... le millimètre.

Le Mètre carré qui est

100 fois *plus petit* que... le décamètre;
10000 fois — — que... l'hectomètre;
est 100 fois *plus grand* que... le décimètre;
10000 fois — — que... le centimètre;
1000000 fois — — que... le millimètre.

Le Décamètre carré qui est

100 fois *plus petit* que... le mètre;
10000 fois — — que... le décamètre;
1000000 fois — — que... l'hectomètre;

est 100 fois *plus grand* que... le centimètre ;
10000 fois — — que... le millimètre.

Et le MILLIMÈTRE carré est
100 fois *plus petit* que... le centimètre ;
10000 fois — — que... le décimètre ;
1000000 fois — — que... le mètre ;
100000000 fois — — que... le décamètre ;
10000000000 fois — que... l'hectomètre.

Comme *une chose en contient une autre autant de fois qu'elle est plus grande*, au moyen de ce tableau on saura facilement combien de fois chaque subdivision ou chaque multiple du mètre carré contient de divisions ou de multiples inférieurs ; réciproquement, comme *une chose est contenue en une autre autant de fois qu'elle est plus petite*, on saura également combien il faudra de chaque subdivision ou de chaque multiple du mètre pour composer une subdivision ou un multiple supérieur.

Ce tableau nous a fait voir que chaque mesure est 100 fois plus grande que celle qui la suit, 100 fois plus petite que celle qui la précède ; cette circonstance amène un léger changement que nous devons indiquer dans la manière d'écrire en chiffres un nombre quelconque de mètres carrés contenant des décimales.

Dans le nombre, *un mètre trente-deux centimètres* ( mesures de longueur ), les décimètres seront représentés par un seul chiffre, les centimètres, par un seul chiffre également, et l'on aura

$$1^m, 32.$$

Dans le nombre, *un mètre carré trente-deux centimètres* ( mesure de surface), les décimètres, qui sont 100 fois plus petits que le mètre, doivent être représentés par deux chiffres ;

il en est de même des centimètres, qui sont 100 fois plus petits que le décimètre, 10000 fois que le mètre. Ainsi ce nombre devra être écrit ainsi :

$$1^m,0032.$$

D'où la règle générale : *Pour écrire un nombre quelconque de mètres carrés suivis de subdivisions de mètre, on écrit d'abord les mètres, on pose une virgule à droite, puis on écrit de gauche à droite, et au moyen de deux chiffres pour chaque subdivision du mètre carré, les décimètres, les centimètres, les millimètres, etc., dans cet ordre. Si une mesure n'est pas indiquée, on la représente par deux zéros* (comme nous avons fait plus haut); *si ce sont simplement les unités ou les dixaines de cette mesure qui manquent, on les représente par un seul zéro.*

Les principes posés plus haut pour énoncer les nombres métriques sont applicables ici; il serait inutile de les répéter. En les appliquant, on verra que

$$3^{mc.},0430$$

s'énonce : *trois mètres quatre cent trente centimètres;*

$$0^{mc},0054$$

cinquante-quatre centimètres.

## TOISE ET MÈTRE CARRÉS.

### DE LA TOISE USUELLE CARRÉE.

La toise carrée était la mesure usuelle destinée à mesurer les surfaces de peu d'étendue et spécialement les surfaces non agraires, s'il nous est permis de nous exprimer ainsi. La toise

APPENDICE. 269

se divisait en 36 pouces, le pouce en 144 lignes, la ligne en 144 points. Cette division, conséquence de la division de la toise de longueur, rendait les calculs sur les surfaces d'une difficulté et d'une longueur extrêmes. C'est surtout lorsqu'on se sert du calcul décimal, pour ce genre de mesures, qu'on comprend tout l'avantage que ce système de numération renferme.

## CHAPITRE PREMIER.

*Réduction de la toise carrée et des pieds, pouces, lignes carrés en mètres et parties décimales carrés.*

Ce premier chapitre a pour objet de résoudre sur-le-champ cette question : *combien tant de toises, pieds, pouces, lignes carrés, valent-ils de mètres et parties décimales carrés ?* Cette solution s'obtient en prenant dans les tableaux les valeurs métriques placées en regard du nombre de pieds, pouces, etc., que l'on veut réduire.

*On demande combien valent en mètres carrés, 10 toises 15 pieds 36 pouces 84 lignes;* ou trouvera successivement que :

10 toises valent 10 fois 4 mètres carrés
ci. . . . . . . 40 » » »
15 pieds valent. . . . 1 66 66 67
36 pouces — . . . 0 02 77 79
84 lignes — . . . 0 00 04 50
Ce qui donne pour le total. 41 69 48 95

Ainsi le nombre de mètres que vaut le nombre de toises énoncé est $41^m,694895$ millimètres.

## APPENDICE.

*Réduction de la toise carrée et de ses pieds, pouces et lignes carrés, en mètres et parties décimales carré.*

|  | mc. | dc. | cc. | mc. |  | mc. | dc. | cc. | mc. |
|---|---|---|---|---|---|---|---|---|---|
| 1 toise vaut | 4 | 00 | 00 | 00 | 1 pouc. vaut | 0 | 00 | 07 | 72+ |
|  |  |  |  |  | 2 | 0 | 00 | 15 | 43— |
| 1 pied vaut | 0 | 11 | 11 | 11— | 3 | 0 | 00 | 23 | 15+ |
| 2 pieds val. | 0 | 22 | 22 | 22— | 4 | 0 | 00 | 30 | 86— |
| 3 | 0 | 33 | 33 | 33— | 5 | 0 | 00 | 38 | 58— |
| 4 | 0 | 44 | 44 | 44— | 6 | 0 | 00 | 46 | 30+ |
| 5 | 0 | 55 | 55 | 56+ | 7 | 0 | 00 | 54 | 01— |
| 6 | 0 | 66 | 66 | 67+ | 8 | 0 | 00 | 61 | 73+ |
| 7 | 0 | 77 | 77 | 78+ | 9 | 0 | 00 | 69 | 44— |
| 8 | 0 | 88 | 88 | 89+ | 10 | 0 | 00 | 77 | 16— |
| 9 | 1 | 00 | 00 | 00 | 11 | 0 | 00 | 84 | 88+ |
| 10 | 1 | 11 | 11 | 11— | 12 | 0 | 00 | 92 | 59— |
| 11 | 1 | 22 | 22 | 22— | 13 | 0 | 01 | 00 | 31+ |
| 12 | 1 | 33 | 33 | 33— | 14 | 0 | 01 | 08 | 02— |
| 13 | 1 | 44 | 44 | 44— | 15 | 0 | 01 | 15 | 74— |
| 14 | 1 | 55 | 55 | 56+ | 16 | 0 | 01 | 23 | 46+ |
| 15 | 1 | 66 | 66 | 67+ | 17 | 0 | 01 | 31 | 17— |
| 16 | 1 | 77 | 77 | 78+ | 18 | 0 | 01 | 38 | 89+ |
| 17 | 1 | 88 | 88 | 89+ | 19 | 0 | 01 | 46 | 60— |
| 18 | 2 | 00 | 00 | 00 | 20 | 0 | 01 | 54 | 32— |
| 19 | 2 | 11 | 11 | 11— | 21 | 0 | 01 | 62 | 04+ |
| 20 | 2 | 22 | 22 | 22— | 22 | 0 | 01 | 69 | 75+ |
| 21 | 2 | 33 | 33 | 33— | 23 | 0 | 01 | 77 | 47— |
| 22 | 2 | 44 | 44 | 44— | 24 | 0 | 01 | 85 | 18— |
| 23 | 2 | 55 | 55 | 56+ | 25 | 0 | 01 | 92 | 90— |
| 24 | 2 | 66 | 66 | 67+ | 26 | 0 | 02 | 00 | 62+ |
| 25 | 2 | 77 | 77 | 78+ | 27 | 0 | 02 | 08 | 33— |
| 26 | 2 | 88 | 88 | 89+ | 28 | 0 | 02 | 16 | 05+ |
| 27 | 3 | 00 | 00 | 00 | 29 | 0 | 02 | 23 | 77+ |
| 28 | 3 | 11 | 11 | 11— | 30 | 0 | 02 | 31 | 48— |
| 29 | 3 | 22 | 22 | 22— | 31 | 0 | 02 | 39 | 20+ |
| 30 | 3 | 33 | 33 | 33— | 32 | 0 | 02 | 46 | 91— |
| 31 | 3 | 44 | 44 | 44— | 33 | 0 | 02 | 54 | 63+ |
| 32 | 3 | 55 | 55 | 56+ | 34 | 0 | 02 | 62 | 35+ |
| 33 | 3 | 66 | 66 | 67+ | 35 | 0 | 02 | 70 | 06— |
| 34 | 3 | 77 | 77 | 78+ | 36 | 0 | 02 | 77 | 78+ |
| 35 | 3 | 88 | 88 | 89+ | 37 | 0 | 02 | 85 | 49— |
| 36 | 4 | 00 | 00 | 00 | 38 | 0 | 02 | 93 | 21+ |

APPENDICE.                                        271

|   | mc. | dc. | cc. | mc. |   | mc. | dc. | cc. | mc. |
|---|---|---|---|---|---|---|---|---|---|
| 39 pouc. val. | 0 | 03 | 00 | 95— | 81 pouc. v. | 0 | 06 | 25 | 00+ |
| 40 | 0 | 03 | 08 | 64— | 82 | 0 | 06 | 32 | 72— |
| 41 | 0 | 03 | 16 | 36+ | 83 | 0 | 06 | 40 | 43— |
| 42 | 0 | 03 | 24 | 07— | 84 | 0 | 06 | 48 | 15+ |
| 43 | 0 | 03 | 31 | 79+ | 85 | 0 | 06 | 55 | 86+ |
| 44 | 0 | 03 | 39 | 51+ | 86 | 0 | 06 | 63 | 58+ |
| 45 | 0 | 03 | 47 | 22— | 87 | 0 | 06 | 71 | 30+ |
| 46 | 0 | 03 | 54 | 94+ | 88 | 0 | 06 | 79 | 01— |
| 47 | 0 | 03 | 62 | 65— | 89 | 0 | 06 | 86 | 73+ |
| 48 | 0 | 03 | 70 | 37+ | 90 | 0 | 06 | 94 | 44— |
| 49 | 0 | 03 | 78 | 09+ | 91 | 0 | 07 | 02 | 16+ |
| 50 | 0 | 03 | 85 | 80— | 92 | 0 | 07 | 09 | 88+ |
| 51 | 0 | 03 | 93 | 59+ | 93 | 0 | 07 | 17 | 59— |
| 52 | 0 | 04 | 01 | 23— | 94 | 0 | 07 | 25 | 31+ |
| 53 | 0 | 04 | 08 | 95— | 95 | 0 | 07 | 32 | 02— |
| 54 | 0 | 04 | 16 | 67+ | 96 | 0 | 07 | 40 | 74+ |
| 55 | 0 | 04 | 24 | 38 | 97 | 0 | 07 | 48 | 46+ |
| 56 | 0 | 04 | 32 | 10+ | 98 | 0 | 07 | 56 | 17— |
| 57 | 0 | 04 | 39 | 81— | 99 | 0 | 07 | 63 | 09+ |
| 58 | 0 | 04 | 47 | 53— | 100 | 0 | 07 | 71 | 60— |
| 59 | 0 | 04 | 55 | 25+ | 101 | 0 | 07 | 79 | 32— |
| 60 | 0 | 04 | 62 | 96— | 102 | 0 | 07 | 87 | 04+ |
| 61 | 0 | 04 | 70 | 68+ | 103 | 0 | 07 | 94 | 75— |
| 62 | 0 | 04 | 78 | 39— | 104 | 0 | 08 | 02 | 47+ |
| 63 | 0 | 04 | 86 | 11— | 105 | 0 | 08 | 10 | 18— |
| 64 | 0 | 04 | 93 | 83+ | 106 | 0 | 08 | 17 | 90— |
| 65 | 0 | 05 | 01 | 54— | 107 | 0 | 08 | 25 | 62+ |
| 66 | 0 | 05 | 09 | 26+ | 108 | 0 | 08 | 33 | 43— |
| 67 | 0 | 05 | 16 | 97— | 109 | 0 | 08 | 41 | 05+ |
| 68 | 0 | 05 | 24 | 69— | 110 | 0 | 08 | 48 | 76— |
| 69 | 0 | 05 | 32 | 41+ | 111 | 0 | 08 | 56 | 48— |
| 70 | 0 | 05 | 40 | 12— | 112 | 0 | 08 | 64 | 20+ |
| 71 | 0 | 05 | 47 | 84+ | 113 | 0 | 08 | 71 | 91— |
| 72 | 0 | 05 | 55 | 55— | 114 | 0 | 08 | 79 | 63+ |
| 73 | 0 | 05 | 63 | 27+ | 115 | 0 | 08 | 87 | 34— |
| 74 | 0 | 05 | 70 | 99— | 116 | 0 | 08 | 95 | 06— |
| 75 | 0 | 05 | 78 | 70— | 117 | 0 | 09 | 02 | 78+ |
| 76 | 0 | 05 | 86 | 42+ | 118 | 0 | 09 | 10 | 49— |
| 77 | 0 | 05 | 94 | 14+ | 119 | 0 | 09 | 18 | 21+ |
| 78 | 0 | 06 | 01 | 85— | 120 | 0 | 09 | 25 | 92— |
| 79 | 0 | 06 | 09 | 57+ | 121 | 0 | 09 | 33 | 64— |
| 80 | 0 | 06 | 17 | 28— | 122 | 0 | 09 | 41 | 36+ |

## 272    APPENDICE.

| | mc. | dc. | cc. | mc | | mc. | dc. | cc. | mc. |
|---|---|---|---|---|---|---|---|---|---|
| 123 ponc.v. | 0 | 09 | 49 | 07— | 21 lig. val. | 0 | 00 | 01 | 13+ |
| 124 | 0 | 09 | 56 | 79+ | 22 | 0 | 00 | 01 | 18+ |
| 125 | 0 | 09 | 64 | 51— | 23 | 0 | 00 | 01 | 23— |
| 126 | 0 | 09 | 72 | 22— | 24 | 0 | 00 | 01 | 29+ |
| 127 | 0 | 09 | 79 | 94+ | 25 | 0 | 00 | 01 | 34+ |
| 128 | 0 | 09 | 87 | 65— | 26 | 0 | 00 | 01 | 39— |
| 129 | 0 | 09 | 95 | 37+ | 27 | 0 | 00 | 01 | 45+ |
| 130 | 0 | 10 | 03 | 09— | 28 | 0 | 00 | 01 | 50+ |
| 131 | 0 | 10 | 10 | 80— | 29 | 0 | 00 | 01 | 55— |
| 132 | 0 | 10 | 18 | 52+ | 30 | 0 | 00 | 01 | 61+ |
| 133 | 0 | 10 | 26 | 23— | 31 | 0 | 00 | 01 | 66— |
| 134 | 0 | 10 | 33 | 95+ | 32 | 0 | 00 | 01 | 71— |
| 135 | 0 | 10 | 41 | 67— | 33 | 0 | 00 | 01 | 77+ |
| 136 | 0 | 10 | 49 | 38— | 34 | 0 | 00 | 01 | 82— |
| 137 | 0 | 10 | 57 | 20+ | 35 | 0 | 00 | 01 | 88+ |
| 138 | 0 | 10 | 64 | 81— | 36 | 0 | 00 | 01 | 93+ |
| 139 | 0 | 10 | 72 | 53+ | 37 | 0 | 00 | 01 | 97— |
| 140 | 0 | 10 | 80 | 25+ | 38 | 0 | 00 | 02 | 02+ |
| 141 | 0 | 10 | 87 | 96— | 39 | 0 | 00 | 02 | 09+ |
| 142 | 0 | 10 | 95 | 68+ | 40 | 0 | 00 | 02 | 14— |
| 143 | 0 | 11 | 03 | 39— | 41 | 0 | 00 | 02 | 20+ |
| 144 1 pied ou | 0 | 11 | 11 | 11— | 42 | 0 | 00 | 02 | 25— |
| 1 lig. vaut | 0 | 00 | 00 | 05— | 43 | 0 | 00 | 02 | 30— |
| 2 lig. val. | 0 | 00 | 00 | 11+ | 44 | 0 | 00 | 02 | 36+ |
| 3 | 0 | 00 | 00 | 16— | 45 | 0 | 00 | 02 | 41— |
| 4 | 0 | 00 | 00 | 21— | 46 | 0 | 00 | 02 | 46— |
| 5 | 0 | 00 | 00 | 27+ | 47 | 0 | 00 | 02 | 52+ |
| 6 | 0 | 00 | 00 | 32— | 48 | 0 | 00 | 02 | 57— |
| 7 | 0 | 00 | 00 | 38+ | 49 | 0 | 00 | 02 | 63+ |
| 8 | 0 | 00 | 00 | 43+ | 50 | 0 | 00 | 02 | 68+ |
| 9 | 0 | 00 | 00 | 48— | 51 | 0 | 00 | 02 | 73— |
| 10 | 0 | 00 | 00 | 54— | 52 | 0 | 00 | 02 | 79+ |
| 11 | 0 | 00 | 00 | 59+ | 53 | 0 | 00 | 02 | 84+ |
| 12 | 0 | 00 | 00 | 64— | 54 | 0 | 00 | 02 | 89— |
| 13 | 0 | 00 | 00 | 70+ | 55 | 0 | 00 | 02 | 95+ |
| 14 | 0 | 00 | 00 | 75— | 56 | 0 | 00 | 03 | 00— |
| 15 | 0 | 00 | 00 | 80— | 57 | 0 | 00 | 03 | 05— |
| 16 | 0 | 00 | 00 | 86+ | 58 | 0 | 00 | 03 | 11+ |
| 17 | 0 | 00 | 00 | 91— | 59 | 0 | 00 | 03 | 16— |
| 18 | 0 | 00 | 00 | 96— | 60 | 0 | 00 | 03 | 21— |
| 19 | 0 | 00 | 01 | 02+ | 61 | 0 | 00 | 03 | 27+ |
| 20 | 0 | 00 | 01 | 07— | 62 | 0 | 00 | 03 | 32— |

APPENDICE.     273

| | мc. | dc. | cc. | mc. | | | мc. | dc. | cc. | dc. |
|---|---|---|---|---|---|---|---|---|---|---|
| 63 lig. val. | 0 | 00 | 03 | 38+ | | 104 lig. val. | 0 | 00 | 05 | 57— |
| 64 | 0 | 00 | 03 | 43+ | | 105 | 0 | 00 | 05 | 63+ |
| 65 | 0 | 00 | 03 | 48— | | 106 | 0 | 00 | 05 | 68+ |
| 66 | 0 | 00 | 03 | 54+ | | 107 | 0 | 00 | 05 | 73— |
| 67 | 0 | 00 | 03 | 59— | | 108 | 0 | 00 | 05 | 79+ |
| 68 | 0 | 00 | 03 | 64— | | 109 | 0 | 00 | 05 | 84— |
| 69 | 0 | 00 | 03 | 70+ | | 110 | 0 | 00 | 05 | 89— |
| 70 | 0 | 00 | 03 | 75— | | 111 | 0 | 00 | 05 | 95+ |
| 71 | 0 | 00 | 03 | 80— | | 112 | 0 | 00 | 06 | 00— |
| 72 | 0 | 00 | 03 | 86+ | | 113 | 0 | 00 | 06 | 05— |
| 73 | 0 | 00 | 03 | 91— | | 114 | 0 | 00 | 06 | 11+ |
| 74 | 0 | 00 | 03 | 97+ | | 115 | 0 | 00 | 06 | 16— |
| 75 | 0 | 00 | 04 | 03+ | | 116 | 0 | 00 | 06 | 22+ |
| 76 | 0 | 00 | 04 | 07— | | 117 | 0 | 00 | 06 | 27— |
| 77 | 0 | 00 | 04 | 13+ | | 118 | 0 | 00 | 06 | 32— |
| 78 | 0 | 00 | 04 | 18+ | | 119 | 0 | 00 | 06 | 38+ |
| 79 | 0 | 00 | 04 | 23— | | 120 | 0 | 00 | 06 | 43+ |
| 80 | 0 | 00 | 04 | 29+ | | 121 | 0 | 00 | 06 | 48— |
| 81 | 0 | 00 | 04 | 34— | | 122 | 0 | 00 | 06 | 54+ |
| 82 | 0 | 00 | 04 | 39— | | 123 | 0 | 00 | 06 | 59— |
| 83 | 0 | 00 | 04 | 45+ | | 124 | 0 | 00 | 06 | 64— |
| 84 | 0 | 00 | 04 | 50— | | 125 | 0 | 00 | 06 | 70+ |
| 85 | 0 | 00 | 04 | 55— | | 126 | 0 | 00 | 06 | 75— |
| 86 | 0 | 00 | 04 | 61+ | | 127 | 0 | 00 | 06 | 81+ |
| 87 | 0 | 00 | 04 | 66— | | 128 | 0 | 00 | 06 | 86+ |
| 88 | 0 | 00 | 04 | 72+ | | 129 | 0 | 00 | 06 | 91— |
| 89 | 0 | 00 | 04 | 77— | | 130 | 0 | 00 | 06 | 97+ |
| 90 | 0 | 00 | 04 | 82— | | 131 | 0 | 00 | 07 | 02+ |
| 91 | 0 | 00 | 04 | 88+ | | 132 | 0 | 00 | 07 | 07— |
| 92 | 0 | 00 | 04 | 93— | | 133 | 0 | 00 | 07 | 13+ |
| 93 | 0 | 00 | 04 | 98— | | 134 | 0 | 00 | 07 | 18— |
| 94 | 0 | 00 | 05 | 04+ | | 135 | 0 | 00 | 07 | 23— |
| 95 | 0 | 00 | 05 | 09— | | 136 | 0 | 00 | 07 | 29+ |
| 96 | 0 | 00 | 05 | 14— | | 137 | 0 | 00 | 07 | 34— |
| 97 | 0 | 00 | 05 | 20+ | | 138 | 0 | 00 | 07 | 39— |
| 98 | 0 | 00 | 05 | 25— | | 139 | 0 | 00 | 07 | 45+ |
| 99 | 0 | 00 | 05 | 30— | | 140 | 0 | 00 | 07 | 50— |
| 100 | 0 | 00 | 05 | 36+ | | 141 | 0 | 00 | 07 | 56+ |
| 101 | 0 | 00 | 05 | 41— | | 142 | 0 | 00 | 07 | 61+ |
| 102 | 0 | 00 | 05 | 47+ | | 143 | 0 | 00 | 07 | 66— |
| 103 | 0 | 00 | 05 | 52+ | | 144 , po. ou | 0 | 00 | 07 | 72+ |

## CHAPITRE II.

*Prix proportionnel du mètre carré.*

Les tableaux qui suivent ne donnent pas le prix du mètre proportionnel à celui de la toise : *Le mètre carré étant exactement le quart de la toise carrée, il est évident que le prix du mètre carré sera toujours le quart du prix de la toise carrée.* Il n'est personne qui ne soit à même de déterminer ce quart. Nous nous sommes dès lors borné à donner le prix du décimètre et du centimètre carrés, proportionnel à celui du pied et du pouce carrés. Ce prix va de 5 centimes à 36 francs pour les pieds, et de 5 centimes à 12 francs pour les pouces.

Ayant le prix d'un décimètre, d'un centimètre, il sera toujours facile d'avoir le prix d'un mètre ou d'un décimètre, en multipliant par 100 ou par 10000 le prix du décimètre ou du centimètre, pour avoir le prix du mètre, et par 100 celui du centimètre, pour avoir le prix du décimètre.

Cette multiplication se fait en avançant sur la droite la virgule de 2 chiffres pour multiplier par cent, et de 4 chiffres pour multiplier par 10000.

| | | |
|---|---|---|
| Le prix du décimètre carré étant de.. | 1 fr. | 25 c. |
| Celui du mètre sera de............ | 125 | » |
| Le prix d'un centimètre carré étant de. | 1 | 25 |
| Celui du décimètre sera de......... | 125 | » |
| Et celui du mètre sera de.......... | 12,500 | » |

Les tableaux qui composent ce chapitre sont d'un usage très facile.

1° *On demande le prix de trois décimètres carrés d'un objet valant* 3 fr. 50 cent. *le pied.*

Les tableaux montrent que le pied valant 3 fr. 50 cent.,

le décimètre vaut 32 cent.; par suite les trois décimètres valent 96 centimes.

2° *On demande le prix de dix mètres carrés d'un objet valant 18 fr. 50 cent. le pied.*

Les tableaux apprennent que lorsque le pied vaut 18 fr. 50 cent., le décimètre vaut 1 fr. 67 cent. Le mètre étant 100 fois plus grand que le décimètre vaut 100 fois plus, c'est-à-dire 167 fr. ou à peu près; par conséquent, six toises valent 10 fois 167 fr. ou 1670 fr.

3° *On demande six toises deux pieds carrés d'un objet valant 2 fr. le décimètre.*

Cette question a deux parties qu'il faut distinguer pour la résoudre, déterminer 1° le nombre de mesures métriques à donner; 2° le prix.

1° Les tableaux qui précèdent nous apprennent que six toises deux pieds carrés valent :

|            |       |    |    |    |
|------------|-------|----|----|----|
| 6 toises.  | 24 mc | "  | "  | "  |
| 2 pieds.   | "     | 22 | 22 | 22 |
| Total.     | 24    | 22 | 22 | 22 |

C'est donc ce nombre qu'il faut donner.

2° Le nombre à fournir contient $24^{mc}222222$ ou $2422^{dmc}22$; il faut donc donner autant de fois 2 fr. que $2422^{dmc}22$ contient de décimètres, ce qui revient à dire que le prix demandé est 2422 22 répété 2 fois, ou 2844 francs 44 centimes.

Pour donner dans ce troisième cas le moyen d'apprécier le rapport des deux mesures, et de déterminer, à l'aide des nouvelles mesures, un nombre quelconque de mesures usuelles, chaque page porte en tête le rapport des deux mesures dont il s'agit avec le mètre carré; ainsi dans la première section, nous voyons que le pied carré vaut $^{m}$,1111... : pour mesurer dix pieds, il suffira donc de prendre la valeur d'un pied 10 fois, c'est-à-dire de mesurer $1^m,1111$.

4° Le prix d'une mesure peut, à raison de l'élévation du chiffre, ne pas être porté dans les tableaux qui la concernent spécialement, voici un moyen facile de le trouver :

*On demande le prix d'un mètre carré d'un objet valant 144 fr. le pied.*

Les tableaux ne fournissent pas ce prix, les calculs n'ayant été élevés pour les pieds que jusqu'à 30 francs, mais on y trouvera le prix proportionnel d'un pouce de cet objet. Le pied valant 144 fr., le pouce vaut 144 fr. divisé par 144 ou 1 fr., à ce prix, le centimètre vaut 77 cent.; le mètre valant 10000 fois plus que le centimètre, aura pour prix 77 cent. multiplié par 10000, ou 7700 fr.

Ces cas sont les seuls qui puissent se présenter.

# MESURES DE SOLIDITÉ.

## PREMIÈRE PARTIE.

## TOISE ET MÈTRE CUBES.

### DE LA TOISE CUBE.

La toise cube usuelle avait 216 pieds cubes; chaque pied avait 1728 pouces cubes, et chaque pouce 1728 lignes cubes : ce qui donnait à la toise 373248 pouces et 80621568 lignes. La toise ancienne avait exactement les mêmes subdivisions, mais non les mêmes dimensions, et ce serait s'exposer à commettre des erreurs bien graves que de les prendre indifféremment l'une pour l'autre.

La toise cube était la mesure de solidité générale; qu'il s'agit de déterminer la quantité de terrain à enlever pour creuser une tranchée, une cave de telle profondeur, c'était elle qu'on employait. Désormais ce sera le mètre. Et certes il n'est personne, ayant eu plus ou moins souvent à se servir de la toise cube, qui ne loue le législateur de l'avoir contraint à adopter une mesure d'un usage aussi facile que le mètre cube, en présence des difficultés presqu'insurmontables des calculs que la toise cube nécessitait.

## CHAPITRE PREMIER.

*Réduction de la toise cube et de ses pieds, pouces et lignes en mètres et parties décimales cubes.*

Ce premier chapitre donne le moyen de réduire un nombre quelconque de toises, pieds, pouces et lignes usuels cubes en mètres et parties décimales cubes. Si le nombre ne renferme qu'une seule espèce de mesures, comme des toises, ou des pieds, ou des pouces, ou des lignes, et si, en outre, ces pouces ou ces lignes ne sont pas au-dessus de cent, on trouve immédiatement cette réduction en regard du nombre de toises, de pieds, etc. Si le nombre a des mesures de plusieurs espèces, ou des pouces ou des lignes au-dessus de cent, on le décompose en parties assez petites pour être sur les tableaux, et l'on fait la somme des valeurs réduites de toutes ces parties cherchées l'une après l'autre. Cette somme est la valeur en mètres cubes cherchée.

*Soit à réduire en mètres cubes, 345 toises 206 pieds 1209 pouces 1517 lignes.*

On trouve successivement que :

| | | |
|---|---:|---:|
| 300 toises valent.............. | $2400^{mc}$ | |
| 45 ...................... | 360 | |
| 345 | | |
| 206 pieds valent............. | 7, | 629630 |
| 1200 pouces valent............ | 0, | 025720 |
| 9 ...................... | 0, | 000193 |
| 1209 | | |
| 1500 lignes valent en cent. cubes... | 0, | 000019 |
| 17 ...................... | 0, | 000000 |
| 1517 | | |

Ce qui donne un total en cent. cubes,
pour la valeur du nombre de toises à réd. de $2767^{mc},65556$

Nous ferons observer, à l'occasion de cet exemple, que les valeurs réduites contenues dans les tables de ce chapitre ayant été limitées aux centimètres cubes pour les pieds et les pouces, toutes les fois qu'un nombre à réduire contiendra des pieds ou des pouces et des lignes, il faudra borner l'approximation cherchée au centimètre, car le nombre de millimètres que l'on obtiendrait serait nécessairement erroné, puisqu'on n'aurait que ceux qui feraient partie de la valeur réduite des lignes, et non ceux qui seraient afférents aux pieds et aux pouces, indépendamment des centimètres que les tables leur assignent. Au reste, il est bien peu de cas où l'approximation, à moins d'un demi-centimètre cube, ne suffise pas.

## APPENDICE.
## RÉDUCTION DE LA TOISE CUBE
et de ses pieds, pouces et lignes, en mètres et parties décimales cubes.

| | mc. | dmc. | cmc. | | mc. | dmc. | cmc. |
|---|---|---|---|---|---|---|---|
| 1 toise vaut | 8 | | | 36 pieds val. | 1 | 333 | 333— |
| 1 pied vaut | 0 | 037 | 037— | 37 | 1 | 370 | 370— |
| 2 pieds val. | 0 | 074 | 074— | 38 | 1 | 407 | 407— |
| 3 | 0 | 111 | 111— | 39 | 1 | 444 | 444— |
| 4 | 0 | 148 | 148— | 40 | 1 | 481 | 481— |
| 5 | 0 | 185 | 185— | 41 | 1 | 518 | 519+ |
| 6 | 0 | 222 | 222— | 42 | 1 | 555 | 556+ |
| 7 | 0 | 259 | 259— | 43 | 1 | 591 | 592+ |
| 8 | 0 | 296 | 296— | 44 | 1 | 629 | 630+ |
| 9 | 0 | 333 | 333— | 45 | 1 | 666 | 667+ |
| 10 | 0 | 370 | 370— | 46 | 1 | 703 | 704+ |
| 11 | 0 | 407 | 407— | 47 | 1 | 740 | 741+ |
| 12 | 0 | 444 | 444— | 48 | 1 | 777 | 778+ |
| 13 | 0 | 481 | 481— | 49 | 1 | 814 | 815+ |
| 14 | 0 | 518 | 519+ | 50 | 1 | 851 | 852+ |
| 15 | 0 | 555 | 556+ | 51 | 1 | 888 | 889+ |
| 16 | 0 | 591 | 592+ | 52 | 1 | 925 | 926+ |
| 17 | 0 | 629 | 630+ | 53 | 1 | 962 | 963+ |
| 18 | 0 | 666 | 667+ | 54 | 2 | | |
| 19 | 0 | 703 | 704+ | 55 | 2 | 037 | 037— |
| 20 | 0 | 740 | 741+ | 56 | 2 | 074 | 074— |
| 21 | 0 | 777 | 778+ | 57 | 2 | 111 | 111— |
| 22 | 0 | 814 | 815+ | 58 | 2 | 148 | 148— |
| 23 | 0 | 851 | 852+ | 59 | 2 | 185 | 185— |
| 24 | 0 | 888 | 889+ | 60 | 2 | 222 | 222— |
| 25 | 0 | 925 | 926+ | 61 | 2 | 259 | 259— |
| 26 | 0 | 962 | 963+ | 62 | 2 | 296 | 296— |
| 27 | 1 | | | 63 | 2 | 333 | 333— |
| 28 | 1 | 037 | 037— | 64 | 2 | 370 | 370— |
| 29 | 1 | 074 | 074— | 65 | 2 | 407 | 407— |
| 30 | 1 | 111 | 111— | 66 | 2 | 444 | 444— |
| 31 | 1 | 148 | 148— | 67 | 2 | 481 | 481— |
| 32 | 1 | 185 | 185— | 68 | 2 | 518 | 519+ |
| 33 | 1 | 222 | 222— | 69 | 2 | 555 | 556+ |
| 34 | 1 | 259 | 259— | 70 | 2 | 591 | 592+ |
| 35 | 1 | 296 | 296— | 71 | 2 | 629 | 630+ |

| | mc. dmc. cmc. | | | mc. dmc. cmc. |
|---|---|---|---|---|
| 72 pieds val. | 2 666 667+ | | 113 pieds val. | 4 185 185— |
| 73 | 2 703 704+ | | 114 | 4 222 222— |
| 74 | 2 740 741+ | | 115 | 4 259 259— |
| 75 | 2 777 778+ | | 116 | 4 296 296— |
| 76 | 2 814 815+ | | 117 | 4 333 333— |
| 77 | 2 851 852+ | | 118 | 4 370 370— |
| 78 | 2 888 889+ | | 119 | 4 407 407— |
| 79 | 2 925 926+ | | 120 | 4 444 444— |
| 80 | 2 962 963+ | | 121 | 4 481 481— |
| 81 | 3 | | 122 | 4 518 519+ |
| 82 | 3 037 037— | | 123 | 4 555 556+ |
| 83 | 3 074 074— | | 124 | 4 591 592+ |
| 84 | 3 111 111— | | 125 | 4 629 630+ |
| 85 | 3 148 148— | | 126 | 4 666 667+ |
| 86 | 3 185 185— | | 127 | 4 703 704+ |
| 87 | 3 222 222— | | 128 | 4 740 741+ |
| 88 | 3 259 259— | | 129 | 4 777 778+ |
| 89 | 3 296 296— | | 130 | 4 814 815+ |
| 90 | 3 333 333— | | 131 | 4 851 852+ |
| 91 | 3 370 370— | | 132 | 4 888 889+ |
| 92 | 3 407 407— | | 133 | 4 925 926+ |
| 93 | 3 444 444— | | 134 | 4 962 963+ |
| 94 | 3 481 481— | | 135 | 5 |
| 95 | 3 518 519+ | | 136 | 5 037 037— |
| 96 | 3 556 556+ | | 137 | 5 074 074— |
| 97 | 3 591 592+ | | 138 | 5 111 111— |
| 98 | 3 630 630+ | | 139 | 5 148 148— |
| 99 | 3 666 667+ | | 140 | 5 185 185— |
| 100 | 3 704 704+ | | 141 | 5 222 222— |
| 101 | 3 740 741+ | | 142 | 5 259 259— |
| 102 | 3 777 778+ | | 143 | 5 296 296— |
| 103 | 3 814 815+ | | 144 | 5 333 333— |
| 104 | 3 851 852+ | | 145 | 5 370 370— |
| 105 | 3 888 889+ | | 146 | 5 407 407— |
| 106 | 3 925 926+ | | 147 | 5 444 444— |
| 107 | 3 963 962+ | | 148 | 5 481 481— |
| 108 | 4 | | 149 | 5 518 519+ |
| 109 | 4 037 037— | | 150 | 5 555 556+ |
| 110 | 4 074 074— | | 151 | 5 521 592+ |
| 111 | 4 111 111— | | 152 | 5 699 630+ |
| 112 | 4 148 148— | | 153 | 5 666 667+ |

# 282 APPENDICE.

| | mc. | dmc. | cmc. | | | mc. | dmc. | cmc. |
|---|---|---|---|---|---|---|---|---|
| 154 pieds val. | 5 | 703 | 704+ | | 195 pieds val. | 7 | 222 | 222— |
| 155 | 5 | 740 | 741+ | | 196 | 7 | 259 | 259— |
| 156 | 5 | 777 | 778+ | | 197 | 7 | 296 | 296— |
| 157 | 5 | 814 | 815+ | | 198 | 7 | 333 | 333— |
| 158 | 5 | 851 | 852+ | | 199 | 7 | 370 | 370— |
| 159 | 5 | 888 | 889+ | | 200 | 7 | 407 | 407— |
| 160 | 5 | 925 | 926+ | | 201 | 7 | 444 | 444— |
| 161 | 5 | 962 | 963+ | | 202 | 7 | 481 | 481— |
| 162 | 6 | | — | | 203 | 7 | 518 | 519+ |
| 163 | 6 | 037 | 037— | | 204 | 7 | 556 | 557+ |
| 164 | 6 | 074 | 074— | | 205 | 7 | 591 | 592+ |
| 165 | 6 | 111 | 111— | | 206 | 7 | 629 | 630+ |
| 166 | 6 | 148 | 148— | | 207 | 7 | 666 | 667+ |
| 167 | 6 | 185 | 185— | | 208 | 7 | 703 | 704+ |
| 168 | 6 | 222 | 222— | | 209 | 7 | 740 | 741+ |
| 169 | 6 | 259 | 259— | | 210 | 7 | 777 | 778+ |
| 170 | 6 | 296 | 296— | | 211 | 7 | 814 | 815+ |
| 171 | 6 | 333 | 333— | | 212 | 7 | 851 | 852+ |
| 172 | 6 | 370 | 370— | | 213 | 7 | 888 | 889+ |
| 173 | 6 | 407 | 407— | | 214 | 7 | 925 | 926+ |
| 174 | 6 | 444 | 444— | | 215 | 7 | 962 | 963+ |
| 175 | 6 | 481 | 481— | | 216 pi. v. 1 tois | 8 | | |
| 176 | 6 | 518 | 519+ | | 1 po. cub. v. c | 0 | 000 | 021— |
| 177 | 6 | 556 | 557+ | | 2 | 0 | 000 | 043+ |
| 178 | 6 | 591 | 592+ | | 3 | 0 | 000 | 064— |
| 179 | 6 | 629 | 630+ | | 4 | 0 | 000 | 086+ |
| 180 | 6 | 666 | 667+ | | 5 | 0 | 000 | 107— |
| 181 | 6 | 703 | 704+ | | 6 | 0 | 000 | 129+ |
| 182 | 6 | 740 | 741+ | | 7 | 0 | 000 | 150— |
| 183 | 6 | 777 | 778+ | | 8 | 0 | 000 | 171— |
| 184 | 6 | 814 | 815+ | | 9 | 0 | 000 | 193+ |
| 185 | 6 | 851 | 852+ | | 10 | 0 | 000 | 214— |
| 186 | 6 | 888 | 889+ | | 11 | 0 | 000 | 236+ |
| 187 | 6 | 925 | 926+ | | 12 | 0 | 000 | 257— |
| 188 | 6 | 962 | 963+ | | 13 | 0 | 000 | 279+ |
| 189 | 7 | | — | | 14 | 0 | 000 | 300— |
| 190 | 7 | 037 | 037— | | 15 | 0 | 000 | 321— |
| 191 | 7 | 074 | 074— | | 16 | 0 | 000 | 343+ |
| 192 | 7 | 111 | 111— | | 17 | 0 | 000 | 364— |
| 193 | 7 | 148 | 148— | | 18 | 0 | 000 | 386+ |
| 194 | 7 | 185 | 185— | | 19 | 0 | 000 | 407— |

APPENDICE.    283

| | mc. | dmc. | cmc. | | mc. | dmc. | cmc. |
|---|---|---|---|---|---|---|---|
| 20 po.cub.v. | 0 | 000 | 429+ | 61 po.cub.v. | 0 | 001 | 307— |
| 21 | 0 | 000 | 450— | 62 | 0 | 001 | 329+ |
| 22 | 0 | 000 | 472+ | 63 | 0 | 001 | 350— |
| 23 | 0 | 000 | 493+ | 64 | 0 | 001 | 372+ |
| 24 | 0 | 000 | 514— | 65 | 0 | 001 | 393— |
| 25 | 0 | 000 | 536+ | 66 | 0 | 001 | 415+ |
| 26 | 0 | 000 | 557— | 67 | 0 | 001 | 436— |
| 27 | 0 | 000 | 579+ | 68 | 0 | 001 | 457— |
| 28 | 0 | 000 | 600— | 69 | 0 | 001 | 479+ |
| 29 | 0 | 000 | 622+ | 70 | 0 | 001 | 500— |
| 30 | 0 | 000 | 643— | 71 | 0 | 001 | 522+ |
| 31 | 0 | 000 | 664— | 72 | 0 | 001 | 543— |
| 32 | 0 | 000 | 686+ | 73 | 0 | 001 | 565+ |
| 33 | 0 | 000 | 707— | 74 | 0 | 001 | 586— |
| 34 | 0 | 000 | 729+ | 75 | 0 | 001 | 608+ |
| 35 | 0 | 000 | 750— | 76 | 0 | 001 | 629+ |
| 36 | 0 | 000 | 772+ | 77 | 0 | 001 | 650— |
| 37 | 0 | 000 | 793+ | 78 | 0 | 001 | 672+ |
| 38 | 0 | 000 | 814— | 79 | 0 | 001 | 693— |
| 39 | 0 | 000 | 836+ | 80 | 0 | 001 | 715+ |
| 40 | 0 | 000 | 857— | 81 | 0 | 001 | 736— |
| 41 | 0 | 000 | 879+ | 82 | 0 | 001 | 758+ |
| 42 | 0 | 000 | 900— | 83 | 0 | 001 | 779+ |
| 43 | 0 | 000 | 922+ | 84 | 0 | 001 | 800— |
| 44 | 0 | 000 | 943— | 85 | 0 | 001 | 822+ |
| 45 | 0 | 000 | 964— | 86 | 0 | 001 | 843— |
| 46 | 0 | 000 | 986+ | 87 | 0 | 001 | 865+ |
| 47 | 0 | 001 | 007— | 88 | 0 | 001 | 886— |
| 48 | 0 | 001 | 029+ | 89 | 0 | 001 | 908+ |
| 49 | 0 | 001 | 050— | 90 | 0 | 001 | 929— |
| 50 | 0 | 001 | 072+ | 91 | 0 | 001 | 950— |
| 51 | 0 | 001 | 093— | 92 | 0 | 001 | 972+ |
| 52 | 0 | 001 | 115+ | 93 | 0 | 001 | 993— |
| 53 | 0 | 001 | 136+ | 94 | 0 | 002 | 015+ |
| 54 | 0 | 001 | 157— | 95 | 0 | 002 | 036— |
| 55 | 0 | 001 | 179+ | 96 | 0 | 002 | 058+ |
| 56 | 0 | 001 | 200— | 97 | 0 | 002 | 079— |
| 57 | 0 | 001 | 222+ | 98 | 0 | 002 | 100— |
| 58 | 0 | 001 | 243— | 99 | 0 | 002 | 122+ |
| 59 | 0 | 001 | 265+ | 100 | 0 | 002 | 143— |
| 60 | 0 | 001 | 286 | 200 | 0 | 004 | 287+ |

|  | m. | dmc. | cmc. |  |  | m. | dmc. | cmc | mmc. |
|---|---|---|---|---|---|---|---|---|---|
| 300 p⁰. cub. v. | 0 | 006 | 430 — | 24 l. c. v. | | 0 | 000 | 000 | 298 + |
| 400 | 0 | 008 | 573 — | 25 | | 0 | 000 | 000 | 310 — |
| 500 | 0 | 010 | 717 + | 26 | | 0 | 000 | 000 | 322 — |
| 600 | 0 | 012 | 800 — | 27 | | 0 | 000 | 000 | 335 + |
| 700 | 0 | 015 | 003 — | 28 | | 0 | 000 | 000 | 347 — |
| 800 | 0 | 017 | 147 + | 29 | | 0 | 000 | 000 | 360 + |
| 900 | 0 | 019 | 290 — | 30 | | 0 | 000 | 000 | 372 — |
| 1000 | 0 | 021 | 433 — | 31 | | 0 | 000 | 000 | 385 + |
| 1100 | 0 | 023 | 577 — | 32 | | 0 | 000 | 000 | 397 + |
| 1200 | 0 | 025 | 720 — | 33 | | 0 | 000 | 000 | 409 — |
| 1300 | 0 | 027 | 863 + | 34 | | 0 | 000 | 000 | 422 + |
| 1400 | 0 | 030 | 006 + | 35 | | 0 | 000 | 000 | 434 — |
| 1500 | 0 | 032 | 149 — | 36 | | 0 | 000 | 000 | 447 + |
| 1600 | 0 | 034 | 293 + | 37 | | 0 | 000 | 000 | 459 + |
| 1700 | 0 | 036 | 436 — | 38 | | 0 | 000 | 000 | 471 — |
| 1728  1 pied ou | 0 | 037 | 037 — | 39 | | 0 | 000 | 000 | 484 + |
| | | | | 40 | | 0 | 000 | 000 | 496 — |
|  | m. | dmc. | cmc. | mmc. | 41 | 0 | 000 | 000 | 508 — |
| 1 l. c. v. | 0 | 000 | 000 | 012 — | 42 | 0 | 000 | 000 | 521 + |
| 2 | 0 | 000 | 000 | 025 + | 43 | 0 | 000 | 000 | 533 — |
| 3 | 0 | 000 | 000 | 037 — | 44 | 0 | 000 | 000 | 546 + |
| 4 | 0 | 000 | 000 | 050 + | 45 | 0 | 000 | 000 | 558 — |
| 5 | 0 | 000 | 000 | 062 — | 46 | 0 | 000 | 000 | 571 + |
| 6 | 0 | 000 | 000 | 074 — | 47 | 0 | 000 | 000 | 583 + |
| 7 | 0 | 000 | 000 | 087 + | 48 | 0 | 000 | 000 | 595 — |
| 8 | 0 | 000 | 000 | 099 — | 49 | 0 | 000 | 000 | 608 + |
| 9 | 0 | 000 | 000 | 112 + | 50 | 0 | 000 | 000 | 620 — |
| 10 | 0 | 000 | 000 | 124 — | 51 | 0 | 000 | 000 | 633 + |
| 11 | 0 | 000 | 000 | 136 — | 52 | 0 | 000 | 000 | 645 + |
| 12 | 0 | 000 | 000 | 149 + | 53 | 0 | 000 | 000 | 657 — |
| 13 | 0 | 000 | 000 | 161 — | 54 | 0 | 000 | 000 | 670 + |
| 14 | 0 | 000 | 000 | 174 + | 55 | 0 | 000 | 000 | 682 — |
| 15 | 0 | 000 | 000 | 186 — | 56 | 0 | 000 | 000 | 695 + |
| 16 | 0 | 000 | 000 | 198 — | 57 | 0 | 000 | 000 | 707 + |
| 17 | 0 | 000 | 000 | 211 + | 58 | 0 | 000 | 000 | 719 — |
| 18 | 0 | 000 | 000 | 223 — | 59 | 0 | 000 | 000 | 732 + |
| 19 | 0 | 000 | 000 | 236 + | 60 | 0 | 000 | 000 | 744 — |
| 20 | 0 | 000 | 000 | 248 — | 61 | 0 | 000 | 000 | 757 + |
| 21 | 0 | 000 | 000 | 260 — | 62 | 0 | 000 | 000 | 769 — |
| 22 | 0 | 000 | 000 | 273 + | 63 | 0 | 000 | 000 | 782 + |
| 23 | 0 | 000 | 000 | 285 — | 64 | 0 | 000 | 000 | 794 + |

APPENDICE. 285

| | m. | dmc. | cmc. | mmc. | | m. | dmc. | cmc. | mmc. |
|---|---|---|---|---|---|---|---|---|---|
| 65 t. c. v. | 0 | 000 | 000 | 806 — | 700 t. c. v. | 0 | 000 | 008 | 683 + |
| 66 | 0 | 000 | 000 | 819 + | 800 | 0 | 000 | 009 | 923 + |
| 67 | 0 | 000 | 000 | 831 — | 900 | 0 | 000 | 011 | 163 — |
| 68 | 0 | 000 | 000 | 843 — | 1000 | 0 | 000 | 012 | 404 + |
| 69 | 0 | 000 | 000 | 856 + | 1100 | 0 | 000 | 013 | 644 + |
| 70 | 0 | 000 | 000 | 868 — | 1200 | 0 | 000 | 014 | 884 — |
| 71 | 0 | 000 | 000 | 881 + | 1300 | 0 | 000 | 016 | 125 + |
| 72 | 0 | 000 | 000 | 893 — | 1400 | 0 | 000 | 017 | 365 — |
| 73 | 0 | 000 | 000 | 905 — | 1500 | 0 | 000 | 018 | 605 — |
| 74 | 0 | 000 | 000 | 918 + | 1600 | 0 | 000 | 019 | 846 + |
| 75 | 0 | 000 | 000 | 930 — | 1700 | 0 | 000 | 021 | 086 — |
| 76 | 0 | 000 | 000 | 945 + | 1728 t. p. ou | 0 | 000 | 021 | 423 — |
| 77 | 0 | 000 | 000 | 955 — | | | | | |
| 78 | 0 | 000 | 000 | 967 — | | | | mètre cube. | |
| 79 | 0 | 000 | 000 | 980 + | 1 toise cube vaut | | | 8 | |
| 80 | 0 | 000 | 000 | 992 — | 2 toises cubes valent | | | 16 | |
| 81 | 0 | 000 | 001 | 005 + | 3 | | | 24 | |
| 82 | 0 | 000 | 001 | 017 — | 4 | | | 32 | |
| 83 | 0 | 000 | 001 | 029 — | 5 | | | 40 | |
| 84 | 0 | 000 | 001 | 042 + | 6 | | | 48 | |
| 85 | 0 | 000 | 001 | 054 — | 7 | | | 56 | |
| 86 | 0 | 000 | 001 | 067 + | 8 | | | 64 | |
| 87 | 0 | 000 | 001 | 079 — | 9 | | | 72 | |
| 88 | 0 | 000 | 001 | 091 — | 10 | | | 80 | |
| 89 | 0 | 000 | 001 | 104 + | 11 | | | 88 | |
| 90 | 0 | 000 | 001 | 116 — | 12 | | | 96 | |
| 91 | 0 | 000 | 001 | 129 + | 13 | | | 104 | |
| 92 | 0 | 000 | 001 | 141 — | 14 | | | 112 | |
| 93 | 0 | 000 | 001 | 154 + | 15 | | | 120 | |
| 94 | 0 | 000 | 001 | 166 + | 16 | | | 128 | |
| 95 | 0 | 000 | 001 | 178 — | 17 | | | 136 | |
| 96 | 0 | 000 | 001 | 191 + | 18 | | | 144 | |
| 97 | 0 | 000 | 001 | 203 — | 19 | | | 152 | |
| 98 | 0 | 000 | 002 | 216 + | 20 | | | 160 | |
| 99 | 0 | 000 | 001 | 228 + | 21 | | | 168 | |
| 100 | 0 | 000 | 002 | 240 — | 22 | | | 176 | |
| 200 | 0 | 000 | 002 | 481 + | 23 | | | 184 | |
| 300 | 0 | 000 | 003 | 721 — | 24 | | | 192 | |
| 400 | 0 | 000 | 004 | 961 — | 25 | | | 200 | |
| 500 | 0 | 000 | 006 | 202 + | 26 | | | 208 | |
| 600 | 0 | 000 | 007 | 442 — | 27 | | | 216 | |

## APPENDICE.

| toises cubes valent | mét. cub. | toises cubes valent | mét. cub. |
|---|---|---|---|
| 28 | 224 | 69 | 552 |
| 29 | 232 | 70 | 560 |
| 30 | 240 | 71 | 568 |
| 31 | 248 | 72 | 576 |
| 32 | 256 | 73 | 584 |
| 33 | 264 | 74 | 592 |
| 34 | 272 | 75 | 600 |
| 35 | 280 | 76 | 608 |
| 36 | 288 | 77 | 616 |
| 37 | 296 | 78 | 624 |
| 38 | 304 | 79 | 632 |
| 39 | 312 | 80 | 640 |
| 40 | 320 | 81 | 648 |
| 41 | 328 | 82 | 656 |
| 42 | 336 | 83 | 664 |
| 43 | 344 | 84 | 672 |
| 44 | 352 | 85 | 680 |
| 45 | 360 | 86 | 688 |
| 46 | 368 | 87 | 696 |
| 47 | 376 | 88 | 704 |
| 48 | 384 | 89 | 712 |
| 49 | 392 | 90 | 720 |
| 50 | 400 | 91 | 728 |
| 51 | 408 | 92 | 736 |
| 52 | 416 | 93 | 744 |
| 53 | 424 | 94 | 752 |
| 54 | 432 | 95 | 760 |
| 55 | 440 | 96 | 768 |
| 56 | 448 | 97 | 776 |
| 57 | 456 | 98 | 784 |
| 58 | 464 | 99 | 792 |
| 59 | 472 | 100 | 800 |
| 60 | 480 | 200 | 1600 |
| 61 | 488 | 300 | 2400 |
| 62 | 496 | 400 | 3200 |
| 63 | 504 | 500 | 4000 |
| 64 | 512 | 600 | 4800 |
| 65 | 520 | 700 | 5600 |
| 66 | 528 | 800 | 6400 |
| 67 | 536 | 900 | 7200 |
| 68 | 544 | 1000 | 8000 |

APPENDICE.   287

## DU MÈTRE CUBE.

La toise cube était un *solide*, un *volume* de forme carrée, dont tous les côtés étaient des toises carrées. Prenez un dé à jouer, agrandissez-en les six faces jusqu'à ce que chacune d'elles ait l'étendue d'une toise carrée, vous aurez ce qu'on appelait une *toise cube*.

Si, au lieu d'agrandir les faces de ce dé jusqu'à ce qu'elles aient atteint une toise carrée, vous cessez lorsqu'elles ont un mètre carré, vous aurez le *mètre cube*.

*Le mètre cube est donc un solide ou un volume de forme carrée, et à six faces d'un mètre carré chacune.*

Le mètre cube est l'unité de mesure pour les corps dont on veut déterminer la *solidité* ou le volume.

Le mètre linéaire a 10 décimètres; le mètre carré, 100, *le mètre cube en a* 1000. Il ne nous sera pas difficile de le démontrer.

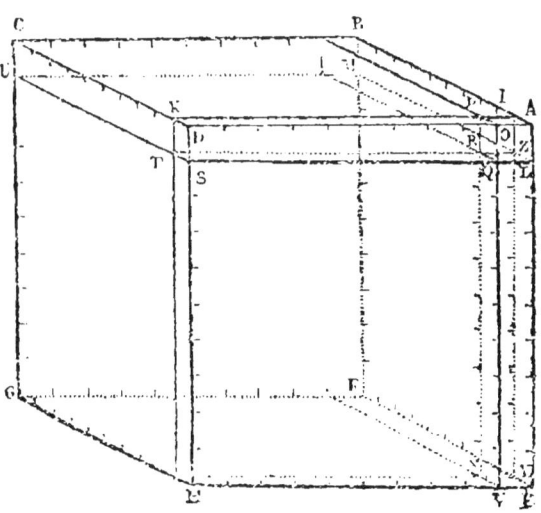

Soit ABCDHEFG ou AG un mètre cube, c'est-à-dire un solide carré dont les faces ABCD, ABEE, sont des mètres carrés au nombre de six. Prenons la face ABCD, et divisons-la en 100 parties égales, ainsi que nous avons déjà appris à le faire (page 265), une de ces centièmes parties sera AOPI, ou un décimètre carré. De même, dans la face EFGH, EVXY sera un décimètre carré. Joignons les points O et V, P et X, I et Y, nous avons un solide AIPOVEYX ou AX qui est la centième partie du mètre cube, car chacune des faces ABCD, EFGH ayant 100 décimètres, on pourrait séparer du mètre cube 100 solides égaux à celui que nous séparons. Le solide AX a un mètre de hauteur et les deux faces supérieure et inférieure d'un décimètre carré; les autres sont la dixième partie du mètre carré et contiennent par conséquent dix décimètres carrés. Prenons le dixième de la face AEVO, ce sera ALQO ou un décimètre carré, de même ALZI, est un décimètre, IZRP, OQRP sont des décimètres; joignant les points T et Q, Q et R, R et Z, Z et L, nous avons la face LQRZ qui est aussi un décimètre, par conséquent AOPIZLQR ou AR est un décimètre cube, puisqu'il a ses six faces égales et d'une étendue d'un décimètre. AX en contient 10, et comme AG ou le mètre cube contient 100 fois AX, il en résulte qu'il contient 100 fois 10 fois AR ou 1000 fois AR ou 1000 décimètres cubes.

Celui qui s'est servi de la toise cube peut se rappeler qu'elle avait six fois autant de pieds que la toise carrée, qui elle-même en avait six fois autant que la toise linéaire; de même que le pied cube avait douze fois autant de pouces qu'en avait le pied carré, qui lui-même en avait douze fois autant que le pied linéaire; et qu'il en était de même des pouces par rapport aux lignes. Le mètre carré ayant 10 fois 10 décimètres ou 100 décimètres, le mètre cube doit avoir 10 fois 100 décimètres ou 1000 décimètres.

Un raisonnement analogue à celui que nous venons d'exposer démontrerait que le décimètre cube a 1000 centimètres; le centimètre, 1000 millimètres; de même que le décamètre cube a 1000 mètres, l'hectomètre, 1000 décamètres, et ainsi de suite.

De quoi il résulte que :

   Le kilomètre cube contient . . 1 000 000 000$^{me}$
   L'hectomètre . . . . . 1 000 000
   Le décamètre . . . . . 1 000
   Le mètre . . . . . 1

Et que :

   Le décimètre cube est la 1 000$^e$ partie du mètre cube.
   Le centimètre cube est la 1 000 000$^e$
   Le millimètre cube est la 1 000 000 000$^e$

Le décamètre et les autres mesures de solidité plus grandes ne sont pas usitées.

Le tableau des valeurs des composés et des subdivisions du mètre cube montre que :

LE MÈTRE CUBE est,

   1 000 fois       *plus grand* que... le décimètre cube;
   1 000 000 fois     —   —   que... le centimètre —;
   1 000 000 000 fois  —   —   que... le millimètre —;

LE DÉCIMÈTRE CUBE,

   1 000 fois       *plus petit* que... le mètre cube;
   est 1 000 fois     *plus grand* que... le centimètre — ;
   1 000 000 fois     —   —   que... le millimètre — ;

LE CENTIMÈTRE CUBE

   1 000 fois       *plus petit* que... le décimètre cube;

|  |  |  |
|---|---|---|
| 100000 fois | — — que... | le mètre —; |
| est 1000 fois | *plus grand* que... | le millimètre —; |

Le MILLIMÈTRE CUBE,

|  |  |  |
|---|---|---|
| 1000 fois | *plus petit* que... | le centimètre cube; |
| 1000000 fois | — — que... | le décimètre —; |
| 1000000000 fois | — — que... | le mètre —. |

Ce qui donne un moyen facile de savoir combien de fois chaque mesure cubique en contient une autre ou s'y trouve contenue, et de remonter d'une subdivision à une autre.

Le centimètre cube d'eau purifiée par la distillation, et amenée à son maximum de densité, c'est-à-dire à une température de quatre degrés centigrades, a pris le nom de gramme et formé l'unité de poids dans le système métrique décimal ; le kilogramme est un décimètre cube de cette même eau.

En *écrivant* des nombres de mètres cubes suivis de subdivisions du mètre, il faut se rappeler que les décimètres, les centimètres.... ne formant la mesure qui leur est immédiatement supérieure qu'au nombre de 1000, ont trois rangs de chiffres pour être écrits, au lieu de deux qu'ont les décimètres carrés, et d'un qu'ont les décimètres linéaires. Ces trois rangs doivent être conservés dans tout nombre pour que l'on puisse reconnaître la nature de la mesure que représente chaque chiffre à la place qu'il occupe ; ce qui fait qu'un nombre décimal de mètres cubes ne peut avoir moins de trois, six, ou neuf décimales : qu'ainsi, *on ne peut supprimer des zéros à la droite d'un pareil nombre, qu'en laissant au complet les trois, six ou neuf décimales*, et, en général, *en laissant un nombre de décimales divisible par* 3 (3, 6, 9, 12, 15, 18) ; que d'une autre part, si les unités, les dixaines ou les centaines d'une subdivision du mètre cube manquent, elles doivent être représentées par un zéro.

Soit à écrire : *trois mètres cubes, neuf cent quarante-cinq mille deux cent vingt-sept centimètres,*

Point de difficulté ; on a

$$3^{\text{mc}}, 945227$$

Soit actuellement à écrire : *quatre cents millimètres cubes*, on a

$$0^{\text{mc}}, 000000400$$

Car le nombre ne contient ni parties entières ou mètres, ni dixièmes, ni centièmes, point de dixaines ni d'unités de millimètres ; on ne pourrait pas supprimer les 2 zéros de droite, car il y aurait impossibilité de prononcer le nombre. Mais dans celui-ci :

$$15^{\text{mc}}, 040700000$$

On peut supprimer les trois derniers zéros, il reste six chiffres décimaux.

Le réciproque de la règle que nous venons d'indiquer est qu'*on ne peut ajouter à la droite d'un nombre décimal ou non de mètres cubes, que trois, six, neuf, douze, quinze zéros à la fois.*

On suit, pour *énoncer* des mètres et parties décimales de mètres cubes, les principes que nous avons posés et développés antérieurement. Nous y renvoyons le lecteur.

# MESURES DE CAPACITÉ.

### NOTIONS PRÉLIMINAIRES.

Avant l'institution du litre comme mesure de capacité, on se servait en France d'un nombre infini de mesures, différant entre elles autant par le nom que par les dimensions. Au nombre de celles-ci figuraient comme mesures des liquides, la pinte, la chopine, la bouteille, le muids, la feuillette, etc.; et, comme mesures des matières sèches, le litron, le boisseau, le setier, etc.

Une loi du 18 germinal an III anéantit toutes ces mesures, en y substituant les mesures métriques décimales. Dans ce système, la mesure de capacité fut appelée *litre*.

Au 12 février 1812, un décret impérial, détruisant le système métrique décimal, dans le but prétendu de faciliter et d'accélérer l'établissement de l'uniformité des poids et mesures en France, ordonna qu'il serait confectionné pour l'usage du commerce des instruments de pesage et de mesurage qui présentassent soit les fractions, soit les multiples des anciennes usités. L'arrêté ministériel qui suivit ce décret institua un boisseau contenant un huitième d'hectolitre ou 12 litres 5 décilitres, qui aurait son double, son demi, son quart, et un litre divisé en demis, quarts, huitièmes et seizièmes de litres.

Telles sont les mesures légales de capacité dont on a dû se servir, mais on ne l'a pas fait. Chaque localité a ressuscité ses anciennes mesures avec leurs anciennes dimensions, si bien que l'uniformité, motif du décret de 1812, a été plus que jamais détruite. Seulement comme le litre ne présentait avec les anciennes pintes qu'une différence fort légère, on a recomposé ces mesures locales avec un nombre de litres égal au nombre de pintes que l'on y comptait auparavant.

Ce fut ce qui advint pour les mesures des matières sèches, mesures ordinairement assez considérables ; il n'en fut pas entièrement de même pour les liquides. Ce n'est pas que nous prétendions qu'aucune mesure des liquides, autres que le litre et ses composés, n'a été en usage depuis 1812, mais toutes les fois que depuis cette époque il s'est agi de mesurer de faibles quantités de liquide, partout le litre seul y a été employé. On pouvait en changer le nom, l'appeler pinte, bouteille, la capacité restait toujours la même.

Le 4 juillet 1837, une loi a été rendue qui abroge le décret de 1812 et rétablit l'usage exclusif du système métrique décimal. Par suite de cette loi et d'une ordonnance royale dont nous rapporterons un extrait ci-après, toutes les mesures de capacité usitées au 1$^{er}$ janvier 1840, soit qu'elles servissent aux liquides, soit aux matières sèches, seront remplacées à compter de ce jour par le litre et ses composés.

## DU LITRE.

Le LITRE est la *mesure principale*, ou *l'unité* des mesures de capacité. Ses dimensions sont déterminées par le mètre.

Le *mètre*, mesure de longueur, étendue en longueur de 3 pieds usuels, et de 3 pieds 11 lignes 296/1000 anciens, est la base de tout le système métrique décimal ; voici comment, par son aide, on a déterminé le litre.

Supposez un vase de forme parfaitement carrée, ayant à l'intérieur une largeur de la dixième partie du mètre appelée un décimètre, une longueur et une hauteur pareilles. Emplissez-le d'eau jusques aux bords ; cette eau, occupant exactement toute la capacité du vase, sera le volume d'un litre.

Ce volume d'eau ayant en hauteur, en largeur et en longueur un décimètre, est ce qu'on appelle un décimètre cube. Dans la quatrième partie de cet ouvrage, nous disions en parlant du mètre cube :

« Prenez un dé à jouer, agrandissez-en les six faces jusqu'à ce que chacune d'elles ait l'étendue d'une toise carrée, vous aurez ce qu'on appelait une toise cube.

» Si au lieu d'agrandir les faces de ce dé jusqu'à ce qu'elles aient atteint une toise carrée, vous cessez lorsqu'elles ont un mètre carré, vous aurez le mètre cube. »

Nous ajouterons : si les faces de ce dé se réduisent chacune à un décimètre carré (on entend par décimètre carré une surface de forme exactement carrée, dont les quatre côtés sont égaux et d'un décimètre de longueur chacun), le dé représentera un décimètre cube, ou un litre : si un vase est rempli en totalité par ce décimètre cube, ce vase contiendra un litre, aura une *capacité* d'un litre.

Le *litre est donc un volume d'un décimètre cube*. Un litre de vin est un volume de vin égal à un décimètre cube. Le volume se détermine au moyen d'un vase contenant un litre : si vous emplissez ce vase de liqueur vous aurez un litre de liqueur.

La forme d'un vase destiné à contenir un liquide n'influe en rien sur sa capacité en ce sens qu'on n'a pas dû, pour faire qu'un vase eût une capacité exacte d'un litre, lui donner nécessairement la forme du décimètre cube. Aussi, comme la forme du décimètre cube eût été d'un usage très incommode, le gouvernement, par une mesure sage, consacrée d'ailleurs par l'exemple de bien des siècles, a changé cette forme et adopté celle du cylindre. Nous donnerons plus bas un extrait de l'ordonnance de 1839, qui règle la grandeur, la forme et la nature des instruments destinés au mesurage des liquides.

La nécessité d'adopter un vase pour la mesure des liquides existe aussi pour quelques matières, telles que les céréales, le charbon, etc. Le litre est la mesure qui leur sera applicable. L'ordonnance qui vient d'être citée s'occupe également d'une manière spéciale des instruments de mesurage pour les matières qu'elle qualifie *sèches*. Ce qu'elle en dit sera relaté en l'extrait.

La loi du 18 germinal an III, qui institue le système métrique décimal, en ordonnant que le litre, déterminé comme il vient d'être dit, serait l'unité des mesures de capacité, a réglé qu'il se diviserait en 10 parties égales appelées *décilitres*, en 100 parties égales appelées *centilitres*, en 1000 parties égales appelées *millilitres*; que la réunion de 10 litres prendrait le nom de *décalitre*, celle de 100 litres le nom de *hectolitre*, celle de 1000 le nom de *kilolitre*, et celle de 10000, le nom de *myrialitre* (ces deux derniers composés du litre ne sont pas en usage).

Le millilitre, le centilitre, le décilitre, le décalitre et l'hectolitre, forment des mesures particulières, servant concurremment avec la mesure principale, le litre, à mesurer les liquides et les matières sèches. C'est ainsi que, dans le système auquel succède le système métrique, on employait le muids, le cartaud, la chopine, etc., qui étaient des composés ou les subdivisions de la pinte, et dans un autre ordre, le setier, le litron, etc., mesures déterminées d'après le boisseau.

Les composés du litre et ses subdivisions forment le tableau ci-après, lequel donne leurs valeurs respectives et la manière de les indiquer par abréviation :

| | | | |
|---|---|---|---|
| Hectolitre. . . . | 100 | litres | HL ou hl. |
| Décalitre . . . . | 10 | — | DL ou dl. |
| Litre . . . . . | 1 | — | L ou l. |
| Décilitre . . . . | 0,1 | (1/10) | — dl. |
| Centilitre . . . . | 0,01 | (1/100) | — cl. |
| Millilitre . . . . | 0,001 | (1/1000) | — ml. |

Il résulte de ce tableau :

1º Que les composés et les subdivisions du litre forment avec le litre une succession de mesures qui croissent et décroissent de 10 en 10 ; 2º qu'en prenant 10 fois chaque mesure, on a la mesure immédiatement supérieure (10 décilitres font 1 litre, 10 litres font un décalitre), et en prenant le dixième de chaque mesure, on a la mesure immédiatement inférieure (le dixième de l'hectolitre est le décalitre, du décilitre est le centilitre).

Il en résulte encore que :

L'Hectolitre

| | | |
|---|---|---|
| est 10 fois *plus grand* | que.... | le décalitre ; |
| 100 fois | — — que.... | le litre ; |
| 1000 fois | — — que.... | le décilitre ; |
| 10000 fois | — — que.... | le centilitre ; |
| 100000 fois | — — que.... | le millilitre. |

Le Décalitre,

| | | |
|---|---|---|
| qui est 10 fois *plus petit* | que.... | l'hectolitre ; |
| est 10 fois *plus grand* | que.... | le litre ; |
| 100 fois | — — que.... | le décilitre ; |
| 1000 fois | — — que.... | le centilitre ; |
| 10000 fois | — — que.... | le millilitre. |

## APPENDICE.

**Le Litre,**
qui est 10 fois *plus petit* que.... le décalitre ;
100 fois      — — que.... l'hectolitre ;
est 10 fois *plus grand* que.... le décilitre ;
100 fois      — — que.... le centilitre ;
1000 fois     — — que.... le millilitre.

**Le Décilitre,**
qui est 10 fois *plus petit* que.... le litre ;
100 fois      — — que.... le décalitre ;
1000 fois     — — que.... l'hectolitre ;
est 10 fois *plus grand* que.... le centilitre ;
100 fois      — — que.... le millilitre.

**Le Centilitre,**
qui est 10 fois *plus petit* que.... le décilitre ;
100 fois      — — que.... le litre ;
1000 fois     — — que.... le décalitre ;
10000 fois    — — que.... l'hectolitre ;
est 10 fois *plus grand* que.... le millilitre.

**Et le Millilitre,**
qui est 10 fois *plus petit* que.... le centilitre,
100 fois      — — que.... le décilitre ;
1000 fois     — — que.... le litre ;
10000 fois    — — que.... le décalitre ;
100000 fois   — — que.... l'hectolitre.

# APPENDICE.

## EXTRAIT DE L'ORDONNANCE ROYALE

### DU 16 JUIN 1839,

*Contenant institution des instruments de mesurage et de pesage du système métrique décimal.*

### N° 2.

« MESURES DE CAPACITÉ POUR LES MATIÈRES SÈCHES.

| | |
|---|---|
| NOMS DES MESURES. | Hectolitre. |
| | Demi-hectolitre. |
| | Double-décalitre. |
| | Décalitre. |
| | Demi-décalitre. |
| | Double litre. |
| | Litre. |
| | Demi-litre. |
| | Double décilitre. |
| | Décilitre. |
| | Demi-décilitre. |

» Les mesures de capacité pour les matières sèches devront être construites dans la forme cylindrique, et auront intérieurement le diamètre égal à la hauteur.

» Les mesures en bois ne pourront être faites qu'en bois de chêne, elles devront être établies avec solidité dans toutes leurs parties.

» Pour les mesures qui seront garnies intérieurement de potence ou autres corps saillans, la hauteur sera augmentée proportionnellement au volume de ces objets.

» Les mesures en bois devront être formées d'une éclisse ou feuille courbée sur elle-même et fixée par des clous.

APPENDICE. 299

» Toutes les mesures en bois devront être garnies, à la partie supérieure, d'une bordure en tôle rabattue.

» Les mesures, depuis et compris le double décalitre jusqu'à l'hectolitre, devront, en outre, être ferrées : on pourra, suivant l'usage auquel elles sont destinées, y adapter des pieds fixés avec boulons et écrous.

» Les mesures en bois de plus petite dimension pourront être garnies de bandes latérales en tôle.

On pourra fabriquer des mesures pour les matières sèches, en cuivre ou en tôle, pourvu qu'elles soient établies avec solidité, et dans la forme ci-dessus prescrite.

» Chaque mesure doit porter le nom qui lui est propre : le nom ou la marque du fabricant sera appliqué sur le fond de la mesure.

« N° 3.

» MESURES DE CAPACITÉ POUR LES LIQUIDES.

» Les noms et la forme affectés aux mesures de capacité pour les matières sèches, dans le tableau n° 2, serviront de règle pour la construction des mêmes mesures employées pour les liquides, depuis l'hectolitre jusqu'au demi-décalitre inclusivement. Elles pourront être établies en cuivre, tôle ou fonte, mais sous la réserve expresse de prévenir par l'étamage, ou autre procédé analogue, toute altération ou oxidation de nature à présenter des dangers dans l'usage de ces sortes de mesures.

» Les mesures du double litre et au-dessous devront être construites exclusivement en étain, et auront intérieurement la hauteur double du diamètre ; elles auront le poids déterminé ci-après comme minimum obligatoire pour chacune des espèces de mesures.

| NOMS DES MESURES. | POIDS DES MESURES EN GRAMMES. | | |
|---|---|---|---|
| | Sans anses ni couvercles. | Avec anses sans couvercles. | Avec anses et couvercles. |
| Double litre. | 1,350 gr | 1,700 gr. | 2,200 gr. |
| Litre. | 900 | 1,100 | 1,350 |
| Demi-litre. | 525 | 50 | 820 |
| Double décilitre. | 280 | 635 | 420 |
| Décilitre. | 145 | 380 | 240 |
| Demi-décilitre. | 85 | 110 | 140 |
| Double centilitre. | 45 | 160 | 85 |
| Centilitre. | 25 | 35 | 50 |

» Le titre de l'étain employé pour la fabrication des mesures reste fixé à 83 centièmes 5 millièmes, avec une tolérance de 1 centième 5 millièmes; ainsi le métal dont les mesures seront fabriquées ne doit pas contenir moins de 82 centièmes d'étain pur, et plus de 18 centièmes d'alliage.

» Ces mesures devront conserver intérieurement et sur le bord supérieur la venue du moule; elles devront être sans soufflures ni autres imperfections.

» Le nom propre à chaque mesure devra être inscrit sur le corps de la mesure. Le nom ou la marque du fabricant devra être apposé sur le fond.

» On pourra construire des mesures en fer-blanc depuis le double litre jusqu'au décilitre; mais ces sortes de mesures, exclusivement réservées pour le lait, devront être établies dans la forme cylindrique, ayant le diamètre égal à la hauteur, conformément à ce qui est prescrit dans le tableau n° 2, pour les mesures destinées aux matières sèches ; elles seront garnies d'une anse ou d'un crochet également en fer-blanc, et porteront le nom qui leur est propre sur le cercle supérieur rabattu et servant de bordure. On aura soin de placer, pour recevoir les marques de vérification, deux gouttes d'étain aplaties, l'une au bord supérieur, l'autre à la jonction du fond de chaque mesure, qui devra porter aussi le nom ou la marque du fabricant.

# POIDS

## LIVRE USUELLE ET GRAMME.

### DE LA LIVRE-POIDS.

La mesure la plus communément en usage pour déterminer le poids des corps est la *livre*, indiquée ordinairement par ce signe ℔. Le quintal n'est qu'un composé de la livre.

Comme toutes les autres mesures, celle-ci n'était pas uniforme en France; chaque pays y faisait subir des variations plus ou moins considérables. La livre de quelques localités actuellement enclavées dans le département de l'Ain avait 18 onces, celle de Grenoble était même plus forte. Au contraire la livre *poids de table* de quelques villes du Midi, telles que Aix, Arles, Marseille, en avait à peine 12. De nos jours encore, la ville de Lyon a continué à faire usage, pour une certaine branche de son commerce, d'une livre de 14 onces. Toutefois, la livre *poids de marc* était la plus répandue; elle avait 16 onces ou 489 grammes, 5 dixièmes.

Cet état de choses, excessivement nuisible à la célérité nécessaire aux opérations commerciales, dut cesser par suite des divers décrets rendus par la Convention nationale, qui établirent un seul système de poids et mesures obligatoire pour toute la France. Dans ce système, l'*unité de poids* fut appelée *gramme* : elle présentait le poids, dans le vide, d'un volume en forme de cube d'un centimètre de chaque côté, d'eau purifiée par la distillation et élevée à la température de 4 degrés centigrades environ. (Décret du 18 frimaire an VIII.)

Le poids du gramme ainsi formé, exprimé en mesures en vigueur à cette époque, était de 18 grains 83 centièmes.

Le gramme invariablement fixé, on forma, en le multipliant ou en le divisant de dix en dix, une série de poids décimaux qui remplacèrent la livre et toutes ses divisions.

Le système de poids fondé sur le gramme ne fut pas plus suivi que les autres, qui tous avaient une base commune, le mètre, jusqu'à ce qu'enfin, par suite du décret du 12 février 1812, cessant d'être obligatoire, il cessa complètement d'être en usage. En exécution de ce décret qui ordonnait la confection, pour l'usage du commerce, d'instruments de mesurage et de pesage qui présentassent soit les fractions, soit les multiples des anciennes unités le plus en usage dans le commerce et accommodées au besoin du peuple (art. 2), un arrêté ministériel, en date du 28 avril suivant, institua la livre dite *usuelle*, ainsi divisée ;

| | |
|---|---|
| La livre. . . . . . | 500 grammes. |
| Demi-livre. . . . . | 250 — |
| Quart de livre ou quarteron. | 125 — |
| Huitième ou demi quart. . | 62,5 — |
| Once. . . . . . . | 31,3 — |
| Demi-once. . . . . | 15,9 — |
| Quart d'once ou 2 gros. . | 7,8 — |
| Gros. . . . . . . | 3,9 — |

Par analogie de l'ancien système, l'usage a ajouté à cette nomenclature :

| | |
|---|---|
| Le scrupule. . . . . | 1,3 |
| Le grain. . . . . . | 0,054 |

La différence existant entre la livre poids de marc et la

livre usuelle est très considérable (10 grammes, 5); il importe de ne jamais les confondre.

La livre usuelle et ses subdivisions, en usage depuis 1812 jusqu'à ce jour, ont été remplacées par le gramme au 1$^{er}$ janvier 1840, en exécution de la loi du 4 juillet 1837.

Les principales difficultés qui sont nées de la transition du système usuel au système métrique, en ce qui concerne les poids, ont : 1° la réduction de la livre et de ses parties en grammes et parties décimales ; 2° la fixation du prix des nouveaux poids proportionnel au prix des poids usuels. Comme nous l'avons déjà dit, l'objet de notre travail est de les résoudre.

## DU GRAMME.

Le *gramme* est le *poids* dont sont formés tous les autres, autrement dit l'*unité* de poids.

On l'a divisé en 10 parties égales appelées *décigrammes*, en 100 parties égales appelées *centigrammes*, en 1000 parties égales appelées *milligrammes*.

Le gramme a    10 décigrammes,
                   100 centigrammes,
                   1000 milligrammes.

Par une opération contraire, en ajoutant le gramme
10 fois à lui-même on a obtenu le *décagramme*,
100 fois. . . . . . . . l'*hectogramme*,
1000 fois. . . . . . . . le *kilogramme*.

Le kilogramme, l'hectogramme, etc., sont devenus, à leur tour, des poids sur lesquels on a compté comme sur le gramme ; on a dit : 2 kilogrammes, 3 kilogrammes, etc.

APPENDICE.

Voici le tableau de ces multiples et de ces divisions du gramme, avec leurs valeurs respectives en grammes :

  Kilogramme. . . 1000 grammes.
  Hectogramme . . 100  —
  Décagramme. . . 10  —
  GRAMME. . . . 1  —
  Décigramme. . . 0,1 dixième de gr.
  Centigramme.  . 0,01 centième —
  Milligramme.  . 0,001 mill$^{me}$ —

Il résulte de ce tableau que le KILOGRAMME est

  10 fois  *plus grand* que.... l'hectogramme,
  100 fois  — — que.... le décagramme,
  1000 fois  — — que.... le gramme,
  10000 fois  — — que.... le décigramme,
  100000 fois  — — que.... le centigramme,
  1000000 fois  — — que.... le milligramme.

L'HECTOGRAMME,

  10 fois  *plus petit* que.... le kilogramme,
  est 10 fois *plus grand* que.... le décagramme,
  100 fois  — — que.... le gramme,
  1000 fois  — — que.... le décigramme,
  10000 fois  — — que.... le centigramme,
  100000 fois  — — que.... le milligramme.

Le DÉCAGRAMME,

  10 fois  *plus petit* que.... l'hectogramme,
  100 fois  — — que.... le kilogramme,
  est 10 fois *plus grand* que.... le gramme,
  100 fois  — — que.... le décigramme,
  1000 fois  — — que.... le centigramme,
  10000 fois  — — que.... le milligramme.

Le Gramme,
- 10 fois *plus petit* que.... le décagramme,
- 100 fois — — que.... l'hectogramme,
- 1000 fois — — que.... le kilogramme,
- est 10 fois *plus grand* que.... le décigramme,
- 100 fois — — que.... le centigramme,
- 1000 fois — — que.... le milligramme.

Le Décigramme,
- 10 fois *plus petit* que.... le gramme,
- 100 fois — — que.... le décagramme,
- 1000 fois — — que.... l'hectogramme,
- 10000 fois — — que.... le kilogramme,
- est 10 fois *plus grand* que.... le centigramme,
- 100 fois — — que.... le milligramme.

Le Centigramme,
- 10 fois *plus petit* que.... le décigramme,
- 100 fois — — que.... le gramme,
- 1000 fois — — que.... le décagramme,
- 10000 fois — — que.... l'hectogramme,
- 100000 fois — — que.... le kilogramme,
- est 10 fois *plus grand* que.... le milligramme.

Enfin le Milligramme est,
- 10 fois *plus petit* que.... le centigramme,
- 100 fois — — que.... le décigramme,
- 1000 fois — — que.... le gramme,
- 10000 fois — — que.... le décagramme,
- 100000 fois — — que.... l'hectogramme,
- 1000000 fois — — que.... le kilogramme.

*Nomenclature des poids établis pour la mise à exécution du système métrique décimal.*

Il ne sera pas inutile de donner ici un extrait de l'ordonnance royale du 16 juin 1839, en ce qui concerne les poids, dont elle détermine les dimensions de pesanteur et de forme, et le mode de fabrication.

### POIDS EN FER.

« Les poids devront être construits en fonte de fer, leurs noms sont indiqués ci-après, ainsi que la dénomination abréviative qui devra être inscrite sur chacun d'eux, en caractères lisibles.

| NOMS DES POIDS. | ABRÉVIATIONS qui devront être indiquées sur la surface supérieure. |
|---|---|
| 50 kilogrammes. . . . . | 50 kilog. |
| 20 kilogrammes. . . . . | 20 kilog. |
| 10 kilogrammes. . . . . | 10 kilog. |
| 5 kilogrammes. . . . . | 5 kilog. |
| Double kilogramme. . . . | 2 kilog. |
| Kilogramme. . . . . . | 1 kilog. |
| Demi-kilogramme. . . . | 1/2 kilog. 5 hectog. |
| Double hectogramme . . . | 2 hectog. |
| Hectogramme . . . . . | 1 hectog. |
| Demi-hectogramme. . . . | 1/2 hectog. |

» Les poids en fer de 50 et de 20 kilogrammes devront être établis en forme de pyramide tronquée, arrondie sur les angles, et ayant pour base un parallélogramme.

» Les autres poids en fer, depuis celui de 10 kilogrammes jusqu'au demi-hectogramme inclusivement, devront être établis en forme de pyramide tronquée, ayant pour base un hexagone régulier.

» Les anneaux dont les poids sont garnis devront être placés de manière à ne pas dépasser l'arête des poids.

» Chaque anneau devra être en fer forgé, rond, et soudé à chaud.

» Chaque anneau, attaché par un lacet, devra entrer sans difficulté dans la rainure pratiquée sur le poids pour le recevoir.

» Chaque lacet devra être en fer forgé et construit solidement, tant au sommet qui embrasse l'anneau qu'aux extrémités de ses branches, lesquelles doivent être rabattues et encoulées par dessous pour retenir le plomb nécessaire à l'ajustage.

» Les poids en fer ne doivent présenter à leur surface ni bavures, ni soufflures, et la fonte ne doit être ni aigre, ni cassante.

» Chaque poids doit être garni aux extrémités du lacet d'une quantité suffisante de plomb coulé d'un seul jet, destiné à recevoir les empreintes des poinçons de vérification première et périodique, ainsi que la marque du fabricant qui doit y être apposée.

### POIDS EN CUIVRE.

» Les poids en cuivre sont indiqués ci-après, ainsi que la dénomination qui devra être inscrite sur chacun d'eux.

| NOMS DES POIDS. | DÉNOMINATIONS qui doivent être appliquées sur la surface supérieure |
|---|---|
| 20 kilogrammes. . . . . | 20 kilogrammes. |
| 10 kilogrammes. . . . . | 10 kilogrammes. |
| 5 kilogrammes. . . . . | 5 kilogrammes. |
| Double kilogramme. . . . | 2 kilogrammes. |
| Kilogramme. . . . . . | 1 kilogramme. |
| Demi-kilogramme . . . . | 500 grammes. |
| Double hectogramme. . . . | 200 grammes. |
| Hectogramme . . . . . | 100 grammes. |
| Demi-hectogramme. . . . | 50 grammes. |
| Double décagramme. . . . | 20 grammes. |
| Décagramme. . . . . . | 10 grammes. |
| Demi-décagramme . . . . | 5 grammes. |
| Double gramme. . . . . | 2 grammes. |
| Gramme. . . . . . . | 1 gramme. |
| Demi-gramme . . . . . | 5 décig. |
| Double décigramme. . . . | 2 décig. |
| Décigramme. . . . . . | 1 décig. |
| Demi-décigramme . . . . | 5 centig. |
| Double centigramme . . . | 2 c. g. |
| Centigramme. . . . . . | 1 c. g. |
| Demi-centigramme. . . . | 5 m. g. |
| Double milligramme. . . . | 2 m. |
| Milligramme. . . . . . | 1 m. |

» La forme des poids en cuivre, depuis et compris celui de 20 kilogrammes jusqu'au gramme, sera celle d'un cylindre surmonté d'un bouton ; la hauteur du cylindre sera égale à son diamètre pour tous les poids, jusqu'à celui de 5 grammes inclusivement ; la hauteur de chaque bouton sera égale à la moitié du diamètre du cylindre qui le supporte. Ces dispositions ne seront pas applicables aux poids d'un et deux grammes, qui auront le diamètre plus fort que la hauteur.

» Les poids, depuis et compris le 5 décigrammes jusqu'au milligramme, se feront avec des lames de laiton minces coupées carrément.

» Les poids en cuivre cylindriques et à bouton pourront être massifs, ou contenir dans leur intérieur une certaine quantité de plomb ; mais ils devront toujours présenter le même volume. Ces poids peuvent être faits d'un seul jet ou formés de deux pièces seulement, savoir : le cylindre et le bouton ; mais dans ce dernier cas, le bouton devra être monté à vis sur le corps du poids, et fixé invariablement par une cheville ou petite vis, à fleur de la surface. Cette cheville sera en cuivre rouge, afin de la distinguer facilement.

» On pourra aussi construire des poids en cuivre d'un kilogramme ou d'un de ses sous-multiples, dans la forme de godets coniques qui s'empilent les uns dans les autres, et se trouvent ainsi renfermés dans une boîte, qui est elle-même un poids légal.

» La surface des poids en cuivre devra être nette et ne laisser apercevoir aucun corps étranger qu'on aurait chassé dans le cuivre, ni aucune soufflure qui permettrait d'en introduire.

» Les dénominations seront inscrites en creux et en caractères lisibles sur la surface supérieure des poids. Chaque poids devra porter le nom ou la marque du fabricant. »

### RÉDUCTION DE LA LIVRE EN GRAMMES.

Les tableaux qui composent cette partie ont pour objet la réduction de la livre usuelle et de ses parties en grammes. Nous aurions pu les étendre beaucoup en donnant la réduction d'un nombre plus ou moins grand de livres, mais comme la *livre usuelle est exactement la moitié du kilogramme*, nous avons

APPENDICE.    311

pensé qu'il n'est personne qui ne sache prendre la moitié du nombre de livres donné pour trouver le nombre de kilogrammes qui le représente, dès lors notre travail eût été au moins inutile, et nous avons dû nous restreindre à donner la réduction de toutes les divisions de la livre.

L'usage de ces tableaux est facile. Sachant combien le poids désigné renferme de livres et de parties de la livre, on prendra d'abord la moitié des livres pour avoir le nombre de kilogrammes que le poids renferme. De cette première opération, il peut rester une livre qui vaut la moitié d'un kilogramme, ou 500 grammes. On cherchera ensuite dans les tableaux, l'un après l'autre, la valeur des parties de la livre que l'on trouvera exprimées en grammes ; on additionnera toutes ces valeurs, en ajoutant, s'il y a lieu, 500 grammes, valeur de la livre restée, déduction faite des kilogrammes, et on aura, avec le nombre de kilogrammes déjà obtenu, le poids cherché.

Soit à réduire en grammes $25^l$. $4^{on}$. $2^{gr}$. $1^{sc}$. $22^{grs}$ :

On sait que 25 livres contiennent 12 kilogrammes, plus un demi-kilogramme ou 500 gr., ci. . . . . $12^k,500$

On cherche ensuite, au moyen des tableaux ci-après, la valeur réduite des autres poids, et l'on trouve que

| | |
|---|---:|
| 4 onces valent . . . . . . . | 125 |
| 2 gros valent . . . . . . . | 7,813 |
| 1 scrupule vaut. . . . . . . | 1,302 |
| 22 grains valent . . . . . . . | 1,194 |

Additionnant toutes ces valeurs, on trouve pour le poids cherché . . . . . . . $12^k,635,309$
    ou . . . . . . . . . $12635^g,309$

# APPENDICE.

| | Kilogrammes. | Hectogrammes. | Décagrammes. | GRAMMES. | Décigrammes. | Centigrammes. | Milligrammes. |
|---|---|---|---|---|---|---|---|
| 2 livres valent un kilo ou. . . | 1 | 0 | 0 | 0 | » | » | » |
| 1 livre vaut. . . . . . | » | 5 | 0 | 0 | » | » | » |
| 1/2 livre vaut . . . . . | » | 2 | 5 | 0 | » | » | » |
| 1 once (16ᵉ partie de la livre) vaut. . . . . . . | » | » | 3 | 1 | 2 | 5 | » |
| 2 onces valent . . . . . | » | » | 6 | 2 | 5 | 0 | » |
| 3 — . . . . . | » | » | 9 | 3 | 7 | 5 | » |
| 4 — . . . . . | » | 1 | 2 | 5 | » | » | » |
| 5 — . . . . . | » | 1 | 5 | 6 | 2 | 5 | » |
| 6 — . . . . . | » | 1 | 8 | 7 | 5 | 0 | » |
| 7 — . . . . . | » | 2 | 1 | 8 | 7 | 5 | » |
| 8 — . . . . . | » | 2 | 5 | 0 | » | » | » |
| 9 — . . . . . | » | 2 | 8 | 1 | 2 | 5 | » |
| 10 — . . . . . | » | 3 | 1 | 2 | 5 | 0 | » |
| 11 — . . . . . | » | 3 | 4 | 3 | 7 | 5 | » |
| 12 — . . . . . | » | 3 | 7 | 5 | » | » | » |
| 13 — . . . . . | » | 4 | 0 | 6 | 2 | 5 | » |
| 14 — . . . . . | » | 4 | 3 | 7 | 5 | 0 | » |
| 15 — . . . . . | » | 4 | 6 | 8 | 7 | 5 | » |
| 16 onces ou une livre. | | | | | | | |
| 1 gros (8ᵉ partie de l'once) vaut. | » | » | » | 3 | 9 | 0 | 6— |
| 2 gros valent . . . . | » | » | » | 7 | 8 | 1 | 3+ |
| 3 — . . . . | » | » | 1 | 1 | 7 | 1 | 9+ |
| 4 — (1/2 once) . . | » | » | 1 | 5 | 6 | 2 | 5— |
| 5 — . . . . | » | » | 1 | 9 | 5 | 3 | 1— |
| 6 — . . . . | » | » | 2 | 3 | 4 | 3 | 8+ |
| 7 — . . . . | » | » | 2 | 7 | 3 | 4 | 4+ |
| 8 gros valent une once. | | | | | | | |
| 1 scrupule (3ᵉ part. du gros) vaut | » | » | » | 1 | 3 | 0 | 2— |
| 2 scrupules valent . . . . | » | » | » | 2 | 6 | 0 | 4— |
| 3 scrupules valent un gros. | | | | | | | |
| 1 grain (24ᵉ partie du scrupule) vaut. . . . . . . | » | » | » | 0 | 0 | 5 | 4— |

APPENDICE.

| | | Kilogrammes. | Hectogrammes. | Décagrammes. | GRAMMES. | Décigrammes. | Centigrammes. | Milligrammes. |
|---|---|---|---|---|---|---|---|---|
| 2 grains valent. | | » | » | » | » | 1 | 0 | 9+ |
| 3 — | | » | » | » | » | 1 | 6 | 3+ |
| 4 — | | » | » | » | » | 2 | 1 | 7— |
| 5 — | | » | » | » | » | 2 | 7 | 1— |
| 6 — | | » | » | » | » | 3 | 2 | 6+ |
| 7 — | | » | » | » | » | 3 | 8 | 0+ |
| 8 — | | » | » | » | » | 4 | 3 | 4— |
| 9 — | | » | » | » | » | 4 | 8 | 8— |
| 10 — | | » | » | » | » | 5 | 4 | 3+ |
| 11 — | | » | » | » | » | 5 | 9 | 7+ |
| 12 — (1/2 scrupule) | | » | » | » | » | 6 | 5 | 1— |
| 13 — | | » | » | » | » | 7 | 0 | 5— |
| 14 — | | » | » | » | » | 7 | 6 | 0+ |
| 15 — | | » | » | » | » | 8 | 1 | 4+ |
| 16 — | | » | » | » | » | 8 | 6 | 8— |
| 17 — | | » | » | » | » | 9 | 2 | 2— |
| 18 — | | » | » | » | » | 9 | 7 | 7+ |
| 19 — | | » | » | » | 1 | 0 | 3 | 1+ |
| 20 — | | » | » | » | 1 | 0 | 8 | 5— |
| 21 — | | » | » | » | 1 | 1 | 3 | 9— |
| 22 — | | » | » | » | 1 | 1 | 9 | 4+ |
| 23 — | | » | » | » | 1 | 2 | 4 | 8— |
| 24 grains valent un scrupule. | | | | | | | | |
| 1/2 grain vaut | | » | » | » | » | 0 | 2 | 7— |
| 1/3 — | | » | » | » | » | 0 | 1 | 8— |
| 2/3 — | | » | » | » | » | 0 | 3 | 6— |
| 1/4 — | | » | » | » | » | 0 | 1 | 3— |
| 3/4 — | | » | » | » | » | 0 | 4 | 0— |
| 1/5 — | | » | » | » | » | 0 | 1 | 1+ |
| 1/6 — | | » | » | » | » | 0 | 0 | 9— |

MÉTREUR-VÉRIFICATEUR, 2ᵉ PARTIE.

# TABLE DES MATIÈRES.

## BITUME. Page 3.

Ouvrages couverts en bitume.

Prix de quelques ouvrages en bitume.

## CARRELAGE. Page 5.

Briques.
Carreaux de faïence.
Carreaux en recherche.
Ébrasements.
Formes.
Gravois.
Jambage, leur emplacement ne se déduit pas.
Ouvrages en carrelage, comment se désignent.
Poussière, quand son transport doit être payé.
Prix de quelques ouvrages de carrelage.
Quantité de carreaux qu'il faut par toise superficielle ou par mètre de carrelage.
Vieux carrelages.

## CHARPENTE. Page 9.

Attachements.
Biseaux, comment la longueur se mesure.
Bois allégis. — ronds. — cintrés. — débillardés. — ordinaires. — refaits. — d'escaliers. — comment se classent. — vieux. — de démolition. — en grume.
Bûchements.
Cale, ne se compte pas.
Chantignolles.
Chevilles.
Coupements.
Courbes. Voyez bois débillardés.
Dépose.
Echafauds. Embrèvements.
Entailles. Étais.
Feuillures.
Hachements.
Journées; leur prix.
Levées faites à le scie.
Limons. Voyez bois débillardés.
Marches.
Mémoire de charpente.
Mortaises.
Moyen de connaître le cube de bois employé, quand ce dernier est recouvert en plâtre ou autrement.
Noyaux. Voyez limons.
Observation sur les décistères.
Patins. Voyez limons.
Paumes. Pilotis.
Poteaux d'écurie.
Prix de divers ouvrages en charpente.
Prix des bois de charpente, ce qu'ils comprennent.

TABLE DES MATIÈRES.   315

Queues d'aronde.
Réduction des bois de charpente en pièces ; en stères.
Remarque sur les grosseurs des bois.
Remarque sur les modes de toiser la charpente.
Sabots. Voyez limons.
Scellements, ce qu'ils comptent.
Sciages.
Sifflets. Voyez biseaux.
Stère, répond à un mètre cube.
Tableau de conversion des pièces et parties de pièces en stères et parties de stères.
Tableau de conversion des stères en pièces anciennes.
Tasseaux.
Tenons, ce qu'ils comptent.
Toisé avec et sans usage.
Trous de boulons et autres.
Vérin.
Volutes. Voyez limons.

## COUVERTURE. Page 39.

Ardoise, ses dimensions.
Arêtiers.
Batellements.
Bitume (couverture en).
Bourrelets en plomb.
Colombiers.
Couverture en tuile, se sépare de celle en ardoise ; ce qu'elle comprend.
Couverture a claire-voie.
Crochets, leur pose.
Cuivre (Couverture en)
Découverture.
Dômes.
Égoûts.
Faîtages.
Glacis. Gravois. Gouttières.
Longueur des combles, comment se prend.
Lucarnes.
Manière de connaître la superficie d'un toit sur lequel on ne peut monter.
Mansardes.
Noues.
Paille (couverture en)
Pavillons carrés.
Pentes. Plâtres.
Plombs (comment se comptent les)
Pureau, ce que c'est.
Recherche. Remanier.
Roseau (couverture en).
Salines. Soudures.
Toise, ce qu'il faut de tuiles ou d'ardoises pour couvrir une toise superficielle.
Toisé clair.
Toisé sans usage.
Toits émoussés. Tours.
Tuile, les dimensions.
Usages.
Vides se déduisent.
Vues de faîtières comptées avec usage.
Zinc (couverture en).

## DORURE. Page 55.

Ouvrages en dorure. | Comment l'or se vend.

## FER-BLANC. Page 61.

Espèces de fer-blanc.
Ouvrages en fer-blanc, et comment ils se toisent.
Cuvettes et vasistas.
Crapaudines, crochets et brides.
Prix divers en ferblanterie.

## FUMISTERIE ET POÊLERIE. Page 63.

Armatures en fonte.
Badigeonnage.
Barreaux mobiles.
Bases de colonnes.
Biscuit (carreaux en).
Bouchons. Briques.
Carreaux en faïence.
Champignon. Cendriers.
Cercles. Chapiteaux.
Châssis à coulisses.
Colonnes. Coude.
Coulisses en fonte.
Courans d'air.
Crevasses.
Descentes en fonte.
Fils de fer et de laiton.
Flammes.
Fourneaux.
Fours.
Journées.
Languettes.
Légers ouvrages.
Mine de plomb. Mitres.
Nettoyage.
Plaques de fonte.
Plâtre. Poêles.
Portes en tôle ou en cuivre.
Poteries, comment s'estiment.
Ramonages. Ravalements.
Réchauds. Rétrécissements de cheminées.
Rosettes.
Soubassemens, de quoi ils se composent.
Soupapes.
T ordinaire.
Tableau de prix divers en fumisterie.
Tampons. Terre.
Tôle, comment s'emploie.
Trappes en tôle. Tuyaux.
Vis à écrou.
Visites de cheminées.

## GRILLAGE. Page 74.

Fils de fer, leurs espèces.
Fils de laiton.
Journées.
Mailles, se désignent.
Ouv. circulaires et ovales.
Vides, se déduisent.

## MARBRERIE. Page 77.

Agrafes.
Angles rentrans et saillants.
Carrelages. Chambranles.
Charbon. Consoles, comment se toisent.
Crampons.
Dépose.
Ébauches. Entailles.
Équarrissages.
Évidements circulaires.

TABLE DES MATIÈRES.

Feuillures.
Filets gravés.
Frottage au grès.
Fûts de colonne, leur polissage.
Goujons.
Lettres gravées.
Marbres, comment se débitent.
Moulures.

Nomenclature des marbres.
Ouvrages en marbrerie.
Parements circulaires.
Polissage.
Prix, ce qu'il comprend.
Ragréments.
Repose.
Sciage.
Tailles.
Toisé de la marbrerie.

## MENUISERIE. Page 89.

Allégissements, leurs prix.
Bois unis, com. se toisent.
Casiers. Chambranles, ce que leur longueur comprend.
Chantournement.
Châssis de boutique, quand ils se toisent en linéaire.
Chapiteaux, se comptent à la pièce.
Clous. Comptoirs.
Consoles. Contre-profil.
Corroyages, se comptent comme feuillures.
Coulisses. Coulisseaux.
Coupements.
Denticules, leur refouillement.
Dépose.
Double parement.
Embrasure, se toise en superficie et en linéaire.
Entailles.
Évidements.
Feuillures; quand elles ne sont pas dues; de volets brisés.
Flottage.
Goujons.
Hachements.
Impostes.
Jeu, quand il n'est pas dû;

comment se compte dans le cas contraire.
Lambourdes, ne font pas partie des planchers.
Lambris flottés.
Linçons (remarque sur les).
Marchandeurs, ce que c'est et comment leurs ouvrages se toisent.
Mémoire de menuiserie.
Menuiserie (vieille), comment se désigne et son prix.
Observations sur les ouvrages de menuiserie.
Onglets, font partie de l'ouvrage et comment se toisent.
Ouvrages qui se toisent en superficie.
Ouvrages circulaires.
Ouvrages qui se toisent en linéaire.
Ouvrages qui se comptent à la pièce.
Parcloses. Parements (2), ce que c'est.
Pattes. Pilastres.
Portes d'assemblages flottés.
Pose. Prix de divers ouvrages en menuiserie.

Quarts de rond. *Voyez* feuillures sur volets.
Rainures. *Voyez* feuillures.
Règles générales.
Replanir, ce que c'est; quand ce travail se compte à part.
Résumé de mémoire, comment se fait.
Serrurerie (objets de).

Socles, sont compris dans les chambranles; quand ils sont dus.
Tenons, comment se comptent.
Tiroirs, comment se toisent.
Tampons. Traits de Jupiter.
Volets, leurs feuillures se comptent à part.

## PAVAGE. Page 142.

Bordures.
Ciments.
Formes.
Gravois.
Journées.
Manière de sceller le pavé.

Mortiers.
Pavé, comm. se distingue.
Prix de divers pavages.
Quantité de pavés qu'il faut par toise superficielle.
Remanier.

## PEINTURE. Page 146.

Balcon. Barrière. Bois.
Bronzes. Brûlages.
Châssis à tabatière.
— de comble.
Corniches. Croisées.
Couleurs ordinaires qui peuvent se réunir.
Coutil.
Décors; remarque sur ces ouvrages.
Ébrasements de croisées (abus sur les).
Égrenages. Époussetage.
Escaliers.
Garde-fous. Grattages.
Grillages. Grilles.
Lambris, leur toisé.
Lavages. Lessivages.
Lucarnes.
Marbres.
Mémoire de peinture; de

vitrerie; de papiers de tenture et de collage.
Niches.
Ouvrages de peinture, comment se divisent et se toisent; ce qu'ils comprennent.
Ouvrages circulaires.
Ouvrages en linéaire; ce qu'ils comprennent.
Ouvrages à la pièce.
Persiennes. Plafonds, comment se toisent.
Ponçages. Portes. Prix des ouvrages de peinture.
Rampes. Rechampissages. Rebouchages.
Tons, ce que c'est; ouvrages composés de plusieurs tons.
Treillages.
Volets.

TABLE DES MATIÈRES.

VITRERIE. Page 164.

PAPIERS. Page 166.

COLLAGE. Page 168.

PLOMBERIE. Page 173.

Charbon.
Journée.
Ouvrages à la corde nouée.
Ouvrages en plomb.

Plomb laminé, ce qu'il pèse par pied superficiel.
Soudure.
Tuyaux.
Vieux plombs.

SERRURERIE. Page 176.

Barres d'appui.
Barres de fermeture.
Becs de canne.
Béquilles. Boulons.
Calibre. Clavettes, sont comprises avec les boulons.
Clous. Coulisseaux.
Écrous, sont compris avec les boulons.
Entrées. Équerres de portes cochères.
Espagnolettes, ne comprennent pas les agrafes, contre-pannetons et supports.
Espagnolettes.
Fer façonné. Fer (vieux) comment se compte.
Ferraille. Fil de fer, comment se comptent.
Gâches. Voyez le mémoire.
Gonds, font partie des pentures, comment se comptent à part.
Goujons. Grain.
Gros fers de bâtiment, ce que c'est ; comment se comptent.
Heurtoirs.

Jeux.
Loqueteaux.
Mémoire de serrurerie.
Mouvements.
Ouvrage en fer, ce qu'il comprend.
Pattes.
Pentures de porte cochère.
Pivots de porte cochère.
Platines. Plomb.
Plates-bandes. Poignées.
Pommelles. Pose.
Prix de divers objets de serrurerie. Voy. le mémoire.
Réparations en serrurerie. Voyez le mémoire.
Ressorts de rappel.
Ressorts de renvoi.
Rosette.
Serrure, ne comprenant pas les gâches.
Supports de persiennes.
Supports.
Targette. Tirage en fil de fer avec anneau.
Tirefonds. Tourniquets.
Trous.
Verroux. Vis.

## TENTURE. Page 205.

Bordures.
Collage.
Encollage.

Papiers gris, bleu pâte, de tenture.
Papiers (vieux) déchirés.
Toiles.

## TREILLAGE. Page 207.

Bois employés dans le treillage.
Crochets.
Fils de fer employés dans le treillage.
Journées.
Mailles, comment se désignent.

Ouvrages en treillage.
Parties doubles.
Poteaux.
Quantité de tringles qu'il faut par toise superficielle ou par mètre superficiel de treillage.

## VIDANGE. Page 210.

## VITRERIE. Page 211.

Dépose de carreaux.
Nettoyage de carreaux; de glaces.
Pose de carreaux.

Remasticage.
Verre, comment se distingue et se toise; entre deux mastics.

## ZINC. Page 213.

## PRIX DES JOURNÉES DES OUVRIERS EN BATIMENT. Page. 214.

## SUPPLÉMENT. Page 217.

## TABLEAU DE CONVERSION. Page 233.

## APPENDICE. Page 237.

FIN.

Toul, imprimerie de BASTIEN.

www.ingramcontent.com/pod-product-compliance
Lightning Source LLC
Chambersburg PA
CBHW070630160426
43194CB00009B/1422